REBIYA KADEER
avec ALEXANDRA CAVELIUS

AU NOM DU PEUPLE OUÏGHOUR

Préface de Sa Sainteté le dalaï-lama

traduit de l'allemand
par Penny Lewis

l'Archipel

Ce livre a été publié sous le titre
Die Himmelsstürmerin
par Heyne Verlag, Munich, 2007.

www.editionsarchipel.com

Si vous souhaitez recevoir notre catalogue et être tenu au courant de nos publications, envoyez vos nom et adresse, en citant ce livre, aux Éditions de l'Archipel,
34, rue des Bourdonnais 75001 Paris.
Et, pour le Canada, à
Édipresse Inc., 945, avenue Beaumont,
Montréal, Québec, H3N 1W3.

ISBN 978-2-8098-0243-6

Préface

Je suis heureux d'ajouter quelques mots à l'édition française des mémoires de Rebiya Kadeer.

J'ai toujours encouragé les Tibétains qui ont vécu sous la férule chinoise à écrire leur histoire, de sorte que non seulement le monde mais les Chinois eux-mêmes comprennent mieux leur situation.

De tels témoignages doivent être animés d'un souci de vérité. Ils doivent contribuer à resserrer les liens des différentes communautés.

Les liens des peuples tibétain et ouïghour sont anciens. Ils ont connu, à l'époque contemporaine, un sort assez comparable.

Je souhaite que le livre de Rebiya Kadeer permette de sensibiliser ses lecteurs au destin du peuple ouïghour.

Sa Sainteté le dalaï-lama

Prologue

Il est 4 heures du matin. Les surveillantes m'apportent sur un plateau quatre ou cinq sortes de légumes, de l'agneau et du poulet. J'avais complètement oublié l'existence de tels mets. L'une après l'autre, les employées ouïghoures viennent me voir dans ma cellule et me disent, tout en m'examinant avec inquiétude : « Pourquoi tu ne manges pas ? Je t'en prie, mange ! » Après une courte pause, elles s'enquièrent de mes dernières volontés. Je comprends alors que l'heure de ma mort approche et qu'il s'agit là de mon dernier repas.

Les surveillantes me demandent comment je souhaite m'habiller. J'opte pour ma longue jupe blanche, mon long manteau en cuir blanc doublé de fourrure et mon tomak, *ma toque préférée en fourrure blanche. Pour me chausser, je choisis des bottines blanches à talons. Je décide de me laver les cheveux et de les laisser détachés, puis déclare que je souhaite me maquiller.*

On est allé me chercher le nécessaire dans mon appartement d'Ürümqi, de sorte que chacun sait que je serai exécutée dans quelques heures. Pleine d'espoir, je demande à voir mes enfants une dernière fois. On me fait savoir que cette faveur n'est pas accordée aux condamnés à mort.

Je demande l'autorisation de me regarder dans un grand miroir ; accordée. Le miroir me montre une belle femme. Tandis que je contemple mon reflet, mes pensées se figent pour la première fois depuis longtemps. Un calme incroyable m'envahit. Autour de moi, les surveillantes, la cellule, la lumière et le sol, tout devient flou et se brouille. J'ai l'impression d'être seule avec moi-même.

Derrière moi, les Chinoises se mettent à chuchoter, tête baissée. Je vois qu'elles ont pitié de moi. Je ressens comme une joie intérieure. Je suis seule avec le silence, la mort et mon reflet dans le miroir. De leur cellule, de nombreux prisonniers protestent à voix haute contre ce qui m'attend. Même les surveillantes ouïghoures s'essuient les yeux à la dérobée.

La femme en uniforme qui me menotte les mains et les pieds dit doucement : « Si vous souhaitez encore quoi que ce soit, vous l'obtiendrez. » N'ayant pas le droit de voir mes enfants, je lui demande tout simplement la permission de regarder mon reflet menotté dans le miroir. Une surveillante ouïghoure nous rejoint dans la pièce et fait sortir sa collègue chinoise : « On t'appelle ! » Puis elle sort un appareil photo de sa poche et fait quelques clichés de moi, tout en ravalant ses larmes.

Ai-je encore quelque chose à lui dire ? Dans l'état où je suis, qu'ai-je encore de commun avec elle ? Je m'entends soupirer : « Je suis devenue si belle. Je suis une femme du peuple, sans bijoux en or, mais avec des menottes aux mains et aux pieds. Un être humain n'est libre que s'il parvient à briser de telles entraves. Dieu fera ça pour moi. Je ne mourrai pas ! »

Pourquoi un tel discours ? Je ne saurais l'expliquer. Peut-être une conséquence de la longue détention, ou la perspective imminente de mon exécution. Je n'en sais rien. Mentalement, je convoque mon mari et mes onze enfants – en particulier la plus jeune, Kekenos.

Trente policiers me suivent dans le couloir, mitraillette au poing. Devant et à côté de moi se trouvent encore dix gardes. Ils me placent au milieu, comme s'ils s'apprêtaient à danser autour de moi, et j'éprouve presque du plaisir à être entourée de tous ces hommes. Malgré mes lourdes chaînes, j'avance comme si mes pieds ne touchaient plus le sol. Je suis prête à mourir pour devenir une héroïne et je n'ai pas peur. Tout juste suis-je saisie d'une étrange nervosité. Je soliloque pour me donner du courage, de crainte que mes forces ne m'abandonnent tout à coup. « Rebiya, dis-toi que si une femme comme toi est prête à mourir, des milliers d'autres personnes t'imiteront. Le peuple verra en toi un symbole de sa liberté. Après toi, il se trouvera une nouvelle héroïne encore plus forte. Tu ne seras pas morte en vain. »

Ces pensées me permettent de retrouver mon calme. Je savoure les derniers instants qui me restent. « J'ai toujours cru que je libérerais notre pays de l'occupant, mais je n'y suis pas parvenue. Mais j'ai montré au peuple la voie à suivre. » Voilà ce qui me traverse l'esprit au moment où s'ouvre devant nous la deuxième porte.

Dans la cour se trouvent trois rangées d'environ cinquante policiers qui crient des ordres incompréhensibles. Mon nom est à peine prononcé que le groupe des fonctionnaires en uniforme bleu se positionne derrière moi et effectue le salut militaire. Mes vêtements blancs contrastent avec leurs silhouettes sombres. J'ai le sentiment d'être devenue un ange.

Les soldats en tenue de combat qui m'ont amenée jusque-là me font passer une troisième porte donnant sur l'extérieur. J'entends crier en chinois : « Voici l'accusée Rebiya Kadeer ! » De nombreux uniformes descendent de la centaine de voitures garées derrière la porte. Il y a également deux grands camions militaires bourrés de soldats, et trois hélicoptères décrivent des cercles au-dessus de nous. Je ris : quel besoin y a-t-il d'un tel dispositif ?

Alors que je me dirige vers l'une des voitures, deux policiers ouïghours me saluent. Je les salue du regard, et leurs yeux se remplissent de larmes. Pour le peuple, les policiers ouïghours sont des traîtres, car ils travaillent pour les Chinois. Mais, au fond, tout le monde souhaite la même chose : être libre.

À Ürümqi, le gouvernement a installé des barrages militaires et interdit aux employés de se rendre au travail. La ville est encerclée, des hommes lourdement armés patrouillent dans les rues et des hélicoptères parcourent le ciel. La population est sur le qui-vive. Beaucoup savent déjà qu'aujourd'hui je serai condamnée à mort et exécutée sur-le-champ. Bravant l'interdiction, de nombreuses personnes sont descendues dans la rue. Quelques employés ont dit à mes enfants que je serais libérée après le procès, mais ils ne les ont pas crus.

Je prends place sur la banquette arrière d'une limousine noire aux vitres teintées. Cinq sirènes de police se déclenchent. D'après les deux hommes qui m'accompagnent, j'aurais dû être transportée dans une charrette, accroupie dans une cage comme les autres prisonniers. Il a fallu renoncer à cette mise en scène, afin que le peuple ne puisse me voir. Mais un tel convoi ne peut manquer d'attirer l'attention. Dans la rue, derrière les barrages, des gens crient mon nom. Plus que jamais, je veux continuer à vivre.

Assis à côté de moi, un Ouïghour, vraisemblablement un secrétaire du tribunal, dit : « Ils font vraiment une montagne de pas grand-chose. » Son voisin, un Chinois, renchérit : « Si l'on n'avait rien dit à personne, les gens ne seraient pas aussi énervés. C'est nous qui les avons ameutés. »

Cette mise en scène, digne d'un chef d'État, me prouve en effet que je suis devenue un leader pour notre peuple. Tel est le rôle qu'il m'a donné. Je suis même connue de Ouïghours qui, jusque-là, n'avaient jamais entendu parler de moi.

Plus d'un millier de personnes se sont rassemblées devant le tribunal. Les soldats me remettent aux policiers. L'espace d'un instant, la voix de mes enfants Kahar et Rushengül se fait entendre à travers la foule : « Maman ! Maman ! » On me pousse si vite dans l'entrée que je n'ai même pas le temps de me retourner.

Dans la salle, j'observe la présence de nombreux médecins. J'en déduis qu'après l'exécution ils prélèveront mes organes. À l'homme qui prend ma tension, je demande : « Comptez-vous vendre mes organes après m'avoir tuée ? » Mais il a interdiction de m'adresser la parole.

La salle peut accueillir trois cents personnes, mais, les débats ayant lieu à huis clos, seuls le procureur, mon avocat et les policiers sont présents. On me fait asseoir sur le banc des accusés. Pour la forme, quelqu'un demande si d'autres personnes sont attendues. Désignant les chaises vides, je réponds : « Ne voyez-vous pas que la salle est pleine ? Toutes les places sont déjà prises. — Mais où le public va-t-il s'asseoir ? », réplique le procureur, qui doute visiblement de ma santé mentale. Je rétorque : « Tous les anges sont descendus et ont pris place depuis longtemps. Ils sont venus entendre votre verdict. » Il ne répond rien.

Après tant de temps passé dans l'obscurité, j'ai vraiment du mal à me concentrer. Tout se bouscule dans ma tête. Le juge, un Ouïghour, entre et lit l'acte d'accusation. Puis on projette la vidéo tournée à l'office de tourisme après mon arrestation, alors que j'étais inconsciente. Les cheveux ébouriffés et la bouche à moitié ouverte, j'ai l'air d'une clocharde. On distingue très bien les documents qui ont été glissés dans mon chemisier.

Le juge me rappelle à l'ordre : « À présent, vous devez vous défendre. » Je réplique fermement : « De toute façon, ça ne servirait à rien. Vous m'avez déjà condamnée. — Même si c'était vrai, vous devez quand même essayer de vous défendre », fait le juge d'un air las.

Je me concentre et me lance : « J'ai renoncé à ma fortune. Mes libertés ont été bafouées, comme celles de mon peuple que je me suis efforcée de soutenir. Mais j'ai fini par causer ma perte. Je pense avoir vécu honnêtement, sans rien faire de mal. J'ai voulu contribuer à la stabilité du pays. J'ai apporté un soutien financier aux pauvres et aux orphelins. Grâce à mes relations, j'ai fait acheminer des produits de première nécessité. J'ai également passé commande auprès d'entreprises chinoises, les sauvant ainsi de la faillite. Enfin, j'ai exporté des marchandises du Xinjiang vers l'étranger, permettant ainsi à la région de réaliser d'importants bénéfices. En tant que députée, je me suis entretenue des préoccupations et des besoins de la population avec le gouvernement, dans l'unique dessein d'améliorer les conditions de vie des plus démunis. En fait, le gouvernement devrait se réjouir de mon action et souhaiter qu'il y ait plus de citoyens comme moi. C'est un jour important dans l'histoire de notre pays. Normalement, toutes les personnes qui se trouvent dehors devraient pouvoir nous écouter. J'attends de vous un jugement équitable, et je suis convaincue qu'aujourd'hui vous me libérerez. »

Le procureur et l'avocat commis d'office font mine d'analyser mon discours, puis le juge rend le verdict décidé depuis longtemps. « Mme Rebiya Kadeer a divulgué des secrets d'État. La façon dont elle a commis ce crime est impardonnable. Elle devrait donc être condamnée très sévèrement, mais, puisque nos lois sont justes, elle n'aura qu'une sanction légère. »

Le procès n'a duré qu'une quinzaine de minutes. Pour divulgation de secrets d'État, le juge me condamne à huit années de réclusion. Mon cœur s'arrête de battre un instant. Ils ne m'exécutent donc pas ? Mon soulagement est immense.

Comme une somnambule, je suis les policiers dehors. À travers la fenêtre de la voiture, je vois Kahar et Rushengül, tout près du barrage. La foule scande mon nom. « Faites bien attention à vous, Rebiya ! », crient quelques personnes.

Soudain, un coup de frein. Rushengül, ma fille, s'est jetée sur le capot de la voiture. Un court instant, je vois ses yeux noirs et écarquillés. Très vite, des soldats la tirent en arrière. Malgré l'importante présence policière, elle a réussi à se frayer un chemin par-dessus le barrage.

Le chauffeur écrase l'accélérateur. Assise derrière lui, pieds et mains menottés, je regarde au-dehors. Et je sens comme un souffle de liberté…

1

LA PROMESSE NON TENUE

La fable de la fourmi

Quand j'étais petite, mon père m'a raconté une fable qui m'a accompagnée durant toute ma vie et qui m'émeut toujours profondément chaque fois que je me la remémore.

Cette fable parle d'une petite fourmi qui rencontre un oiseau dans la steppe d'Asie centrale.

« Où vas-tu ? lui demande l'oiseau.

— Je vais à l'ouest, vers l'Europe, répond la fourmi avant de poursuivre son chemin.

— Et comment comptes-tu y arriver ? Sur ta route, tu rencontreras des montagnes gigantesques et des fleuves torrentiels. Tu y laisseras ta vie.

— J'escaladerai les montagnes et je traverserai les fleuves à la nage. Pour survivre dans le courant, je trouverai un bâton auquel m'accrocher », réplique la fourmi.

Mon père continuait son récit d'une voix grave : des années plus tard, l'oiseau nichait sur un arbre quelque part en Europe. Soudain, des fourmis par milliers se mirent à ramper sur sa branche et commencèrent à défaire son nid. L'oiseau voulut prendre la fuite, lorsqu'une des fourmis l'interpella :

« Bonjour, mon ami. Tu n'as pas à t'enfuir. Je vais dire à mes camarades de ne pas toucher à ton nid.

— Mais qui es-tu ? D'où me connais-tu ? lui demanda l'oiseau, étonné.

— Te souviens-tu de la conversation que nous avons eue il y a longtemps, dans un pays lointain ? »

Très admiratif, l'oiseau répondit à la fourmi : « Je reconnais maintenant que, pour qu'un être découvre tous les secrets du monde, il lui suffit d'avoir assez de courage et de confiance en soi. »

Papa se tut un instant et me regarda d'un air entendu : « Il n'y a pas d'obstacles insurmontables ni d'ambitions trop grandes. »

Pourquoi évoquer cette fable ? Je suis une femme d'origine modeste, née dans les montagnes du Turkestan oriental, qui cuisinait pour sa famille à Aksou. Du plus loin que je me souvienne, mon peuple a toujours été martyrisé et opprimé par des puissances étrangères. Nous étions sans cesse menacés de persécutions, de tortures et d'assassinats. Oui, je viens d'une terre qui lutte depuis la nuit des temps pour son indépendance et sa liberté, aujourd'hui plus que jamais. Je parle et je lutte pour un grand nombre de personnes dont toutes les spécificités, sans exception, aussi bien culturelles, économiques que religieuses, ont été réduites à néant, et qui ont été humiliées autant que possible par les tortionnaires d'une puissance d'occupation. Je me suis alors promis de devenir la mère de tous les Ouïghours, le médicament qui les guérirait de leurs maux, le mouchoir qui sécherait leurs larmes et la cape qui les protégerait de la pluie.

Longtemps le monde n'a presque rien su du Turkestan oriental, dont la superficie est égale à trois fois celle de la France. Les dirigeants de l'Empire du Milieu ont tout mis en œuvre pour que notre terre soit hermétiquement coupée du reste du monde et que tout un peuple soit traité en terroriste. Moi aussi, je suis une terroriste ; du moins, c'est ce que prétend le régime chinois, qui dit la même chose de dirigeants comme le dalaï-lama. Pourtant, je ne fais rien d'autre que lutter pour la dignité de mon peuple, avec des moyens pacifiques.

Aujourd'hui, les Ouïghours, l'un des plus anciens peuples turcs du monde, sont en voie d'extinction. Par la faute du pillage sans merci de ses matières premières, Xinjiang souffre d'une pollution atmosphérique si élevée que la tuberculose est devenue la première cause de mortalité. Les animaux et les êtres humains fuient devant les longues périodes de sécheresse et l'avancée du désert. Bientôt, c'est le monde entier qui subira les conséquences de la pollution chinoise.

En 1999, Jiang Zemin, le président chinois, a annoncé un grand programme d'investissement afin d'annexer définitivement le Xinjiang, une région peu peuplée. « D'ici le milieu du XXIe siècle, les territoires de l'Ouest se seront transformés en une région prospère, dans laquelle il n'y aura plus de troubles, où les groupes ethniques vivront en harmonie et où la nature sera belle », a-t-il déclaré.

La Chine est une grande puissance économique et, bientôt, elle sera tout simplement *la* superpuissance. Elle exerce une influence grandissante sur le sort de la planète, et c'est principalement pour cette raison que l'Occident investit tant d'argent dans l'Empire du Milieu. Or, si la Chine est si puissante, c'est parce qu'elle ne respecte aucune règle. Un système sans justice, c'est aussi un système sans espoir.

Quand j'étais jeune, je me préoccupais déjà de ce que notre peuple allait devenir. Mais chaque fois que j'affirmais mon désir de me battre, plus tard, pour la liberté du Turkestan oriental, mon entourage ne me prenait guère au sérieux : après tout, je n'étais qu'une faible femme, bien trop rêveuse.

Plus tard, je rencontrai mon deuxième mari, que j'aimais plus que tout, et lui fis part de mes ambitions. Il me demanda de ne pas tenir de discours aussi grandiloquent devant ses amis, au risque de lui faire honte. Ce qu'il appelait « discours grandiloquent » allait de soi pour moi. Souhaitant vivre en accord avec mes idées, je considérais comme naturel d'exprimer ce que je ressentais.

Aujourd'hui, à cinquante-neuf ans, je m'adresse au Congrès américain, là où la politique mondiale se dessine, et je me remémore la petite fille que j'étais, qui s'étonnait de la témérité d'une fourmi.

Lorsque j'ai un moment de doute, j'invoque toutes ces voix qui ont tâché de m'encourager durant des décennies. En 2007, en dépit de toutes les protestations, j'ai été nommée une troisième fois pour le prix Nobel de la Paix. Et, comme à chaque grande occasion, je garde en tête la fourmi de la fable car, aujourd'hui, c'est moi qui voyage à travers l'Europe et l'Amérique.

Je suis la première Ouïghoure à avoir vu son pays sous tous les angles possibles : tour à tour enfant réfugiée, femme au foyer sans ressources, multimillionnaire, membre de la Conférence consultative et politique du peuple chinois, puis prisonnière d'opinion durant de longues années. Pour que vous nous compreniez, moi et les Ouïghours, je vais maintenant raconter mon histoire, en commençant par celle de mes grands-parents.

Nos grands-parents étaient déjà des exilés

Depuis des milliers d'années, notre patrie est la terre des Ouïghours, principalement d'origine turque, ainsi que de leurs proches parents : les Turkmènes, les Kirghizes, les Kazakhs, les Ouzbeks et d'autres minorités. C'est une terre musulmane. En 1760, les Chinois parvinrent pour la première fois à conquérir une partie du Turkestan. L'occupation dura environ un siècle. Yakub Beg mena le pays à l'indépendance. Mais, en 1876, les seigneurs mandchous occupèrent de nouveau le « Grand Ouest », qu'ils annexèrent à l'empire chinois sous le nom officiel de Xinjiang, qui signifie « nouvelle frontière », et dont l'ancien nom est Sinkiang.

En 1911, des Chinois nationalistes renversèrent l'Empire mandchou et fondèrent une république. Le peuple ouïghour se souleva pour mettre fin à la domination étrangère du Guomindang, le parti populaire national. Les décennies suivantes virent le pays livré aux bandits et aux seigneurs de la guerre.

Avant qu'ils ne soient forcés à fuir vers le nord, mes grands-parents paternels vivaient sur l'axe méridional de la route de la Soie, à Khotan. D'après ce qu'ils m'ont raconté, cette ville se trouvait tout près de l'un des déserts les plus inhospitaliers du monde, le Taklamakan (littéralement : « d'où l'on ne revient pas »), où la chaleur est insoutenable en été et le froid insupportable en hiver. Ce désert, d'après les Anciens, abriterait mille et une villes cachées. Les « Kara Buran », ces tempêtes de sable noir qui masquent la lumière du soleil pendant des jours, auraient enfoui de l'or et des trésors sur leur passage.

Grand-père faisait partie des insurgés qui avaient incendié le palais mandchou de Khotan. Pour échapper à ses persécuteurs, il décida, comme un grand nombre de ses compatriotes, de se sauver avec sa famille en passant par Muzart, à 4 000 mètres d'altitude, dans la chaîne de montagnes du Tian Shan, pour aller jusqu'à Guldja, la préfecture d'Ili.

Pour cela, il fallait vaincre des murs et des langues de glace, des ravins escarpés. Ils étaient treize au départ, mais seuls sept arrivèrent à bon port.

À la même époque, à Merket, à l'est de Kachgar, mon grand-père maternel faisait lui aussi son baluchon. Comme presque tous les Ouïghours, c'était un résistant actif. Bon vivant, il aimait jouer aux osselets et s'entourer de femmes. Avoir quatre épouses était assez inhabituel et mal vu par nos compatriotes : mais tout ce que mon grand-père semblait avoir retenu de l'islam, c'était la polygamie.

Pour l'accompagner dans cette traversée périlleuse, il prit sa plus jeune fille et sa nouvelle maîtresse, mais laissa son épouse légitime derrière lui. Notre grand-mère, à qui son enfant manquait terriblement, se joignit à la caravane suivante. Ses compagnons de route racontèrent qu'en chemin elle ne cessait de crier le nom de sa fille : « Tatachahun ! »

Une nuit, elle mourut de froid. Sur son corps gelé, près de son cœur, on trouva une amulette avec une mèche de cheveux blonds qui appartenait à sa fille. Quand nous étions enfants, maman nous a souvent raconté cette histoire. Et chaque fois, elle pleurait et s'exclamait : « Elle était partie me chercher, et je n'ai même pas pu voir sa dépouille ! »

Contrairement à Khotan, il n'y avait pas de fabrique de jade à Ili. Mes grands-parents paternels et maternels gagnaient leur vie en élevant des animaux, en particulier des chevaux. Mes parents grandirent l'un et l'autre comme des enfants réfugiés dans le Nord et, très vite, leurs familles respectives décidèrent de les unir. Maman était une fillette ouïghoure, comme on en voit dans les livres d'images : discrète, obéissante, douée pour les travaux manuels et prête à tout sacrifier pour sa famille.

Le jour de son mariage, elle portait une robe flamboyante et un voile blanc dissimulait ses cheveux tressés. Après la cérémonie religieuse, mon père vit le visage de son épouse pour la première fois. Elle avait la peau claire, comme nos ancêtres indo-européens. Papa avait environ dix-huit ans, et maman en avait tout au plus seize, quand l'imam leur donna sa bénédiction.

Mon père s'appelait Kadir Kenchi et portait le même nom de famille que mon grand-père. Dorénavant, ma mère s'appellerait Tatachahun Kenchi. Mais les jeunes mariés ne connurent ni la paix ni le bonheur. Mon père nous a plusieurs fois raconté qu'à partir de l'exil à Ili, les Ouïghours n'ont plus jamais été tranquilles. Ils étaient devenus des marionnettes entre les mains des grandes puissances.

Adopter en des temps difficiles

Notre peuple s'est toujours rebellé contre la domination chinoise. Après la chute de la République du Turkestan oriental, en 1933, le Royaume-Uni, la Russie et la Chine se disputèrent la domination de la région, au cours de ce qu'on a appelé le « Grand Jeu ». Kachgar accueillit soudain un grand nombre de diplomates et d'espions, ainsi que des chercheurs et des explorateurs venus du monde entier.

Entouré de chaînes de montagnes culminant à 7 000 mètres, le Xinjiang est voisin non seulement de la Russie et d'États à majorité musulmane (le Kazakhstan, le Tadjikistan, le Kirghizistan et l'Afghanistan), mais aussi de l'Inde et du Pakistan, et c'est le Xinjiang qui relie la Chine au continent européen. Mais le Turkestan, en plus d'être un lieu stratégique essentiel, dispose également d'immenses ressources en pétrole, en or, en uranium et en fer, sans oublier les plus grands gisements de charbon au monde.

À cette époque où la vie d'un homme ne valait pas grand-chose, Osman Batur, un Kazakh de la région d'Altaï, s'imposa comme nouveau leader. Lorsque l'Union soviétique fut attaquée par la Wehrmacht en 1941, elle fit rapatrier les unités qui stationnaient dans notre région, pour parer également à un éventuel conflit avec le Japon. Les alliances ne cessèrent d'évoluer : nos troupes se battirent d'abord aux côtés des Russes, puis contre eux, puis aux côtés du Guomindang, puis contre lui.

Maman mit au monde une fille et un garçon, qui moururent en bas âge. Mes sœurs, Zohre et Hejer, nées respectivement en 1940 et 1943, survécurent.

Pour que son rêve d'un Turkestan oriental indépendant devienne réalité, papa prit les armes. Ce fut le début de la « révolution des Trois Provinces », ainsi appelée d'après les trois provinces d'Ili, d'Altaï et de Tarbagataï. En juillet 1944, les Ouïghours, les Kazakhs et les autres peuples d'origine turque refondèrent une République autonome du Turkestan oriental. Mais cet État était si instable que ses dirigeants durent entamer des pourparlers avec le gouvernement chinois de Tchang Kaï-chek. C'est dans ce contexte tendu que l'URSS proposa ses services, ainsi que des armes.

Durant l'été 1946, ces âpres négociations, au cours desquelles notre président, Ali-Khan Tura, disparut sans laisser de traces, aboutirent à la disparition de la République du Turkestan oriental et à la création de la province autonome du Xinjiang. Notre région tomba alors entre les mains d'hommes de confiance des soviétiques, tel le vice-gouverneur ouïghour Ahmedschan Kassimi.

Pour papa, rester à Ili était trop dangereux. Il décida de gagner le nord de l'Altaï, afin de fournir des chevaux aux rebelles. Un jour, alors qu'il se rendait à la chasse, il vit deux soldats chinois emmener une trentaine d'enfants mongols, kazakhs et ouïghours dans la montagne. C'était des orphelins dont les parents avaient été tués au cours de l'insurrection. Les plus jeunes d'entre eux avaient quatre ans, les plus âgés onze, et ils allaient être exécutés au pied de la montagne.

De telles exactions étaient quotidiennes. Les membres du Guomindang, du Parti communiste et des syndicats soviétiques, ainsi que nos propres troupes volaient les récoltes. Des rebelles kazakhs pillaient les villages. Les soldats du Parti populaire rendaient la population locale responsable de ces pertes et exterminaient des familles entières. On était soit victime, soit coupable.

Il était fréquent d'acheter la liberté des prisonniers, et papa donna donc deux lingots d'or aux soldats, réussissant à libérer les enfants. Malgré sa joie, maman se mit à pleurer devant ces pauvres êtres. Elle réunit ses voisines. Mon oncle adopta deux enfants kazakhs, et nos voisins et amis accueillirent un ou deux orphelins chacun. Un Kazakh de six ans et une Mongole de onze ans restèrent chez nous, avant de retourner chez de proches parents, et quand je parle de mes sept frères et sœurs, je ne les compte pas.

Naissance parmi les chercheurs d'or

Je suis née le 15 juillet 1948, dans la chaîne de l'Altaï, alors que maman avait une trentaine d'années. Ces montagnes étaient connues pour leurs ressources en or, et le massif dans lequel nous nous trouvions était surnommé « Altunluk », la montagne dorée.

Papa avait promis à ses vingt associés qu'il partagerait avec eux l'or qu'il trouverait, et qu'il les dédommagerait s'ils rentraient bredouilles. Les deux seules femmes à les accompagner, pour faire la cuisine et laver leurs vêtements, étaient maman, enceinte de cinq mois, et une Kazakhe. Mes frères et sœurs étaient restés en ville, chez un oncle.

Pendant deux mois, les hommes suèrent sang et eau, en vain. L'atmosphère devint de plus en plus tendue.

L'automne approchait. Dans l'Altaï, les températures pouvaient descendre jusqu'à -30 °C. Découragé, papa décida de repartir. Peut-être l'inquiétude et la fatigue du voyage déclenchèrent-elles les premières contractions. Pourtant, ma mère n'en était qu'à son septième mois de grossesse.

Pour tout le monde, il était évident que, dans ces circonstances, un bébé n'avait aucune chance de survivre. Le campement n'était plus très loin, mais mon père décida de faire une pause, et ses hommes montèrent la tente en râlant.

J'étais impatiente de venir au monde : à peine maman s'était-elle allongée que je fus là. La Kazakhe coupa le cordon ombilical et m'enveloppa dans un morceau d'étoffe. Je survécus, ce qui fut considéré comme un véritable miracle. Mon père, un homme très pieux, tomba à genoux et remercia le Ciel de lui avoir donné une troisième fille. « Merci, Allah, pour ce cadeau ! »

D'après la tradition, les rayons du soleil ne devaient pas tomber sur les draps tachés de sang qui avaient accueilli le bébé. Papa fit donc un trou derrière la tente, près d'une paroi rocheuse, pour les enterrer. Il creusait avec une pelle lorsqu'il s'arrêta net et cria d'une voix rauque : « De l'or ! J'ai trouvé de l'or ! »

Il resta encore à mon père de quoi nous construire une nouvelle vie, même quand il eut partagé avec ses associés. Ces derniers, qui s'étaient pourtant plaints de lui pendant des mois, le laissèrent mener grand train avec ses filles. Pour lui montrer leur reconnaissance, ils jetèrent des petites pépites d'or dans le bassin de la mosquée destiné aux ablutions.

Depuis cet instant, mes parents considérèrent que j'appartenais au peuple. Je devais apprendre plus tard ce que cela impliquait.

De nombreux Russes, mais pas de Chinois

J'avais un an lorsque, durant l'été 1949, sous les ordres de Mao, les communistes conquirent le Xinjiang et décidèrent d'envahir le Tibet, afin de gagner le « Grand Jeu ». Les Chinois ne connaissaient absolument pas cette immense région au nord-ouest de leur pays. Notre langue, qui ressemblait au turc, et notre culture leur étaient totalement étrangères.

Les dirigeants musulmans refusèrent de reconnaître ce changement de gouvernement. Un mois avant la capitulation du Guomindang, Kassimi, qui n'avait pas l'intention de renoncer à l'indépendance de son État, et trois autres représentants de la « République du Turkestan oriental » furent invités à une réunion de la Conférence consultative politique du peuple chinois, à Pékin.

Fin août, la délégation monta dans l'avion, à Almaty. Ce n'est qu'en décembre que le gouvernement chinois fit savoir que l'appareil s'était écrasé contre une montagne en Mandchourie et qu'il n'y avait aucun survivant. Accident ou sabotage ? On ne le sut jamais, mais les Chinois s'en accommodèrent. Privés de leurs chefs, les rebelles essuyèrent une défaite écrasante à Ili et capitulèrent.

Après la « libération pacifique », le général Wang Zhen mit le Xinjiang à sa botte et décida de procéder au « nettoyage » de la région d'Ili. Plus d'un millier d'hommes furent emprisonnés ou exécutés. Ensuite, il recruta et forma des cadres parmi la population locale.

Sous l'œil attentif de ma mère, je grandis avec mes frères et sœurs dans la petite ville de Sarsumba, qui comptait environ cinquante mille habitants. Comme nous étions enfants, nous ne comprenions pas grand-chose à ce qui se passait autour de nous. Pour nous, vivre dans l'Altaï, c'était un cadeau du ciel.

Notre maison était située dans le centre-ville. Dans la cour intérieure se trouvait un verger. Papa possédait une buvette, un salon de coiffure et une boulangerie, les seuls commerces de la ville. Il avait en tout trente employés, mais il était surtout fier de son bain turc, qui pouvait accueillir une cinquantaine de personnes.

Ma sœur Arzigul naquit en 1950, mon frère Mehmet en 1951 et ma sœur Heljem en 1953. Je passais beaucoup de temps avec mon grand-père maternel, qui vivait chez nous. Il savait danser, chanter et jouer de plusieurs instruments. Il mourut juste avant notre départ de Sarsumba. Chaque fois qu'on allait voir sa tombe, on semait du maïs. Si les oiseaux ramassaient les graines, cela signifiait que les péchés du défunt étaient pardonnés. Peut-être qu'un jour Allah lui pardonnerait ce qui était arrivé à ma grand-mère.

L'islam que nous pratiquions intégrait également des traditions séculaires, issues d'influences extrêmement variées. En effet, sur la route de la Soie, on n'échangeait pas que des marchandises : on parlait aussi religion et philosophie. Nos ancêtres suivaient les préceptes du chamanisme, du bouddhisme, du manichéisme ou du christianisme, et ce n'est qu'au xe siècle que l'islam devint la religion principale.

Les femmes ne portaient pas le tchador. Si elles étaient mariées, elles arboraient un foulard ou la *doppa*, le chapeau traditionnel. Si une femme s'épilait les sourcils ou se maquillait, cela voulait dire qu'elle était déjà entre de bonnes mains.

À Altaï, quelques commerçants très riches faisaient des affaires avec l'étranger, notamment grâce à l'or et à l'élevage de moutons. Nous n'appartenions pas à cette élite, fort heureusement, d'ailleurs, puisque les communistes exterminèrent tous ces « ennemis capitalistes » dans un bain de sang.

Tous les jours, nos employés rapportaient l'argent à la maison, dans trois petites caisses, et nous, les enfants, recomptions. Nous leur donnions du pain, des œufs ou du lait. La région n'était guère peuplée, et chacun y trouvait son compte.

À la fin des années 1940, les Ouïghours représentaient les trois quarts de la population du Xinjiang. Mais dans le nord de l'Altaï, où de nombreux Russes s'étaient installés, les Kazakhs étaient majoritaires. La plus grande ville de la région disposait d'une école primaire et d'un consulat russes.

En 1950, à Moscou, Mao et Staline signèrent un pacte de coopération. Il fut décidé que le Xinjiang resterait sous influence soviétique, en échange de quoi les Russes fourniraient des armes à la Chine. L'exploitation de ses ressources naturelles serait commune aux deux pays.

Pratiquement tous les ingénieurs que nous côtoyions étaient russes. Nous les respections, parce qu'ils étaient plus avancés que nous, et nous pensions qu'ils allaient nous soutenir. Certains les trouvaient même plus cultivés. Pourtant, aucun des peuples turcs n'a une culture supérieure à celle des Ouïghours : la littérature, la peinture et la musique ont toujours joué chez nous un rôle essentiel et, au Moyen Âge, nombreux étaient les Ouïghours érudits.

Nous avions beaucoup d'amis russes. Enfant, j'en voyais tout le temps, y compris des descendants de réfugiés qui avaient franchi la frontière au cours de la révolution d'Octobre. Mais je n'avais encore jamais vu de Chinois, même si ce mot m'était plus que familier. Pour taquiner nos parents, nous hurlions : « Attention, voilà un Chinois ! » Pour nous, c'était un synonyme de « démon ».

D'après le Parti communiste, tout le monde devait mener une vie simple, comme les paysans qui constituaient la majeure partie de la population. Dans les années qui suivirent, le général Wang Zhen s'employa principalement à exterminer les riches, les intellectuels et les opposants au régime. Tous ceux qui le contredisaient se retrouvaient face au peloton d'exécution. Cent cinquante mille personnes partirent précipitamment pour l'Inde.

En février 1951, Osman Batur, le combattant kazakh pour la liberté, fut pendu à Ürümqi, et nous allions bientôt apprendre à connaître le supérieur de Wang Zhen, un dénommé Mao Zedong.

1956 : notre premier exil

Quand le 28e bataillon arriva dans l'Altaï, je devais avoir quatre ou cinq ans. Je jouais dans la rue avec un autre enfant lorsqu'un soldat chinois s'approcha de nous. Plus petit qu'un Ouïghour, il avait le nez plat et les yeux bridés.

L'homme en uniforme nous tendit une sucrerie, mais nous rentrâmes en courant à la maison. C'était la première fois que je voyais un Chinois. Ma mère m'attira vers elle et me fit revenir à la raison : « N'aie pas peur, ces gens-là sont très gentils. » Elle me prit par la main, m'accompagna dehors et me présenta à quelques soldats. Les pionniers chinois étaient prêts à partager leurs connaissances techniques avec la population locale et furent donc généralement bien accueillis. À partir de ce moment-là, nos parents cessèrent de nous faire croire que les Chinois dévoraient les enfants désobéissants.

En mars 1950, Mao avait déjà lancé un programme d'immigration de masse des Chinois Han vers le Xinjiang afin d'y établir un socialisme dans lequel la population ouïghoure aiderait ses « frères chinois », et réciproquement. C'était Staline qui avait donné l'impulsion à cette politique d'immigration ciblée. Mais les premiers immigrés étaient relativement peu nombreux. En 1949, moins de trois cent mille Chinois vivaient dans le Xinjiang. Aujourd'hui, on en compte sept à huit millions. Malheureusement, on ne dispose pas de chiffres précis.

Les apparatchiks communistes « réformèrent » l'élite musulmane. Les propriétaires terriens, les banquiers et les religieux furent répartis en deux groupes : les « brebis » et les « chèvres ». Les « brebis » étaient des ennemis issus de la classe moyenne, mais qui avaient les moyens d'acheter leur liberté. À la tête des « chèvres » se trouvaient les propriétaires terriens et les héritiers de la noblesse musulmane. Ils furent liquidés sur-le-champ. Venaient ensuite les petits propriétaires, dépossédés de leurs biens mais autorisés au moins à rester en vie si leur patrimoine ne dépassait pas une valeur donnée. Papa faisait partie de ceux-là.

En 1955, le Xinjiang devint officiellement une région autonome de la République populaire de Chine. D'après Mao, nous disposions du droit à l'autodétermination et pouvions même devenir indépendants. Mais, en pratique, nous n'avions plus voix au chapitre dans notre propre pays.

Dans ce nouveau système communiste, tout le monde contrôlait tout le monde. On encourageait les gens à se dénoncer mutuellement. En juillet 1955, l'agriculture fut collectivisée. La nationalisation de l'industrie et du commerce, jusque-là dirigés par des particuliers, ne se fit guère attendre.

Du fait même de sa superficie, le Xinjiang devait devenir l'une des régions céréalières les plus importantes de Chine. Pour ce faire, on mit en place des fermes militaires appelées *bingtuan*. Tout ce que les paysans et les bergers ouïghours avaient appris depuis des siècles fut considéré du jour au lendemain comme arriéré ou réactionnaire. La transformation soudaine que subirent nos terres arables à cause des fermes militaires chinoises nous mena tout droit à la catastrophe.

La population se laissa berner par les fausses promesses du gouvernement communiste, dont le but était prétendument de partager les denrées de façon équitable et en quantité suffisante pour que personne ne meure de faim.

Peu après, vingt soldats du 28e bataillon nous chassèrent de chez nous alors qu'il tombait des cordes. L'un d'eux dit à mon père en hurlant : « On t'avait donné une date limite, mais tu n'as pas déménagé. Maintenant, on a donc le droit de t'expulser ! »

J'avais huit ans. Je me souviens qu'ils jetèrent nos vêtements et nos meubles par les fenêtres. Nous nous retrouvâmes à la rue, hagards, assis sur nos valises. Pour me protéger de la pluie, ma mère m'avait recouvert la tête d'une couverture. Arzigul, qui avait deux ans de moins que moi, se cramponnait à mon pantalon en sanglotant. Elle me ressemblait, en plus petit et plus fragile.

Maman prit dans ses bras Heljem, deux ans, pour la réconforter, tandis que mes frères et sœurs aînés, Jumak, Zohre et Hejer, consolaient Mehmet, cinq ans. Tout en sanglotant, ils demandèrent qui étaient ces hommes qui nous mettaient dehors. Maman leur expliqua qu'il s'agissait des mêmes Chinois qui nous avaient offert des sucreries.

Nous passâmes une nuit à la belle étoile, puis nos voisins nous hébergèrent. Ces événements ne m'avaient pas trop choquée, contrairement à notre deuxième exil, qui devait être bien plus douloureux pour moi.

Une nouvelle vie dans la montagne

À trois kilomètres de Sarsumba, grâce à des amis, mon père trouva une maison en bois avec cinq chambres. Le petit village au pied de la montagne comptait une centaine d'habitants. Il s'appelait Dum-Bazar, « le bazar de la montagne ».

Papa nous installa une salle de bains dans la cour, avec un poêle et une chaudière, avant de nous tenir le discours suivant : « Nous ne mourrons pas. Ici, nous serons à nouveau heureux. » Maman planta des fleurs et décora les murs de la maison avec des tapisseries. Dans notre ancienne ville, une troupe chinoise détruisit notre magasin pour le remplacer par une épicerie réservée aux soldats.

À côté de notre nouvelle maison, dans un grand champ, papa et Jumak plantèrent des pommes de terre, des choux, des oignons et d'autres légumes que nous revendions à des commerçants.

Papa devait travailler huit heures par jour chez un coiffeur, en ville. Il lavait les cheveux, les coupait et évacuait les eaux usées. Des voisins nous aidaient à cultiver le champ. Notre niveau de vie était plus élevé que celui des autres habitants.

Jumak et Mehmet se partageaient une chambre, tandis que les parents dormaient avec les plus jeunes enfants. Heljem et Mehmet étaient ceux que j'aimais le plus, même si ce dernier avait un caractère difficile et énervait ma mère.

Je dormais avec Arzigul, qui, contrairement à moi, ne s'intéressait pas particulièrement aux tâches ménagères. Les deux aînées, Zohre et Hejer, défendaient toujours Arzigul quand je la grondais parce qu'elle jetait ses vêtements négligemment par terre.

Avec maman, nous cousions des fleurs multicolores, des grappes de raisin, des oiseaux et des feuilles sur les dessus-de-lit et les taies d'oreiller. Ce qu'Arzigul et moi préférions, c'était passer la nuit avec nos grandes sœurs.

Nos chambres communiquaient par une cloison ouverte où ronflait un poêle en faïence qui gardait la maison bien au chaud, même lorsque dehors, en hiver, les températures étaient négatives. Je surveillais toujours le feu pour qu'il ne s'éteigne pas.

Une petite pièce abritait nos cinq chiens, dont le plus intelligent s'appelait Shark. Ils gardaient la maison ou nous accompagnaient à la chasse.

Lorsque nous avions de la visite, papa prenait place près de la porte. Maman distribuait des coussins ronds et brodés aux invités afin qu'ils n'aient pas mal en s'adossant au mur. Dans la pièce voisine, je félicitais Shark de n'avoir pas dérangé nos visiteurs.

Derrière, dans la cour, des chèvres bêlaient, des chats miaulaient, des oies, des canards et des poules s'égosillaient. Mes parents considéraient les animaux, les plantes et la nature sous toutes ses formes comme une création divine, habitée d'une âme au même titre qu'un être humain. À l'instar des pierres et des animaux, l'homme était lui aussi soumis aux lois de la nature.

Ce que nos parents avaient sur le cœur

Avant que papa ne sorte de la maison, maman vérifiait toujours ses vêtements. Il ne se souciait pas particulièrement de son apparence. Lorsqu'il rentrait au coucher du soleil, les traits tirés, maman avait préparé le dîner depuis longtemps et installé les couvertures pour qu'il nous raconte des histoires après manger, comme à son habitude.

Il arrivait parfois qu'à l'issue d'une dure journée de travail mon père répondît sèchement à ma mère. Celle-ci répliquait tout simplement : « Kadir Khan, nos enfants sont là. Si vous êtes en colère après moi, attendez que nous soyons seuls pour me le dire. » Maman vouvoyait papa car elle trouvait ça plus élégant ; lui la tutoyait.

Le plus grand calme devait régner dans la maison, et l'invité était roi. Maman apprit à ses filles à se tenir droites et à ne pas gesticuler. En présence d'autres hommes, une Ouïghoure devait croiser les mains sur les genoux et baisser les yeux.

De caractère et d'apparence, je ressemblais plus à mon père. Nous étions tous deux petits, le teint légèrement hâlé, avec de grands yeux marron et un large nez courbé. Papa, un ancien soldat, se faisait un sang d'encre quant à l'avenir de notre pays. Maman, elle, n'était pas inquiète. Elle aimait surtout trois choses : les tâches ménagères, la musique et les fleurs de son jardin. Une fois par semaine, elle retrouvait les autres femmes du village pour danser et jouer de la musique avec elles.

J'ai hérité autre chose de ma mère : l'amour et le sens du sacrifice. Elle ne s'est jamais plainte d'être débordée. Elle attachait la plus grande importance à l'éducation, à la politesse et à l'altruisme. Nous obéissions à nos parents sans broncher. Celui qui avait plus de nourriture que les autres la partageait. Nos règles de conduite étaient les mêmes que les Dix Commandements de la Bible.

La religion que mon père nous a transmise m'a toujours soutenue moralement. À six ans, je commençai à apprendre par cœur des sourates du Coran. Grâce à ma foi, je me sentais investie d'une force exceptionnelle. C'est peut-être une des raisons qui poussa le gouvernement chinois à nous éloigner de la religion.

Mes parents ont toujours préféré mes sœurs, que ma mère complimentait fréquemment. Elle louait leur politesse, ainsi que l'élégance de leurs vêtements et de leur démarche. Pour ma part, me faire belle ne m'intéressait guère. D'ailleurs, je n'en avais pas le temps. Je m'occupais beaucoup de la maison, mes parents considérant que c'était mon devoir.

Mais je leur ai parfois donné du fil à retordre. Je fâchais souvent les institutrices car je disais ce que je pensais, raison pour laquelle mes parents ne m'ont jamais accordé une place privilégiée. J'étais toujours en bas de l'échelle, ce qui me forçait à mériter leur amour.

« Ce n'est pas à nous que tu appartiens, mais au peuple ! »

C'est avec ce précepte que j'ai grandi. Ma mère me réprimandait chaque fois que je filais jouer dans la cour : « Si tu n'aides pas les autres, un grand malheur frappera notre famille. » Quand l'un de nous tombait malade, mes frères et sœurs me lançaient un regard plein de reproche, et je me sentais coupable. N'avais-je pas été assez attentionnée et serviable ?

Lorsque j'emmenais paître notre troupeau, je veillais aussi sur les animaux des autres familles. Le soir, quand je rentrais à la maison, je cueillais des fleurs en chemin et les donnais à nos voisins. Je ramassais du bois pour les personnes âgées. Chaque fois que je faisais une bonne action, je relevais le menton et souriais intérieurement.

Aujourd'hui, tout cela me revient en mémoire et je me rends compte de la pression que je m'infligeais étant petite, mais c'est ainsi que j'ai forgé mon caractère. J'étais convaincue que je devais travailler pour les autres.

Papa m'avait acheté un âne, vingt assiettes et plusieurs nappes gigantesques. Si une famille célébrait un mariage, je lui prêtais les assiettes et les nappes. Si quelqu'un avait besoin d'un âne pour travailler, je le lui amenais au bout d'une corde. Mon père observait tout cela d'un regard bienveillant.

Ainsi, je pris l'habitude de partager mes biens personnels avec les autres. Une grande partie de l'argent que j'ai gagné dans ma vie a toujours appartenu au peuple, tant les paroles de mes parents m'avaient profondément marquée.

À ma naissance, la discorde régnait parmi les chercheurs d'or. Depuis, rien n'a changé. Je vis dans un monde où combats et polémiques sont toujours présents, et je continue à me sentir responsable des conditions de vie de mon peuple.

Les récits de mon père

Après le dîner venait l'heure des contes et des histoires. Nous nous installions confortablement par terre, autour de la table basse. De sa voix grave, papa commençait ses récits et nous enseignait combien un véritable Ouïghour se devait d'être honorable et intrépide.

« Les Ouïghours mènent un vieux combat », disait-il, la main tendue, comme s'il allait nous emmener sur le champ de bataille d'un coup de baguette magique. Toutes les nuits, nous croyions entendre des coups de feu et des cris stridents et nous restions assis là, captivés, sans oser respirer.

« Mais pourquoi n'avons-nous jamais cessé de perdre nos terres ? », demandait Jumak. Papa lui répondait : « Ce sont les plus grandes puissances du monde qui nous ont forcés à vivre ainsi. Pour pouvoir profiter de nos ressources naturelles, elles n'hésiteront pas à nous réduire en esclavage. Par deux fois, nous avons touché la victoire du doigt. Des centaines de milliers d'entre nous ne sont jamais revenus. Combattre ou mourir, pour nous, c'était une chance, car nous pensions que ces terres seraient bientôt à nous. C'est grâce à cette conviction qu'une poignée d'hommes a réussi à vaincre l'oppresseur. Tous les hommes qui savaient se servir d'une arme nous ont rejoints, car nous savions quel était notre devoir. Mais nous ignorions quelles seraient les règles du jeu. »

Ensuite, anéanti, mon père répétait toujours la même question, à laquelle il ne trouvait pas de réponse. Pourquoi les Russes nous avaient-ils vendus ? Pourquoi nous avaient-ils privés de la victoire ? Il se mettait alors à s'énerver contre les Russes, puis à penser tout haut et à murmurer des choses étranges, avant de s'effondrer en larmes. Les Ouïghours n'aiment pas montrer leurs sentiments, mais mon père faisait exception ; il nous prenait dans ses bras et discutait avec nous. Pour moi, il était l'incarnation de l'amour.

Chaque fois que mon père nous parlait des massacres, je ressentais un profond effroi. Quand j'étais petite, je faisais souvent des cauchemars. Dans l'obscurité, ces meurtriers sans scrupules revenaient jusqu'à ce que je me blottisse, en sueur, sous la couverture. Mes parents ne parlaient jamais que du « Turkestan oriental ». C'est plus tard qu'il a fallu nous habituer au nom chinois de Xinjiang.

Après le dîner, ma mère ne s'installait jamais avec nous car elle était toujours très occupée. Pendant ses rares minutes de liberté, elle préférait chanter et jouer de son *dutar*, un instrument à long manche et à deux cordes. Elle ne montrait pas d'intérêt particulier pour la politique.

Des jours heureux

J'eus certes une enfance écourtée, mais incroyablement belle. « Viens chasser avec nous, Rebiya ! », me criait Jumak, mon grand frère, avant de me hisser sur son cheval. Shark s'élançait joyeusement et nous allions flâner dans les vallées verdoyantes et embrumées.

L'été était notre saison préférée. Avec d'autres familles, nous partions nous mettre au vert quelques jours. Nous emmenions nos instruments de musique, nos faucons et quelques moutons. Comme tous les enfants ouïghours, je savais danser comme une petite déesse. Heureux ou en deuil, nous ne pouvions vivre sans musique.

Pour ne pas rester en vase clos, nous allions aussi voir les Kazakhs dans la steppe, à trente kilomètres de là. Peu importait que nous connaissions l'un d'eux ou non : ils nous accueillaient toujours à bras ouverts.

Les Kazakhs étaient comme nos frères. Ils comprenaient notre langue, et nous la leur. Chacun préparait à manger de son côté, puis nous échangions nos plats. L'agneau qu'ils cuisinaient fondait presque sous la langue, tant il était tendre. Pendant que les adultes buvaient de l'alcool, nous nous en tenions au lait de jument, chaud et sucré.

À l'arrivée de l'hiver, nous changions radicalement de vie. Emmitouflés dans nos vêtements en fourrure, nous dévalions les pentes à ski ou nous nous laissions glisser en traîneau à travers les paysages enneigés. J'aimerais tellement revivre ces jours heureux de mon enfance.

Les apparences sont trompeuses

Les autorités chinoises, sachant pertinemment qu'elles étaient mal perçues, s'efforçaient de redorer leur blason. Ainsi, par une belle matinée d'été, je vis deux Chinois en train de bêcher notre champ. Ils avaient même balayé les feuilles dans notre cour et nous avaient apporté des seaux d'eau.

Deux autres Chinois en blouse blanche s'occupaient des enfants malades de nos voisins. Dans la rue, ils avaient installé des chaises, sur lesquelles ils demandaient aux personnes âgées de s'asseoir pour leur couper les cheveux, et des tables. Les Ouïghours et les Kazakhs qui, jusque-là, avaient évité tout contact avec les Chinois, buvaient le thé avec eux. Chez nous, l'hospitalité était sacrée. Quand quelqu'un travaillait bénévolement pour nous, il était impensable de le laisser repartir sans aucune contrepartie. Çà et là naissaient même des liens amicaux. Mais, lorsque nous sûmes quel sort le gouvernement chinois réservait à notre patrie, nous reprîmes aussitôt nos distances.

Les parents n'autorisaient pas leurs enfants à jouer avec les petits Chinois de notre âge. Les parents chinois agissaient de même.

Papa nous disait très souvent : « Nous pouvons vivre un temps avec ces visiteurs. Mais l'heure viendra où ils devront nous quitter. » Les soldats étrangers se comportaient de façon si exemplaire que j'avais envie de leur proposer mon aide, et mes sœurs et moi-même leur apportions à boire lorsqu'ils passaient non loin de chez nous. De plus, l'uniforme leur donnait fière allure.

Lorsqu'une troupe traversait notre village, notre chef ordonnait aux enfants de se mettre en rang et d'applaudir à l'approche des soldats. Un seul osait exprimer son mécontentement face aux étrangers, c'était Shark, notre chien. Dès qu'il voyait un Chinois, il se mettait à japper !

Les relations entre les Chinois et les Ouïghours se crispèrent soudain après l'emprisonnement et l'exécution de plusieurs milliers d'habitants d'Altaï. Pourtant, les haut-parleurs, à chaque coin de rue, ne cessaient de nous répéter que la population locale et les Chinois étaient amis et que nous devions tous vivre en harmonie.

Mais l'amitié que le gouvernement appelait de ses vœux ne vit jamais le jour. Les autorités semblaient convaincues qu'elles ne seraient tranquilles que lorsque les autochtones auraient été déportés ou liquidés.

Une nuit, dans la salle à manger, mon père et ses amis s'échangeaient des conseils de prudence. « Nous devons faire attention, sinon ils nous tueront. » L'un de nos voisins dit, en baissant la voix : « Les espions du gouvernement se sont infiltrés partout. Il faut vraiment prendre garde à qui nous parlons et ne plus évoquer de tels sujets dans la rue. »

Je n'oublierai jamais cette nuit-là. Papa nous avait demandé d'aller dans l'autre pièce et de faire silence. « Ne vous approchez pas de la porte et parlez doucement. » Arzigul posa la tête sur mon épaule, tandis que Mehmet et Heljem dormaient déjà. Zohre respirait doucement au côté de Hejer, qui ressemblait trait pour trait à ma mère. Nous tendîmes l'oreille, mais le plus grand calme régnait dans la maison. D'un instant à l'autre, la porte pouvait être enfoncée, et nous nous retrouverions à nouveau dehors, sous une pluie battante.

Mon père n'a jamais caché sa profonde aversion pour Mao. « Un jour, il dit ceci. Le lendemain, il dit cela... » Ma mère l'en blâmait et nous priait de ne jamais répéter à personne ce que nous entendions. Tout ce qu'elle voulait, c'était vivre en paix. Dehors, des slogans résonnaient dans les haut-parleurs : « N'oubliez jamais la lutte des classes. Servez le peuple ! »

Comme la pluie qui tombe du ciel

Les premiers colons arrivèrent au Xinjiang en même temps que les militaires. Ils construisirent et ouvrirent des commerces. On voyait de plus en plus d'Asiatiques et de Chinois en uniforme.

Le paysage évoluait lentement.

Les Ouïghours subissaient de plus en plus d'interrogatoires au sujet de leurs convictions. Souvent, il suffisait d'un soupçon pour être amené devant le peloton d'exécution. Lors d'une fouille de routine, les soldats vandalisèrent notre appartement et trouvèrent des pépites d'or que papa avait cachées dans une citrouille. Ils emmenèrent mon père et confisquèrent l'or.

Tous les jours, les soldats lui demandaient s'il possédait encore d'autres pépites. S'il répondait par la négative, on le frappait. Après six mois de détention, mon père revint à l'appartement, rassembla les bijoux de ma mère et les donna aux soldats. Depuis le couloir, je vis qu'elle lui appliquait des morceaux de viande crue sur le dos pour calmer les saignements.

À cette époque, mon père commença à changer progressivement. Il haussait le ton beaucoup plus souvent. Entre chaque crise, il était très calme, plongé dans ses pensées. Et nous nous habituâmes aux perquisitions régulières.

Rahime, une camarade de classe, et Khinlar, un ami kazakh, me disaient que, bientôt, les Chinois arriveraient chez nous comme la pluie tombe du ciel. Khinlar m'expliqua par gestes qu'ils nous envahiraient comme des sauterelles et qu'ils nous prendraient tout. Bouleversée, je lui répliquai qu'il fallait fuir dans les montagnes.

Régulièrement, les dirigeants nous répétaient que chaque peuple, en particulier le peuple ouïghour, disposait du droit à l'autodétermination.

Avant de s'incliner sur son tapis de prière en direction de La Mecque, mon père fermait toujours la porte derrière lui, comme les autres Ouïghours.

Parfois, mon père pleurait en silence. Puis il s'interrogeait : « Pourquoi notre vie est-elle si dure ? » L'instant d'après, il répondait lui-même à sa question : « Notre peuple est pur, obéissant, simple, humble et accueillant. Notre peuple s'est intéressé à l'art et au commerce, et il était satisfait de son mode de vie. »

« Faire sortir les serpents de leur repaire »

Au début de l'année 1957, Mao exhorta tous les intellectuels à critiquer le Parti dans son ensemble, sans peur des représailles. Cette idée fut très bien accueillie. En réalité, le Grand Timonier n'avait qu'une idée en tête : « Faire sortir les serpents de leur repaire », selon ses propres termes. Tous ceux qu'il avait incités à exprimer leurs doutes furent « écartés », accusés d'être des dissidents. Des artistes, des étudiants, des chercheurs et des intellectuels furent déclarés « déviants ».

Toutes les formes de libre-pensée étaient dangereuses. Plus personne ne dormait tranquille, puisque n'importe qui pouvait se voir accusé d'être un opposant au régime. Tout le monde devait penser et dire la même chose. Sinon, le pays risquait de s'effondrer. C'est du moins ce que nous répétait notre institutrice.

Mme Mamat était mince, gracieuse et portait souvent des vêtements très modernes. Elle était ravissante et elle le savait. À cause de la couleur de ses yeux, on la surnommait parfois « Yeux bleus », mais en cachette, car en Occident, comme chacun le savait, les dissidents avaient toujours les yeux bleus.

À la maison, mes grandes sœurs me disaient que ce qu'on apprenait à l'école n'était pas si important que ça, et qu'il ne fallait écouter que ses parents. Du coup, c'était avec mes camarades de classe que je préférais parler politique, avant d'aller en classe. « Dieu existe-t-il ? » Mon amie Rahime suggéra d'en parler plus en détail avec notre maîtresse, et chaque élève prépara des questions.

Le lendemain, je levai le doigt. « Maîtresse, vous nous avez dit que Dieu n'existait pas, que l'homme n'a pas été créé par Dieu et qu'il descend du singe. Est-ce que c'est vrai ? Et pouvez-vous nous expliquer d'où viennent les singes ? »

Légèrement agacée, l'institutrice me demanda si j'avais d'autres questions sur ce sujet. Je lui répondis avec empressement : « À vrai dire, oui. Depuis que je suis née, je vois qu'il y a des bœufs, des moutons et d'autres animaux sur terre. On dit que les communistes sont plus puissants que Dieu. Mais alors, pourquoi ne sont-ils pas capables de créer de nouvelles espèces ? » Pour la maîtresse, c'en était trop. « Tu n'auras pas de réponse, rétorqua-t-elle pour me remettre à ma place. Tu es une mauvaise élève. J'aimerais parler à ton père. »

La deuxième fois que celui-ci vit la maîtresse, j'avais voulu parler des héros ouïghours. Elle tâcha de le persuader que la vie de ses enfants était définitivement fichue s'il continuait à nous raconter de telles histoires. En classe, elle m'avait même affirmé que ces héros étaient en réalité des bandits.

Mes parents pouvaient au moins être fiers de Zohre, ma grande sœur. Pour ses études, elle dut déménager à Ürümqi, à six cents kilomètres de là. Elle n'était pas d'une beauté classique : comme moi, elle mesurait 1,65 mètre, mais son caractère et son style vestimentaire bien particulier lui donnaient des airs de princesse. Chez nous, on la surnommait « Consule », car elle s'habillait toujours comme une Russe.

Mais le Parti commençait à voir d'un mauvais œil le fait que chacun s'habillât comme il le souhaitait. C'est pourquoi Zohre se mit à porter le costume Lénine à l'école. Pour elle, Mao était un grand homme. Enfin un parti s'occupait des gens comme de ses propres enfants, et structurait clairement leur vie ! Les rôles du gentil et du méchant étaient bien définis : l'Occident était responsable de tous les maux.

Jumak partit lui aussi à Ürümqi pour y étudier l'agroalimentaire, et Hejer obtint son diplôme de médecin à Altaï.

Quand Jumak rentrait pour les vacances, il participait aux travaux des champs. Il me respectait beaucoup pour l'aide que j'apportais à la famille et suivait mes sœurs dans la cour en imitant leur démarche de grandes dames, pour mon plus grand plaisir.

Iparhan, la guerrière parfumée

Dans l'histoire des Ouïghours, de nombreuses héroïnes se sont opposées avec succès à nos traditions patriarcales. Mon père nous racontait souvent les aventures de ces femmes célèbres, dont ma préférée était Iparhan, symbole ouïghour du refus de la domination.

Iparhan était la fille d'un notable musulman de Kachgar, connue pour le parfum que son corps exhalait. Comme elle se battait encore plus férocement qu'un homme contre les Mandchous, elle fut capturée et ramenée à Pékin en guise de trophée vers 1760.

Mais sous ses vêtements, la jeune femme cachait un couteau pour tuer quiconque s'approcherait d'elle. L'empereur Qianlong voulut garder cette belle femme pour lui seul. Comme elle avait le mal du pays, il fit acheminer des arbres fruitiers, des musiciens et des danseuses depuis le Turkestan oriental jusqu'à son palais.

Malgré tous ces cadeaux, l'empereur ne parvint pas à attendrir Iparhan. Voyant qu'elle se laissait mourir de faim, il lui demanda quelles étaient ses dernières volontés.

« Tu habilleras mon cadavre avec des vêtements traditionnels et tu m'enterreras dans mon pays », lui répondit-elle. L'empereur respecta son souhait. Aujourd'hui, sa tombe se trouve dans le mausolée d'Abakh Hoja, à Kachgar.

Elle était restée patriote jusqu'au bout. D'après mon père, c'était un exemple à suivre.

Galvanisée par tant de courage, je demandai plusieurs fois à notre institutrice pourquoi elle nous parlait toujours des héros chinois et jamais des grandes figures historiques ouïghoures. Nerveuse, Mme Mamat m'ordonnait de me taire. Mais chaque fois que mon père nous racontait une nouvelle histoire, je m'imaginais dans la peau de ces héroïnes et je sentais une grande force m'envahir, comme si, dès le lendemain, j'allais délivrer mon peuple de toutes ses souffrances. Je suis convaincue que ce sont ces histoires qui ont fait de moi ce que je suis aujourd'hui.

Une sidérurgie obsolète pour de grandes ambitions

Les postes les plus importants de l'administration étaient occupés par des Chinois, et mon père passait le plus clair de son temps à la maison, avec des amis. Ils ne se rendaient pas aux réunions organisées par le Parti, dont le but était d'apprendre aux gens ce qu'il fallait penser, ressentir et aimer. Les hommes préféraient discuter à voix basse dans la salle à manger.

Des affiches proclamaient : « Vive le Grand Bond en avant ! » et : « Participez à la production d'acier ! » À en croire Mao, la Chine se transformerait très vite en une grande puissance industrielle. Mes camarades et moi comprenions par là que la nation tout entière devait dénicher de vieux morceaux de ferraille afin de les fondre. Les marmites et les ustensiles de toutes sortes atterrissaient dans les hauts fourneaux que l'on construisait partout.

On chassa les familles qui vivaient sur les lieux d'extraction du minerai de fer. Les champs étaient laissés à l'abandon, puisque les paysans devaient fondre de l'acier. Quant aux ânes, ils n'étaient pas assez nourris pour pouvoir travailler. Les femmes, même enceintes, portaient à leur place de la ferraille sur le dos. À midi, dans les champs ou dans les usines, on n'avait droit qu'à une soupe. Les femmes ouïghoures qui, auparavant, faisaient très attention à leur apparence, avaient le visage sale.

Avant le lever du soleil, les gens partaient travailler la terre. Les bébés étaient déposés en pleurs au bord des champs, et les mères devaient demander la permission à leur chef avant de pouvoir s'en occuper. Beaucoup d'enfants moururent ainsi.

Les écoliers devaient aussi travailler une demi-journée pour gagner leur goûter. À l'école, nous n'apprenions plus à lire et à écrire, mais à ânonner des citations de Mao. L'institutrice nous surnommait « la petite armée » ou « les petits soldats », et de nombreux élèves en étaient fiers.

Pendant son temps libre, mon père se consacrait entièrement à l'agriculture. Il soudoyait les surveillants pour que ma mère, en vraie Ouïghoure, puisse continuer à se consacrer aux tâches ménagères. Je crois que c'était la seule femme du village à y être parvenue. Si les voisins avaient besoin de pommes de terre ou de légumes, ils s'adressaient à Tatachahun. C'est pour cela qu'ils n'étaient pas jaloux d'elle.

Quand papa rentrait à la maison, dans son uniforme bleu en coton boutonné jusqu'au cou, maman éclatait de rire : « Vous avez vraiment une drôle d'allure ! » Quant à elle, elle avait décidé de ne pas changer sa façon de s'habiller. Dans l'appartement et dans la cour, elle continuait à porter des vêtements amples et multicolores. Cela valait également pour les réunions du Parti qui avaient lieu au village, jusqu'à ce que le maire lui fasse remarquer son style « bourgeois ». Beaucoup médisaient sur elle, y compris mon institutrice.

Un jour, alors qu'elle rentrait d'une réunion, ma mère se mit à rire sans pouvoir s'arrêter. Étonné, mon père se retourna vers elle et lui demanda ce qui se passait. « Toutes ces femmes ressemblent à des moutons tondus », lui expliqua-t-elle. En effet, la plupart d'entre elles avaient coupé leurs longues tresses au niveau du menton.

Dans la cour de récréation, nous nous apitoyions sur nos nouveaux accoutrements. Mais bientôt, nous n'aurions plus le temps de nous inquiéter de notre style vestimentaire. Nous serions bien trop occupés à nous trouver à manger.

Je deviens de plus en plus agressive

Les relations entre Ouïghours se crispèrent. Il n'était plus question de partir ensemble dans la montagne ou de faire la fête. Quand on travaillait toute la semaine quatorze à seize heures par jour, on n'avait plus la force de se distraire. Nos oppresseurs nous privaient du temps, du repos et de l'argent nécessaires à la préservation de notre culture.

J'avais la réputation d'être une enfant patiente et serviable mais, dernièrement, j'étais devenue agressive. Je me disputais avec mes camarades de classe pour des broutilles. Il en allait de même avec mes frères et sœurs. J'ignorais pourquoi j'étais devenue si désagréable.

Un soir, pendant les vacances, Hejer apparut vêtue d'un costume traditionnel, son foulard préféré sur la tête. Je lui reprochai l'égoïsme dont elle faisait preuve en portant des vêtements interdits. Notre père risquait de retourner en prison par sa faute. Sans un mot, elle partit s'isoler dans sa chambre. Je lui reprochais aussi fréquemment de ne pas assez participer aux tâches ménagères.

Nous devions croire tous les mensonges qui déferlaient tous les jours des haut-parleurs et de la bouche de mon institutrice. Je n'étais rassérénée que lorsque je voyais mon père faire sa prière au lever du soleil :

Dieu, je t'en prie, aide-nous,
Donne-nous la paix,
Le repos et l'argent,
Fais que les enfants de nos voisins
Revoient bientôt leurs parents emprisonnés,
Insuffle de la force et du courage à notre peuple.

Quand les moineaux se font dissidents

Fin 1957, après avoir consulté des dirigeants communistes, Mao commença à prendre ses distances avec l'Union soviétique. D'après lui, son ancien allié s'éloignait du véritable socialisme. De plus, il se sentait humilié par le refus des États-Unis et des autres pays occidentaux d'entretenir des relations diplomatiques avec la Chine.

À l'école, les cours devinrent de plus en plus étranges. Le Grand Timonier accusait les moineaux de dissidence car ils picoraient les graines semées dans les champs. On mobilisa alors les écoliers pour lutter contre ces « quatre fléaux » qu'étaient les moineaux, les rats, les moustiques et les mouches. Ceux qui ne participaient pas étaient considérés comme des hors-la-loi.

Tous les jours, nous devions rapporter dix paires de pattes de moineau à l'école. Quand tous les moineaux du village eurent été tués, ce fut au tour des corbeaux.

Mais le Grand Timonier n'avait pas prévu que l'extermination des oiseaux entraînerait une terrible invasion d'insectes. Les écoliers avaient donc pour nouvelle tâche de tuer chacun quinze mouches par jour. Nous courrions partout avec nos tapettes à mouches et récoltions les insectes dans un verre, que nous remettions ensuite à l'institutrice, qui les comptait avec soin. Cela nous amusait.

Quand j'y repense aujourd'hui, Mao ne s'en est pas seulement pris à notre population : il a également décimé presque toute la faune du pays. Presque chaque semaine, les cadres lançaient une nouvelle campagne. Un jour, c'était pour capturer les souris. Le lendemain, ils nous interdisaient de porter des jupes longues. Pour concocter tout cela, ils devaient être soit complètement fous, soit morts de peur. Si Mao décidait quelque chose, ils approuvaient instinctivement, même si c'était absurde. Le lendemain, si le Grand Timonier donnait l'ordre inverse, ils le suivaient tous sans broncher, comme un troupeau de vaches qu'on mènerait d'un pâturage à l'autre.

L'ambiance change soudainement

Les soldats chinois nous confisquèrent nos bœufs, nos poules, nos moutons et nos chèvres. Plus personne n'osait parler de politique. Il était interdit d'inviter du monde chez soi. Nous n'évoquions plus le nom de Wang Zhen, ni celui de son successeur, Wang Enmao. Nous nous préoccupions plus des difficultés rencontrées au quotidien.

Mon père était très inquiet. « Que faire ? À qui parler ? » Bien qu'il fût quelqu'un d'affectueux, il commença à nous crier dessus. Lorsqu'il rentrait du travail, il jetait sa veste dans un coin. « Laissez-moi tranquille ! Je n'ai aucune envie de parler », répliquait-il brusquement dès que nous lui adressions la parole.

Nous lui en voulions de nous infliger sa mauvaise humeur. Hejer, Arzigul, Mahmet et moi l'énervions à lui demander sans arrêt pourquoi il ne nous racontait plus ses histoires passionnantes. Je compris seulement trois ans plus tard, après notre exil, ce qui l'avait rendu si acariâtre.

Ma mère était d'une grande indulgence. « Écoutez ce que vient de dire votre père. C'est un homme bon », nous disait-elle chaque fois que son mari s'énervait. Pourtant, il ne se privait pas de lui faire des reproches blessants.

Elle lui pardonnait toujours. Nous la voyions souvent cacher son visage dans les mains et pleurer. Bouleversés par son chagrin, nous n'osions rien dire pendant un long moment, et la colère que nous ressentions envers notre père ne faisait que croître.

Après le dîner, lorsqu'il était un peu requinqué, il redevenait le bon père de famille que nous connaissions. Mais le courage de ma mère s'amenuisait. Elle n'était plus aussi soignée, elle prenait du poids et négligeait son apparence. Cependant, elle continuait à attacher la plus grande importance à la propreté.

« Maman, ne pourrions-nous partir tous ensemble voir les Kazakhs ? lui demandai-je un jour. Nous ne sommes pas sortis de la ville depuis le début de l'été.

— Les gens sont trop occupés à rester en vie. Ils n'ont plus envie d'aller dans les montagnes », me répondit-elle.

De nombreuses fêtes religieuses, comme le jeûne du *bairam*, furent interdites. Avant, les voisins et les amis en profitaient pour se voir, manger et chanter ensemble. Dorénavant, on avait trois jours de congé et on restait chez soi.

Depuis des mois, des troubles agitaient notre village. Un de nos voisins fut contraint à l'exil dans le Tarimbeck, au sud, tout près du terrible désert du Taklamakan. Un autre l'y suivit peu après. Une de mes camarades ne venait plus à l'école. Un petit garçon kazakh disparut sans laisser de traces, ainsi qu'une institutrice. Très vite, on compta quatre bancs vides dans la salle de classe.

En novembre 1958, les citadins durent déménager à la campagne afin que la population soit uniformément répartie.

« Pourquoi les communistes forcent-ils les familles de nos amis à partir ? demandai-je un jour en classe, d'une voix craintive.

— Parce que c'est une loi du Parti, rétorqua la maîtresse. On n'a le droit ni d'en parler, ni de la critiquer. »

Chaque fois que nous perdions une camarade, nous pleurions à chaudes larmes. J'espérais de tout mon cœur que nous serions épargnés. On ne pouvait tout de même pas nous chasser deux fois de chez nous, n'est-ce pas ?

Cela faisait longtemps que je ne considérais plus les soldats chinois comme des frères. Je dus reconnaître que mes parents avaient raison. Les dirigeants nous manipulaient.

Le soulèvement d'Altaï

Ce fut le dernier été où notre sœur Zohre vint nous rendre visite à Altaï. Nous l'accompagnâmes au camion qui allait la ramener à Ürümqi. Ensuite, elle devait déménager à Aksou pour y exercer son métier d'institutrice. En effet, d'après la loi, les jeunes diplômés du Nord étaient obligés de s'installer dans le Sud, et vice-versa. Nous étions accablés, car nous ne reverrions pas Zohre avant peut-être plusieurs années, mais nous ne le montrions pas.

À force d'entendre mes parents se plaindre, j'avais changé. Je n'avais plus aucun respect envers le Grand Timonier. Je n'avais qu'une envie : arracher toutes les affiches qui le montraient en train de ricaner.

Très peu de Ouïghours étaient membres du Parti communiste. Les soulèvements étaient de plus en plus fréquents dans le pays. Pour toute réponse, les soldats chinois parquaient les rebelles dans les prisons et dans les camps de rééducation, ou les exécutaient directement.

En 1959, les habitants d'Altaï se soulevèrent. Les insurgés distribuaient des tracts réclamant le départ des Chinois. Un matin, sur le chemin de l'école, je vis environ deux cents cavaliers ouïghours et kazakhs s'approcher du centre administratif de la ville. Mue par la curiosité, je courus les rattraper.

Dès que maman entendit parler de la rébellion, elle laissa tout en plan pour partir à ma recherche. Comme j'étais petite, il était difficile de me retrouver dans la foule. Soudain, je la sentis m'attraper par le bras et je sursautai. « Les soldats ne vont pas tarder. Un grand malheur va frapper tous ceux qui sont présents », murmura-t-elle, enfonçant ses ongles dans ma chair.

Les rebelles furent encerclés en un clin d'œil. Bon nombre d'entre eux furent arrêtés et envoyés dans les prisons tant redoutées du Sud. De retour à la maison, nous nous enfermâmes à double tour.

Je ne sais pas si mon père prit part à ce mouvement. Ses amis venaient le voir encore plus souvent, mais je n'avais pas le droit d'écouter leurs conversations. Je n'arrivais à saisir que des bribes de murmures énervés. Ma mère dit à mon père qu'il se comportait de façon bien mystérieuse. Elle ne savait pas non plus ce qu'il en était.

Dans notre petit village, déjà dix familles manquaient à l'appel. Si on refusait de partir, on encourait quinze ans de réclusion. Non loin de là se trouvait une montagne appelée Chang Dan, littéralement : « la montagne où les Chinois ont versé le sang ». De nombreux insurgés y furent exécutés. Peu de temps auparavant, Mao avait déclaré devant de hauts fonctionnaires : « Les morts sont utiles, on en fait de l'engrais. »

Un grand bond en arrière

Alors que Mao Zedong avait voulu faire de la Chine une grande puissance économique en un minimum de temps, l'année 1959 marqua le début de la plus grande famine de l'histoire de l'humanité, l'agriculture ayant été abandonnée au profit de la métallurgie. Le Grand Bond en avant était en réalité un retour au Moyen Âge.

Un seau à la main, nous nous mettions à la recherche des grains de blé que les soldats des *bingtuan* avaient perdus lors du transport des récoltes. Ainsi, nous parvenions à récupérer un tout petit sac que nous nous partagions le soir. Nous avions beaucoup de chance car nous possédions toujours notre champ de pommes de terre, que nous cultivions avec nos voisins.

Les enfants de moins de dix ans avaient droit à cinq kilogrammes de céréales par mois tant que les communistes en avaient en stock. Plus on était âgé, plus la ration était importante. Le chef de la ferme collective ayant pitié de mes amies et moi, il nous vieillit de deux ans.

Un jour, une voisine vint nous emprunter de l'huile de tournesol. Ma mère lui en donna exactement cinq petites cuillères, pas une goutte de plus. Depuis peu, elle lésinait aussi sur la farine. Je ne la savais pas capable d'une telle mesquinerie. Nous allions bientôt apprendre à nos dépens ce que c'était que la faim.

En 1960, un groupe de soldats nous prit Shark et les autres chiens. Comme ils étaient bien dressés, ils eurent la vie sauve. Mon père fut si anéanti par cette perte qu'il fondit en larmes, car Shark l'avait toujours accompagné partout.

Notre institutrice, elle, fit preuve d'une grande compassion. Elle nous demandait si nous mangions assez et si nos parents se portaient bien.

2

EXIL DANS LE DÉSERT

Des préparatifs douloureux

En juin 1961 vint notre tour. Le gouvernement donna un mois à mes parents pour se préparer. Lorsque j'appris la nouvelle, je cessai d'aller en cours. Papa nous réunit dans la cuisine et nous dit de ne pas paniquer. Jusqu'au dernier jour, il s'efforça de contrecarrer les ordres.

Il avait réussi à soustraire un kilo et demi d'or aux regards curieux des communistes et avait caché trente pépites grosses comme le doigt dans la ceinture en tissu de ma mère. Il me montra comment vérifier la qualité d'une pépite avec les dents.

Mes parents devaient organiser le voyage eux-mêmes. Pour les chauffeurs routiers, l'exil se révéla lucratif. Le voyage coûtait entre 50 et 60 yuans, alors que le salaire moyen s'élevait à 40 ou 50 yuans.

Maman nous tricota des couvertures et des vêtements épais. À cause du manque de place, nous ne pouvions pas emporter grand-chose. Nous remplîmes un sac de pain sec et un autre de farine grillée, que nous mélangerions avec de l'eau chaude avant de la manger, et nous prîmes également de la viande. Nos amis nous donnèrent des panses de brebis, de la graisse de mouton et du beurre. La nourriture prit à elle seule dix petits sacs et deux gros sacs.

Comme nous ne pouvions pas emporter nos vêtements, mes parents les donnèrent aux villageois. Tous les jours, on venait nous dire au revoir. Chaque fois, maman répondait que nous serions de retour dans six mois. Papa resterait là. « Je ne laisserai personne nous prendre notre maison, dussé-je me faire tuer. À votre retour, nous vivrons à nouveau tous ensemble. »

Il expliqua longuement à maman comment se comporter et survivre dans le Sud. « Tu iras voir notre fille à Aksou. C'est une grande province. » Mon père était convaincu de pouvoir nous faire revenir, mais ma mère en doutait. Comme il ne cessait de l'encourager, elle finit tout de même par y croire autant que lui.

Quant à Hejer, elle n'était pas obligée de partir, puisqu'elle étudiait la médecine à Altaï et faisait donc partie des habitants de la ville. Elle me fit le serment de ne jamais adhérer au Parti communiste. « Ce sont les communistes qui sont responsables de notre séparation », me murmura-t-elle, comme si elle redoutait le son de sa propre voix. Je ne répétai pas cette conversation à nos parents. En effet, papa craignait que nous nous disputions à cause de la politique.

La frontière vers l'Union soviétique fut ouverte. Les premiers réfugiés se mirent en route, mais de nombreuses familles furent frappées par la famine. Maman invita une dernière fois ses amies à la maison. Elle leur joua du *dutar* et leur chanta une chanson sur le thème de l'exil.

L'adieu à mon père

Le matin du départ, je me levai tôt pour aller frapper à la porte de mes amis. J'allai voir les endroits où nous jouions, ainsi que le fleuve où nous faisions notre lessive. À l'école, je caressai mon banc une dernière fois.

Hejer m'accompagnait. Ensemble, nous allâmes voir tous les lieux que nous aimions. J'eus largement préféré rester avec elle dans l'Altaï, mais maman s'y opposa : « Tu vas attirer des ennuis à ton père. »

Ce jour-là, le ciel était bleu acier. Juste avant midi, alors que nous préparions nos dernières affaires, je sentis une présence derrière moi : Shark avait réussi à échapper aux soldats. Je vis papa sourire pour la première fois depuis longtemps. Le chien renifla chaque valise l'une après l'autre, puis se mit à gémir. J'eus l'impression qu'il avait beaucoup de questions à nous poser.

Papa ferma la porte de la chambre à coucher, donna la clé à maman et lui demanda d'aller la cacher dans un pot en terre qui se trouvait dans la cour. Immédiatement après notre départ, un Kazakh viendrait la chercher. Papa l'avait payé afin qu'il se mît d'accord avec les cadres du Parti : après quelques semaines, papa aurait le droit d'occuper l'une des pièces de la maison.

Le camion se gara devant l'entrée de la cour. Mon père prit Heljem, sept ans, dans ses bras. Il la serra très fort et l'embrassa sur les deux joues. Puis ce fut le tour de Hejer, dix-huit ans, d'Arzigul, onze ans, et de Mehmet, dix ans.

Enfin, il m'embrassa sur le front et me dit : « C'est à Dieu et à ta mère que j'ai confié mes enfants. Rebiya, occupe-toi bien de toute ta famille. Je suis désolé de ne pas vous avoir mieux montré combien je vous aimais. Une dernière chose : veille à ce que ta mère ne verse aucune larme. »

J'étais fière. Pour la première fois de ma vie, j'avais le sentiment d'être importante et d'avoir un rôle à jouer au sein de la famille, au même titre que mon père.

Lorsque l'heure des adieux fut venue, nous jetâmes un dernier coup d'œil vers le village. Mon père prit ma mère par les épaules et elle faillit se mettre à pleurer. Mais comme il lui avait demandé d'être courageuse, elle retint ses larmes.

Il nous enlaça de nouveau les uns après les autres, et nous l'accompagnâmes jusqu'au portail. Il se mit à marcher en direction du village, d'abord avec hésitation, puis de plus en plus vite. Il se retourna souvent vers nous. Shark trottait à ses côtés. Nous ignorions le lieu de leur cachette. C'était mieux ainsi.

1961 : l'exil

La dernière nuit, Hejer et moi discutâmes sans interruption, mais je lui tus mes angoisses. Des images terribles m'assaillaient. J'imaginais que nous étions dans le désert et que nous nous abritions dans une grotte, tandis qu'une tempête de sable recouvrait tout sur son passage. J'étais certaine que, là où nous nous rendions, il n'y aurait personne d'autre.

Le matin du départ, maman et Hejer se serrèrent si fort que je crus qu'elles ne se sépareraient jamais. Les voisins attendaient dans la cour, des petits cadeaux d'adieu dans les mains, du yaourt, du pain ou quelques abricots secs. Maman offrit son *dutar* à sa meilleure amie. « Prenez bien soin de mon mari ! », demanda-t-elle tour à tour à chaque adulte.

Personne ne pleura. Jour après jour, les villageois s'étaient habitués à voir partir leurs amis. Ils redoutaient en outre qu'il ne leur arrive la même chose.

Malgré la chaleur, nous portions des pulls en laine sous nos vestes à manches courtes, pour éviter d'avoir froid pendant la nuit. Vêtue d'une robe en coton bleu marine, ses tresses recouvertes d'un foulard à fleurs, ma mère ne s'était pas aussi bien habillée depuis longtemps.

C'était sa façon à elle de protester. En effet, les Ouïghours portaient toujours leurs plus beaux vêtements lorsqu'ils étaient invités quelque part. Maman se tenait très droite. Peut-être ne voulait-elle pas se mettre à pleurer devant tous ces gens.

Je montai sur la plateforme de chargement, puis les voisins me tendirent Heljem. Elle et Mehmet étaient aux anges, c'était la première fois qu'ils montaient dans un camion.

Le moteur se mit en route. Alors, Hejer se mit à courir derrière nous en hurlant : « Non, ne partez pas ! » Ma mère lui cria plusieurs fois de s'arrêter, mais elle nous poursuivait. Le camion prit de la vitesse, et elle finit par disparaître dans un nuage de poussière.

En route vers le sud

Notre chauffeur était âgé d'environ quarante-cinq ans. Mon père l'avait sans doute payé un peu plus cher, car il prononçait toujours son nom avec le plus grand respect : « Kadir Khan est un homme très bon. » Mais il ne pouvait pas nous donner de conseils pour l'avenir, car lui-même ne savait pas ce qui nous attendait à Aksou.

Le long de la route qui nous menait vers les montagnes défilaient les prairies fleuries, les forêts et les chevaux. « Regardez comme c'est beau », disait le chauffeur. À tour de rôle, mon frère, ma sœur et moi nous asseyions à ses côtés, dans la cabine. Mais il devenait tout rouge dès qu'il parlait politique : « Pourquoi nous soumettons-nous ? Nous devrions nous battre contre les Chinois. Ce sont eux qui nous ont vendus à Staline, en 1945. »

Les petits étaient calmes, du moment que nous avions à manger et que nous discutions. Ils jouaient un peu entre eux, puis se rendormaient.

Après trois jours de plat, la tâche du chauffeur se compliqua. La route qui traversait les forêts du Tarbagataï était très sinueuse. Nous roulions douze heures par jour pour parcourir cent à cent vingt kilomètres.

Nous dormions dans des auberges gérées par l'État. Il y avait trois à quatre lits par chambre, et pas de salle de bains. Nous ne nous lavâmes pas jusqu'à Ürümqi.

À travers le désert

Nous atteignîmes bientôt Karamay, sur la partie nord de la chaîne du Tian Shan, qui partageait la région en deux. Devant nous, des vallées et des plaines à perte de vue. Là se trouvait Ürümqi, la ville la plus éloignée de la mer.

Les petits n'arrêtaient pas de pleurer, tout comme maman et moi. Je ne sais pas s'il s'agissait pour notre chauffeur de son premier voyage dans le Sud. Toujours est-il qu'il s'efforçait inlassablement de nous remonter le moral. « N'ayez pas peur. Dans le Sud, vous vous ferez plein d'amis ouïghours. Ensemble, vous surmonterez les difficultés plus facilement. »

Bien qu'âgée de treize ans seulement, j'étais en mesure de comprendre que les Ouïghours n'étaient pas responsables de leurs conditions de vie. « Tous nos soucis viennent du fait que le chef des colons est un vrai monstre. En cours, l'institutrice nous a toujours répété que Mao n'était qu'un simple fils de paysan. Peut-être est-ce pour cela qu'il ne sait pas comment diriger le pays », dis-je au chauffeur.

Plus nous approchions d'Ürümqi, plus la végétation se faisait rare. Nous traversions la steppe sur des routes poussiéreuses. Çà et là, nous apercevions quelques moutons et quelques bœufs. « Regardez-moi ce beau paysage ! s'exclama le chauffeur, visiblement de bonne humeur. Chez nous, on trouve vraiment de tout : des prairies, des glaciers et un désert. » Nous roulâmes à travers ce paysage lunaire pendant des heures et des heures.

Mes frères et sœurs commencèrent à pleurnicher. Ils avaient envie d'aller aux toilettes, ils avaient faim. C'était épuisant. Dès que ce fut possible, nous fîmes une pause. Lorsque nous nous arrêtâmes pour la nuit, ce fut un immense soulagement.

Très tôt le lendemain matin, nous repartîmes sur la petite piste. Les terres que nous traversions étaient complètement inhabitées. Parfois, nous ne voyions personne de toute la journée.

Plus les kilomètres défilaient, plus les paroles de mon père résonnaient, magnifiques : « Bientôt, nous serons libres. »

Nuits blanches

Du thé et du pain sec trois fois par jour, d'après maman, ce n'était pas très sain. À l'étape suivante, nous eûmes donc droit à des *mantou*, des beignets cuits à la vapeur. Une vieille dame au visage sale et aux cheveux ébouriffés s'approcha de notre table, se servit dans notre plat avec ses mains dégoûtantes et engloutit son butin. Le chauffeur voulut la chasser, mais ma mère le retint : « Ne la frappez pas, laissez-la tranquille ! » Il se calma immédiatement et dit à la femme qu'elle aurait le reste, à condition qu'elle allât se laver les mains.

Nous n'osions plus nous servir. La femme revint quelques minutes plus tard. Elle s'était un peu nettoyé le visage. Nous constatâmes qu'elle n'avait que trente ans, tout au plus. Alors qu'elle dévorait les boules de pâte les unes après les autres, elle se mit à sangloter. Ma mère la regarda, consternée, et l'interrogea.

« Mes enfants sont morts de faim et mon mari m'a mise à la porte, répondit-elle entre deux bouchées. Je ne sais pas si je vais vivre encore longtemps. » Maman, très attristée, nous répéta plusieurs fois que notre père ne nous aurait jamais fait ça.

Jour après jour, les gens que nous rencontrions étaient de plus en plus démunis, ce qui me fit vraiment prendre conscience que nous allions vivre dans le désert. Mais maman tâchait sans cesse de nous rassurer : « Non, là où nous allons, nous retrouverons notre famille et nos amis. Dieu veille sur nous. Votre père viendra vous chercher très bientôt. »

Papa ne nous avait jamais parlé de la vie dans le Sud et maman n'en connaissait que quelques aspects. L'été y durait plus longtemps, et l'hiver était plus court. Plus proche des Russes, le Nord était censé être plus avancé que le Sud, où les gens étaient encore très attachés à leur foi et très conservateurs.

Au cours d'une nuit passée dans une auberge, je me réveillai et vis ma mère accroupie sur son lit.

« Maman, il faut dormir. Demain, nous avons de la route à faire.

— Non, j'attends que tu t'endormes. Ensuite, ce sera mon tour. »

Mais c'était bien plus facile à dire qu'à faire. Les draps étaient infestés de puces et de punaises. Voyant que nous ne pouvions pas dormir, ma mère alla chercher la patronne de l'auberge. Celle-ci, presque amusée, lui répondit qu'elle aussi aimerait se débarrasser de ces bestioles. « Ce sont nos amis les Chinois qui nous ont apporté ces insectes nuisibles. » Pour les cadres communistes, se laver était une habitude bourgeoise.

Dès lors, je fus persuadée que nous ne serions pas heureux dans le Sud.

Étape à Ürümqi

Mon grand frère s'était déplacé deux jours de suite au terminal de bus d'Ürümqi pour nous guetter, en vain. Nous n'arrivâmes que le cinquième jour dans cette grande ville entourée de montagnes. J'eus le souffle coupé à la vue des larges chaussées bétonnées et des nombreux magasins. C'était la première fois que nous voyions des immeubles à deux étages.

D'innombrables calèches transportaient des tapis précieux. Des hommes barbus aux vêtements amples venaient des ruelles adjacentes. Ici, les Ouïghours portaient encore leurs habits traditionnels et ma mère passait inaperçue, à mon grand soulagement. Sur quelques affiches, on lisait : « Région autonome ouïghoure du Xinjiang. » Il n'y avait pas de soldats. À l'époque, on comptait huit Ouïghours pour deux Chinois. Aujourd'hui, c'est l'inverse.

« Voici Jumak ! », s'exclama Mehmet en sautant de joie. En effet, notre grand frère venait de nous rejoindre et serrait maman contre lui, en pleurs. Mon père lui avait écrit pour lui demander de nous trouver un hébergement, et nous passâmes le reste de la journée sous la douche, à nous récurer de la tête aux pieds.

À notre grand soulagement, maman sortit du pain et de la viande. Ürümqi aussi était touchée par la famine. Dans la rue, personne ne souriait. Maman demanda à Jumak où il comptait travailler. Il nous confia qu'il voulait rentrer à Altaï pour y fonder un mouvement de résistance. Ma mère le fit taire d'un regard.

La plupart du temps, nous restions dans notre chambre, tandis que maman et Jumak passaient des heures à discuter. Le chant du rossignol, le vent dans les arbres et le murmure du ruisseau me manquaient. Plus tard, maman me remercia du soutien que je lui avais apporté.

Ma mère, Jumak et notre chauffeur réfléchirent longuement à la façon d'écouler les pépites d'or. Quiconque était pris en train de les vendre finirait en prison. Après moult hésitations, maman donna un peu d'or au chauffeur et lui demanda d'acheter des tickets de rationnement. Tout d'abord, il hésita, mais maman était obstinée. Elle finit par l'accompagner sur le marché. Il était pâle comme un linge.

Quelques heures plus tard, de retour à l'auberge, l'homme nous alerta : « Vite ! Nous devons partir sans tarder d'Ürümqi ! » Peu après, nous montâmes dans le camion. Je vis ma mère donner une liasse de tickets de rationnement à mon frère. « Bientôt, peut-être, je ne pourrai plus t'envoyer d'argent. Ne les dépense pas trop vite », lui dit-elle. Puis nous fondîmes tous en larmes. Le chauffeur, mort de peur, nous interrompit : « Arrêtez ça et allons-nous-en ! » Ils avaient échangé l'or contre une quantité importante de tickets.

Pour un temps, notre niveau de vie fut confortable. Pleins d'entrain, nous continuâmes notre route vers le sud.

Destination : Aksou

Nous avions encore 900 kilomètres à parcourir jusqu'à Aksou. Au sommet des montagnes, la neige brillait au soleil. À un rythme d'escargot, un passage entre des falaises nues nous mena au deuxième point le plus bas du monde. L'oasis de Tourfan est aussi l'endroit le plus chaud du pays : la température peut y atteindre 50 °C. Grâce à un réseau de canaux souterrains, alimenté par la fonte des glaciers du Tian Shan, la végétation est luxuriante.

Des vignobles s'étendaient entre les parois de 5 000 mètres de haut et le lac Aiding, situé à 150 mètres sous le niveau de la mer. « C'est le paradis ! », s'exclama notre chauffeur. À peine sortis de la ville, nous nous retrouvions déjà en plein désert.

Avant, Arzigul et moi nous disputions souvent. Mais depuis notre départ, ma jeune sœur me considérait comme une personne d'autorité. En chemin, nous répétions souvent aux petits que nous devions soutenir notre mère.

Cependant, Arzigul sortait parfois de ses gonds lorsque Heljem criait que Mehmet, qui s'ennuyait, n'arrêtait pas de tirer sur ses vêtements. Hormis ces débordements occasionnels, nous étions deux adultes qui parlions d'une même voix.

La plupart du temps, j'étais assise devant, près du chauffeur, Heljem sur mes genoux et Mehmet à côté de moi. Nous roulions sur l'axe septentrional de l'ancienne route de la Soie, à travers une succession d'oasis situées tout près du désert du Taklamakan, l'un des plus vastes du monde. La prochaine étape serait Kucha, la ville aux mille monastères.

Depuis notre fuite d'Ürümqi, nous n'avions plus vu aucun Chinois. Apparemment, ils ne s'étaient pas encore installés dans cette région. Au bazar de Kucha, les boulangers cachaient des falafels sous leur chemise et chuchotaient, sans bouger les lèvres : « Je vends du pain, je vends du pain. » Ils en demandaient 3 yuans pièce, soit dix fois plus qu'en temps normal.

À ma demande, ma mère en acheta quelques-uns. Une odeur de soupe flottait dans l'air. Une femme extrêmement maigre, qui nous observait depuis longtemps, s'approcha de nous et nous demanda si nous voulions bien lui échanger son foulard en laine contre un ticket de rationnement. Un tel foulard valait bien davantage. J'interrogeai maman du regard. « Non, si nous continuons comme ça, nous allons finir comme elle », répondit-elle. Avant de partir, maman se tourna une dernière fois vers la Ouïghoure et lui donna un de nos petits pains. « Vous êtes un ange », répéta la femme plusieurs fois, avant de disparaître dans la foule.

3

LOIN DE MA PATRIE

L'arrivée

Le septième jour, en fin d'après-midi, nous atteignîmes notre destination, Aksou, une petite préfecture du Turkestan oriental, dont la juridiction comptait onze subdivisions. Dans chacune d'elles vivait environ un millier de familles.

Zohre, ma grande sœur, ne nous trouva pas tout de suite. Nous nous arrêtâmes dans une petite auberge. Après le dîner, le chauffeur dit à ma mère qu'elle devait exiger le droit de rester chez sa fille aînée si les communistes essayaient de nous chasser d'Aksou.

Un des serveurs partit à la recherche de Zohre. Tout ce que nous savions, c'était qu'elle venait de se marier. Elle n'était pas chez elle, mais dans la vieille ville, en train de nous chercher.

Soudain, elle fit son apparition dans la pièce, vêtue d'une robe claire, d'une veste qui lui arrivait jusqu'aux hanches et de chaussures immaculées. Alors qu'elle serrait maman dans ses bras, nous lui racontâmes notre périple tous en même temps. L'espace d'un instant, j'oubliai presque tous nos problèmes. Notre sœur nous informa que les autorités venaient de nous accorder l'autorisation de rester chez elle, à Aksou.

Un char à bœufs nous attendait devant la porte. Après que le chauffeur eut chargé nos bagages, il dit adieu à notre mère, les yeux pleins de larmes.

Il faisait déjà noir lorsque nous parvînmes devant un portail en bois, orné de deux heurtoirs en bronze. Nous entrâmes dans une grande cour intérieure. L'avant-toit de la maison était porté par des colonnes en pierre, au pied desquelles des bancs en argile invitaient au repos. Décorée de fines boiseries, la villa devait avoir quatre cents ans. Son style était typique du Sud. J'étais très fière de voir ma sœur vivre dans un tel luxe. « La maison ne m'appartient pas, dit Zohre. Je l'ai juste louée. » Un riche propriétaire en avait été chassé.

Les deux autres familles qui vivaient là nous accueillirent très chaleureusement. Le fils d'une veuve prit nos bagages et les déposa dans la cour. Très grand, il avait douze ans de plus que moi, les yeux bleu très clair et les cheveux roux.

Ma sœur disposait de deux chambres. Nous étions contents d'avoir un endroit où dormir dès notre arrivée. Zohre nous prépara une soupe aux nouilles. Comme c'était l'été, nous allâmes tous nous installer dehors, sur les bancs, au pied des colonnes.

Nous avions tant de choses à nous dire que nous en oubliâmes de dormir. Les autres habitants, captivés par notre récit, passèrent la nuit à la belle étoile, en notre compagnie. Maman se montra très confiante : « On dirait que nous sommes bien tombés. Dieu merci, on ne nous a pas envoyés vivre avec des Chinois. »

Une femme aux cheveux gris et au visage bienveillant lui répondit : « Comme vous pouvez le voir, ici, nous avons trouvé la paix. J'espère qu'il en sera de même pour vous. » Notre sœur émit cependant quelques réserves. « La vie à Aksou n'est pas facile. Mais au moins, aujourd'hui, soyons heureux. »

La voisine nous expliqua que Zohre avait un bon train de vie. Elle appartenait à l'une des seules familles de la ville à avoir eu un peu de chance. Abdirim, l'homme aux cheveux roux, travaillait dans une banque d'Aksou. Il avait pris trois jours de congé pour nous accueillir. Les gens pensaient souvent qu'on était à l'abri dès lors qu'on était fonctionnaire. Les rares Chinois qui vivaient à Aksou étaient soit militaires, soit fonctionnaires. Le maire était toujours chinois, jusque dans les hameaux les plus insignifiants. Au crépuscule, les Chinois se barricadaient chez eux. Ils avaient peur de nous car ils étaient en infériorité numérique. Parfois, on voyait six ou sept enfants poursuivre un Chinois à vélo, en lui jetant des cailloux.

Pour le moment, nous ne nous faisions pas de souci. Dans la cour de Zohre, nous formions une grande famille et, les premiers jours, nous riions beaucoup. Mais une semaine plus tard, il devint impossible de dormir à la belle étoile, à cause de la pluie. Ma sœur débarrassa alors l'une des pièces et nous prépara des lits.

Le mari de Zohre était très grand, comme notre voisin aux cheveux roux et aux yeux bleus. Les deux hommes étaient membres du Parti. Nous comprîmes bientôt que les jeunes mariés se sentaient à l'étroit avec nous, même s'ils ne se plaignaient pas. Devant les parents, les amoureux n'avaient pas le droit de montrer leurs sentiments. C'était considéré comme indécent. Nous savions bien qu'un deux pièces était trop petit pour sept personnes. La vie en communauté devenait pesante.

La nuit, lorsque nous voulions aller aux toilettes, nous devions traverser la chambre du jeune couple, ce qui était gênant pour tout le monde. De plus, mon beau-frère se mit à avoir un comportement assez étrange : en effet, lorsque ma sœur nous servait de la soupe, il se tenait toujours à côté d'elle et veillait à ce qu'elle ne nous en donne pas trop. Peut-être venait-il d'une famille pauvre et n'avait-il jamais reçu d'éducation.

Un jour, au début du repas, alors que nous mettions une serviette sur nos genoux, il nous réprimanda. Selon lui, c'était un comportement bourgeois. Il prit toutes les serviettes et les jeta à la poubelle. Un après-midi, alors que nous étions en ville, il mit en pièces le nouveau *dutar* de ma mère. À l'entendre, seuls les ennemis du peuple jouaient de la musique pour le plaisir. Quant à Zohre, le fait qu'elle continue à porter des vêtements élégants était une source de conflit entre eux.

Quand maman se parfumait, mon beau-frère se mettait à râler : « Pourquoi ça pue la bourgeoisie, dans cette pièce ? » Ma mère étant plus âgée, il n'avait pas le droit de s'adresser à elle avec mépris. C'est pourquoi il ne la critiquait jamais directement. Il préférait s'adresser à Arzigul ou à moi. « Votre mère est une capitaliste, comme tous ceux qui viennent du Nord. »

Maman faisait peu de cas des remarques de son gendre. Mais parfois, je la voyais pleurer en silence, le visage caché dans les mains, comme autrefois à Altaï, lorsque mon père lui faisait des reproches injustifiés. Même si elle ne cessait jamais de nous répéter que nous devions écouter notre beau-frère, un jour, elle ne put s'empêcher de dire à son sujet : « Si vous lui demandiez de prendre un bonnet à quelqu'un, il vous rapporterait la tête avec. »

Quinze jours après notre arrivée, nous étions de retour à l'école. J'entrai en cinquième. Les trente-cinq élèves me surnommèrent, à ma grande surprise, « petite beauté ». Je ne me trouvais pas spécialement belle, mais peut-être me surnommaient-ils ainsi à cause de mon apparence soignée et de mes bonnes manières. En à peine une semaine, je fis bonne impression. On m'élut même déléguée de classe.

Mme Tillahan, notre institutrice, nous enseignait bien évidemment les théories de Mao. Elle nous abreuvait également de récits sur l'héroïsme des paysans socialistes et sur le sacrifice des soldats, que nous étions censés prendre pour modèle.

Au bout de trois mois, Zohre emménagea plus près de son lieu de travail. Peut-être ne voulait-elle pas nous imposer la présence de son mari plus longtemps.

Sur le chemin de la maturité

Grâce à notre or, nous subvenions aux besoins de toutes les familles qui vivaient avec nous. Ma mère avait vendu cinq bagues en or afin d'acheter la nourriture nécessaire pour un mois. Cependant, même si nous avions eu de l'argent liquide, nous n'aurions pas pu acheter de viande, puisqu'il n'y en avait plus.

Mis à part les denrées alimentaires, tout était très bon marché, mais cela faisait des mois que nous n'avions pas vu de sucreries sur les étalages. Un jour, nous apprîmes que le gouvernement allait distribuer des bonbons. Je promis à mes frères et sœurs de m'en procurer quelques-uns. Environ deux cents personnes attendaient devant le centre de distribution. Après avoir patienté plusieurs heures, j'obtins deux tickets, avec lesquels je devais me présenter au guichet où l'on distribuait les bonbons.

Alors, j'aperçus une femme qui se tenait à l'écart, avec ses deux enfants. J'allais bientôt recevoir les sachets tant convoités. Je tendis les deux tickets, et la dame chargée de la distribution m'expliqua que, si je faisais la queue une deuxième fois, j'aurais deux fois plus de bonbons.

Lorsque ce fut de nouveau mon tour, je vis que la femme et ses deux enfants étaient toujours là. Je lui demandai pourquoi elle ne se mettait pas dans la file pour acheter des bonbons, elle aussi. Elle me répondit qu'elle était arrivée trop tard pour obtenir des tickets. Sans réfléchir, je lui donnai les miens. Elle parut sous le choc. Soudain, elle se mit à fouiller fébrilement dans son sac à main :

« Je vous dois combien ?

— Je les ai eus gratuitement, donc je vous les donne gratuitement.

— S'il vous plaît, témoignez votre respect à votre grande sœur », dit-elle alors à ses enfants.

Je les embrassai sur la joue. Cent mètres plus loin, je me retournai : la femme s'inclinait encore pour me témoigner sa reconnaissance.

Sur le chemin du retour, je réfléchis longuement à la nature humaine. Il me paraissait normal de partager, même en période de famine. J'avais le sentiment d'avoir un peu grandi. J'avais hâte de rentrer à la maison pour tout raconter à ma mère. M'ayant écoutée, elle eut une parole très sensée : « Les lois instaurées par les communistes n'ont pas pour seul objectif que les Ouïghours oublient leur histoire et leurs traditions. Il faudrait aussi que nous nous oubliions nous-mêmes. La population ne doit plus se soucier que de sa propre existence, au détriment de ses principes. »

Notre sommier en bois occupait presque la moitié de la pièce de vingt mètres carrés. Mehmet, Arzigul, Heljem, maman et moi dormions ensemble.

Dans la journée, nous utilisions le lit pour nous asseoir et pour manger. Au milieu, nous disposions une minuscule table en bois. Nous cuisinions, nous nous chauffions, nous mangions et nous dormions dans une seule pièce.

À mesure que les mois passaient, ma mère se montrait de moins en moins généreuse. Elle nous expliqua que nous ne devions pas manger plus que ce que les tickets de rationnement nous permettaient, et qu'il n'était plus possible d'inviter nos amis pour le goûter.

Jusque-là, elle nous donnait un petit pain et un peu de salade que nous mangions à l'école. Maintenant, nous n'avions plus que la moitié d'un petit pain et une feuille de salade. Je prenais deux ou trois bouchées, puis donnait le reste à mes camarades dont les parents n'avaient même plus de pain. L'une des filles mettait son morceau dans un bol d'eau. Elle buvait d'abord cette soupe, puis fixait des yeux les miettes pendant des heures.

La femme est ainsi faite

J'appris très tôt à résoudre les problèmes moi-même. Je continuais à aider ma mère à entretenir la maison et à éduquer mes frères et sœurs. De plus en plus de personnes venaient me demander conseil : « Nous n'avons ni farine, ni riz. Nous devons payer le loyer et acheter du bois pour nous chauffer. Que faire ? » Même le directeur de l'école me présentait à ses invités.

Tous les mois, devant trois cents élèves, je parlais du respect dû aux anciens. Les institutrices m'avaient préparé des textes sur la morale et sur l'honneur, que je devais lire à voix haute. Mais dès que je montais sur l'estrade, je parlais librement, sans lire mes notes. Je ne sais plus ce que je disais en détail, mais je voyais les institutrices s'essuyer les yeux tant elles étaient émues.

Mme Tillahan me convoqua dans son bureau. Elle m'annonça qu'elle comptait me proposer un poste d'institutrice dès l'année suivante. Je me précipitai à la maison et criai, folle de joie : « Maman, je vais pouvoir enseigner ! » Elle ne s'en réjouit guère : elle eût préféré que je fasse des études.

En peu de temps, j'étais parvenue à me faire apprécier. Toutes les filles voulaient être mes amies. Dans la rue, les femmes plus âgées cherchaient à engager la conversation. Quand je me promenais, je sentais qu'on m'observait avec admiration. C'était agréable, mais aussi dangereux : je commençais également à plaire aux hommes.

Jusque-là, je n'avais jamais pensé que je me marierais un jour. De toute façon, dans ce village, je n'aurais jamais trouvé de partenaire à ma convenance.

Le pouvoir de l'habitude

Nous avions pris l'habitude de vivre à cinq dans une seule pièce, sans toilettes ni salle de bains. Les communistes considéraient les sanitaires comme « bourgeois » et les avaient tous détruits. Toutes les semaines, on nous donnait un ticket d'entrée pour les bains publics. Les hommes et les femmes étaient bien entendu séparés.

Ma mère ne nous laissait pas fréquenter ce genre d'établissement. Dans la chambre, elle nous avait aménagé un espace pour nous permettre de nous laver. Dans la cour, nous utilisions des toilettes en argile, que des paysans venaient nettoyer régulièrement.

Je m'étais vite habituée à Aksou, contrairement à Arzigul, Heljem et Mehmet. Ils versaient des torrents de larmes car Altaï leur manquait. Dans le Sud, il faisait vraiment plus chaud, mais une chose ne changeait pas : comme dans l'Altaï, nous étions entourés par de hautes montagnes, les contreforts du Tian Shan. Ici, pas de verdure cependant ; nous étions en plein désert.

J'essayais d'expliquer à Mehmet et à Heljem que, contrairement à d'autres, nous nous en sortions plutôt bien, et que la famine sévissait toujours dans l'Altaï, comme notre père nous l'avait dit dans sa dernière lettre. Nous ne savions pas où il vivait. Il nous tenait également informés de ses tractations avec les cadres pour nous faire revenir. En grands caractères arabes, il avait écrit : « Vous avez bien fait de partir. Il y a de plus en plus de cambrioleurs : ils pénètrent dans les maisons pour les piller et tuer leurs occupants. Les Chinois nous envahissent. »

Jumak ne nous avait pas non plus oubliés. Son diplôme en poche, il était rentré au pays, comme prévu. Là-bas, il trouva un emploi dans une coopérative agricole. Tous les mois, il nous envoyait 20 yuans, prélevés sur son salaire. Malheureusement, il n'obtint pas de permis de sortie et ne put donc pas nous rendre visite à Aksou. Je lus sa lettre à maman, Arzigul, Heljem et Mehmet :

> *Je ne vois papa qu'une fois par mois. Notre belle demeure, autrefois remplie de chants, de bonheur et d'amitié, ressemble maintenant à une ruine. Vous me manquez. La maison dans laquelle nous avons vécu ensemble me manque. L'époque où nous étions si heureux me manque. Le champ que nous cultivions ensemble me manque aussi. Les repas chauds que maman nous cuisinait me manquent. Tout me manque. Tous les mots prononcés autrefois.*

Ma mère se mit à pleurer sans s'arrêter.

Tout n'est pas si facile...

Tous les jours, nous étions témoins des disputes du couple voisin. La femme ne cessait de hurler dehors. Un jour, je décidai d'aller les voir.

Je pénétrai prudemment dans la maison. La femme se tenait la tête à deux mains. Le mari l'avait vraisemblablement empoignée par les cheveux. Ils n'avaient même pas de quoi mettre un tapis par terre ou s'acheter un lit. Les murs étaient noircis par la suie, et le trou qui leur tenait lieu de cuisine n'était guère engageant.

La femme se leva immédiatement. « Je vous en prie, prenez place. » Mais où m'asseoir ? Les enfants étaient blottis près du poêle, visiblement contents que la dispute soit terminée. « Va chercher le petit coffre », dit l'homme à son épouse.

Celle-ci prit un coffre en bois qu'elle frotta avec un torchon, jusqu'à ce qu'il eût retrouvé sa couleur rouge. D'habitude, les commerçants se servaient de ce genre d'objets comme d'une caisse. Sur le dessus, il y avait une petite fente dans laquelle on glissait l'argent. Je m'assis. L'homme m'expliqua que cette caisse était son bien le plus précieux et qu'elle avait appartenu à son beau-père. « C'était l'homme le plus riche du village, ajouta doucement la femme. Après avoir donné tous ses biens à l'armée, ils ont jeté ce coffre. Mais nous l'avons récupéré et gardé précieusement ici. »

L'homme avait longtemps servi comme domestique dans la famille de sa future épouse. Celle-ci était extrêmement bien élevée. Depuis que son mariage battait de l'aile, son mari la frappait comme un forgeron eût tapé sur son enclume. Son salaire ne lui permettait même pas d'acheter cinq cents grammes de farine au marché noir.

Je m'enquis de la raison de leurs disputes quotidiennes. Ils me racontèrent qu'ils n'avaient rien mangé de chaud depuis plusieurs jours. « Je suis obligé de voler. C'est ça ou mourir ici. » Ce jour-là, il avait battu sa femme car, n'ayant pas partagé le reste de nouilles équitablement, elle avait tout fini avec ses enfants.

De retour chez moi, je demandai à ma mère de faire preuve de compassion et de donner, une fois par mois, un peu de céréales à nos voisins. Maman, malgré sa grande générosité, me répondit que nous finirions comme eux si nous continuions à distribuer notre nourriture ainsi. Mais, voyant l'expression suppliante de mon visage, elle se dit tout de même disposée à leur prêter un petit quelque chose.

Je leur donnai donc trois bols de farine. Étonnamment, la femme nous les rendit quelques jours plus tard. Je priai maman de refuser, mais elle s'obstinait à ne plus rien vouloir donner gratuitement. Un jour, cependant, alors que j'avais acheté de la tête d'agneau sur le marché à un prix exorbitant, ma mère en fit une soupe et en donna un peu aux voisins.

Tant que les Chinois ne s'étaient pas implantés dans le Turkestan oriental, chaque famille possédait son propre verger. Mais ensuite, ceux-ci tombèrent entre les mains du gouvernement.

La famine

En 1962, la famine gagna tout le pays. Deux bols de soupe de nouilles ne suffisaient pas à nous rassasier. Pour la première fois, nous sûmes ce que la faim pouvait provoquer chez un être humain.

Avec un panier, je me traînais jusqu'à un champ déjà récolté. J'étais fière de pouvoir rentrer chez moi avec une feuille de chou, ce qui faisait simultanément rire et pleurer ma mère. Pour moi, c'était normal de partager, ne fût-ce qu'une feuille. Tous les mois, je me rendais au centre de distribution de nourriture avec ma petite charrette à bras, et je revenais avec des céréales, de la farine et de l'huile. Le maire du village m'avait donné la permission de cultiver des légumes sur un minuscule lopin de terre, non loin de notre appartement. Peu après, je pus, à ma grande satisfaction, récolter des poivrons et quelques patates douces.

Découragés depuis longtemps, les gens se contentaient de demander l'aumône au gouvernement. Quant à moi, je continuais à planter des poivrons. Je ne comprenais pas pourquoi personne ne m'imitait.

À l'automne, un groupe de dix paysans mirent de côté un peu de blé qu'ils avaient récolté et qui leur appartenait. Ils furent tous exécutés, avec trois de leurs complices.

D'après le gouvernement chinois, l'Union soviétique était responsable de la famine. Khrouchtchev ayant soudainement réclamé le remboursement d'un prêt colossal, il était le coupable tout désigné.

Un jour, pendant l'hiver, les voisins nous empruntèrent encore de la farine. Nous ne savions pas qu'ils n'avaient rien mangé depuis plusieurs jours. La nuit suivante, la famille, à l'exception de deux enfants, mourut de froid.

Ce genre de décès était monnaie courante. À Bai, à l'est d'Aksou, des centaines de personnes mouraient de faim devant le grenier à blé où la ville entreposait ses réserves. Le gouverneur chinois, qui autrefois avait participé à la Longue Marche, prétendait que tout cela n'avait guère d'importance.

On estime que cette famine entraîna la mort d'environ trente millions de personnes. Le gouvernement ne communiqua jamais les véritables chiffres, préférant forcer les paysans à annoncer des rendements records. Le mensonge faisait partie de notre quotidien.

De jour en jour, ma mère perdait espoir. « D'ici la fin de l'année, nous n'aurons plus d'argent. Je ne sais pas quoi faire... » Officiellement, nous étions des citoyens d'Aksou. Si nous repartions à Altaï, nous perdions tous nos droits. Nous n'aurions donc plus accès aux céréales distribuées par le gouvernement. Mais de quoi pourrions-nous vivre, si nous restions à Aksou ?

Nous écrivîmes à papa. Il répondit immédiatement : « Tatachahun, comment as-tu pu dilapider toute notre fortune, alors qu'il m'a fallu une vie pour l'amasser ? »

Zohre me donna un bracelet en or et me montra comment en séparer les maillons. Tous les mois, je me rendais chez le bijoutier qu'elle m'avait présenté pour lui en vendre un morceau. Zohre nous envoyait 10 ou 20 yuans par mois, mais ne demandait jamais de nouvelles sur l'état de santé de notre mère, ce que je trouvais très cruel de sa part. Peut-être n'aurait-elle pas supporté la réponse.

Mes frères et sœurs mangeaient tout ce qui leur tombait sous la main, sans se soucier d'autrui. Pour ma part, je buvais ma soupe et leur donnais mon pain. Mon ventre grondait comme un chien en colère, mais je refusais de me nourrir. J'aimais ma famille plus que tout au monde. La faim m'apprit à faire des sacrifices.

À partir de 1962, les apparatchiks s'employèrent à exterminer quatre nouveaux fléaux : cette fois-ci, il s'agissait des quatre peuples d'origine turque, à savoir les Kazakhs, les Ouzbeks, les Turkmènes et les Ouïghours.

Entre soixante mille et cent vingt mille Ouïghours s'exilèrent au Kazakhstan. Les forces armées chinoises construisirent des camps de concentration, dans lesquels elles parquaient les réfugiés arrêtés à la frontière. Celle-ci devint de plus en plus difficile à passer.

Les émissaires

Au début de l'année 1963, la rupture entre la Chine et l'Union soviétique fut consommée. D'après les cadres du parti, notre voisin avait cédé devant le grand capital et n'allait pas tarder à s'effondrer.

Abdirim, le fils de notre vieille voisine, voulait m'épouser. Il avait déjà envoyé plusieurs fois des membres de sa famille chez ma mère. De mon côté, je le considérais un peu comme un grand frère, un homme gentil et calme, qui venait rendre visite à sa mère le dimanche, quand il en avait le temps.

Poliment mais fermement, ma mère pria la famille d'Abdirim de s'en aller. « Je serais prête à faire la manche dans la rue pour que Rebiya aille à l'université. »

Traditionnellement, une union ouïghoure ne débutait pas du tout ainsi. L'homme envoyait cinq femmes comme émissaires. Chaque femme apportait une grande assiette garnie de galettes beurrées, de sucreries et de fruits. Peu importait que la fille obtînt ou non l'aval de ses parents pour se marier : on ne rendait pas les cadeaux. Si les deux parties tombaient d'accord, le garçon et la fille étaient présentés l'un à l'autre au cours d'une grande fête. Et s'ils se plaisaient, on réunissait à nouveau tout le monde afin de fixer une date pour le mariage.

Alors qu'il ne nous restait que très peu d'or, j'informai ma mère que j'allais repartir pour Altaï y cultiver notre champ, si nous n'obtenions pas de nourriture du gouvernement. Nous vivrions de nos récoltes.

Mais les autorités ne nous délivrèrent pas l'autorisation de voyager. Abdirim me fit part de ses sentiments sans aucune gêne, par écrit : « Depuis votre arrivée à Aksou, vous brillez comme une étoile dans le ciel. » Je n'avais aucune envie de lire ce tissu d'âneries. Je déchirai la lettre et la jetai dans le poêle. Je me sentais encore trop jeune pour l'amour. Je refusais même d'en entendre parler. Pourtant, Abdirim n'était pas le seul à vouloir m'épouser ; de nombreuses autres émissaires venaient sonner chez nous.

J'avais l'impression d'être encerclée par une meute de loups. La seule façon d'échapper à toutes ces demandes en mariage, c'était de repartir vers le Nord, avec ou sans autorisation. Un soir, après avoir chargé toutes nos affaires sur deux carrioles, nous mîmes le cap sur l'auberge dans laquelle nous avions attendu Zohre, le jour de notre arrivée à Aksou.

En quête d'une solution

Le pays semblait se stabiliser lentement. Sous l'impulsion d'hommes politiques comme Deng Xiaoping, la politique économique se fit plus réaliste. Les paysans eurent de nouveau l'usufruit d'une partie de leurs terres. La situation générale évoluait positivement, mais nous avions encore du mal à maintenir la tête hors de l'eau.

Je gardais constamment sur moi la somme d'argent que j'avais obtenue pour un demi-maillon d'or. Toutes nos connaissances vinrent nous dire adieu. Je ne voulais voir personne, et surtout pas Abdirim. Je détestais tous ces gens qui voulaient m'arracher à ma famille et m'empêcher d'aller à l'université.

À peine étions-nous arrivés à l'auberge que maman s'évanouit. Quatre passants la déposèrent sur la carriole et nous la conduisîmes à l'hôpital. Mais là-bas, on refusa de la soigner, et nous dûmes parcourir la ville pendant deux heures afin de trouver un médecin. Nous finîmes par découvrir un petit dispensaire.

« Je t'en prie, fais-moi sortir d'ici », me supplia ma mère d'une petite voix, au deuxième jour de son hospitalisation. Mais la fièvre dura treize jours. Elle ne pouvait même pas quitter son lit.

Pour faire passer le temps à mes frères et sœurs, je leur racontais les histoires épiques que je tenais de mon père. Je leur expliquai également que nous nous trouvions dans une situation compliquée. J'avais décidé de dépenser aussi peu d'argent que possible, mais nous étions obligés de payer la chambre à l'auberge. Je comptais mon argent au moins dix fois par jour et je contemplais longuement le dernier maillon du bracelet en or dans le creux de ma main.

Au bout de quinze jours, maman put enfin s'asseoir dans son lit. Elle refusa de mêler Zohre à nos histoires. « Elle doit déjà s'occuper d'elle-même. Elle ne pourra pas nous aider. » Zohre était venue nous voir deux fois pour nous donner de l'argent.

Je me mis à prier en silence : « Allah, faites que cette situation ne s'éternise pas. » Cela faisait longtemps que je n'avais pas trouvé refuge auprès de Dieu.

À l'hôpital, les médecins nous informèrent que maman souffrait d'une grave malade infectieuse. Pour guérir, elle devait passer un mois à l'hôpital pour y recevoir des soins adaptés. Mais pour ça, il fallait de l'argent.

Fini les tresses !

Les médecins m'avaient conseillé de donner du jus de pastèque à la malade une fois par jour. Mais ma mère avait peur de me contaminer, si je venais la voir trop souvent. Elle me conseilla de manger de l'ail et de m'en frotter le cou et les mains. Mes frères et sœurs restaient à la maison, alors qu'ils auraient aussi voulu la voir.

Ma mère put sortir au bout de trois semaines. Une fois à la maison, elle me demanda de percer un trou dans une pastèque, pour y mettre de la chair de poussin. Ensuite, je devais faire cuire le tout dans un poêle, sur du charbon de bois, et le lui apporter dès que la viande serait cuite.

Elle avait un très beau manteau en peau de mouton. Le patron de l'auberge aurait dû me l'échanger contre trois poussins, mais il ne put m'en donner qu'un seul. Un de ses amis avait un poêle, et il m'amena chez lui.

Au bout d'une heure, je retournai auprès de maman, la pastèque chaude posée sur une assiette. Elle but le jus et mâcha doucement la viande. Puis elle dormit deux heures. La fièvre tomba au bout de trois jours. J'étais aux anges.

Le lendemain matin, Abdirim, accompagné de sa mère et de son oncle, frappa à la porte. Ils avaient apporté cinq galettes et quelques bonbons. Ma mère m'ordonna de quitter la pièce.

Nerveuse, j'espionnai leur conversation depuis le couloir. L'oncle prit la parole : « Il paraît que vous avez été souffrante très longtemps. Si vous retournez à Altaï, vous perdrez votre citoyenneté, et ce, même si vous changez d'avis et revenez ici. Vous ne pourrez plus bénéficier de l'aide alimentaire. Nous sommes là pour vous apporter notre soutien. »

La vieille dame continua. « Avec deux salariés et un employé de mairie dans la famille, nous vivons très bien. Si vous le souhaitez, vous pouvez venir habiter chez nous. Mais nous serions très heureux que vous consentiez à donner Rebiya à mon fils. Il pourrait épouser n'importe quelle fille d'Aksou, mais c'est Rebiya qu'il veut. Cela fait un an qu'il nous mène la vie dure à cause de ça. Il veille sur vous depuis quinze jours. Il était là, même quand vous étiez hospitalisée. La nuit, quand vous dormiez, il était à vos côtés, mais il avait peur de croiser Rebiya. »

Je sentis mes jambes se dérober sous moi. Que ferais-je si maman disait oui ? Elle se mit à parler d'une voix si faible que je l'entendais à peine. « Merci beaucoup d'être venus me voir. Mais je dois tout de même vous dire que ma fille est encore trop jeune pour se marier. » Puis elle se tourna vers Abdirim, qui se tenait dans un coin, tête baissée.

« Je suis honorée que ma fille vous plaise autant, lui dit-elle. Elle mérite d'être aimée. Mais je préfère qu'elle continue à aller à l'école. Puis nous retournerons à Altaï. Merci encore. Pensez à reprendre vos cadeaux.

— Vous ne nous donnez pas votre fille, soit. Mais nous sommes toujours voisines, et je vous prie de bien vouloir garder nos présents. Je vous en supplie, réfléchissez à notre proposition », répondit la mère d'Abdirim.

Dès que la porte se referma derrière eux, maman perdit connaissance.

Quand elle revint à elle, nous allâmes mettre en gage nos dernières possessions au marché. Alors que nous nous mettions en route pour Altaï, nous reçûmes une lettre de papa : « Restez à Aksou ! Si vous venez ici, votre mère et moi finirons en prison. L'heure est grave. » Je le priai de nous rejoindre immédiatement, mais il n'en eut pas l'autorisation.

La situation était désespérée. La solution semblait être entre les mains d'Abdirim, de sa mère et de son oncle. Je devais me rendre à l'évidence : nous ne pouvions pas continuer à survivre ainsi. Terriblement mal à l'aise, je déclarai à ma mère : « Tu peux me donner à ces gens, mais à une condition : ils devront prendre en charge notre famille entière et continuer à payer le loyer de notre ancienne chambre. S'ils sont d'accord pour veiller à ce que vous ne manquiez de rien, alors ils m'auront. »

Ma mère me regarda. Des larmes roulaient sur ses joues. Elle s'essuya les yeux à la hâte. À l'arrivée de nos visiteurs, je lui fis signe de poser mes conditions. Comme elle refusait, je pris la parole : « Ma mère accepte votre proposition. Vous nous accueillerez. » La famille d'Abdirim accepta mes conditions. À son tour, l'oncle expliqua qu'ils avaient aussi quelque chose à nous demander. « Nos enfants s'occuperont des papiers aujourd'hui, et le mariage aura lieu demain. »

L'après-midi même, Abdirim vint me chercher sur son vélo. Sans lui accorder un regard, je m'assis sur le porte-bagages. Dix minutes plus tard, les papiers étaient devant nous. Je ne me souviens pas d'avoir signé un quelconque document. Mon futur époux me ramena ensuite à l'auberge. Pendant tout ce temps, nous n'échangeâmes pas un seul mot.

Le lendemain matin, toujours à vélo, nous allâmes célébrer notre mariage. J'étais tellement en colère que je ne pouvais pratiquement pas parler. Je demandai en marmonnant s'il y avait un coiffeur non loin de là. « Bien sûr », me répondit Abdirim. Il m'y conduisit, tout content que je daigne enfin lui adresser la parole.

Abdirim m'avait très souvent complimentée sur ma longue chevelure brillante, se déclarant même prêt à se sacrifier pour elle. J'entrai dans le salon de coiffure d'un pas déterminé. Je ressortis avec mes tresses à la main, que je tendis à Abdirim. « Vous voyez, j'ai coupé les cheveux que vous aimiez tant. » Il se mordit les lèvres, tâchant de cacher sa déception, et me ramena chez ma mère sans piper mot. J'espérais qu'il ne voudrait plus de moi à cause de ma nouvelle coiffure.

Ma mère avait un martinet. Elle ordonna à Abdirim de se tourner et à mes frères et sœurs de sortir. Puis elle me dit d'enlever ma veste et de m'allonger sur le ventre. Pâle comme un linge, elle se mit à me frapper de toutes ses forces. Le martinet me lacérait la peau.

À chaque coup, elle évacuait un peu de son désespoir. Elle me battit si fort que je souffris pendant un mois.

Ensuite, épuisée, elle demanda à Abdirim ce qu'il comptait faire. « Si vous êtes toujours d'accord, je la prends », répondit-il. Toujours allongée par terre, j'attendais les instructions de ma mère : « Debout ! Prends tes affaires et va-t'en ! »

Un mariage moderne

Cinq minutes plus tard, mon fiancé me fit entrer dans la salle de réunion de sa banque. Une centaine de collègues, dont sept ou huit Chinois, se levèrent et applaudirent. Abdirim leur distribua deux kilos de bonbons. Voilà pour la cérémonie de mariage. Mon fiancé avait vingt-sept ans et moi, quinze. Ça m'était complètement égal.

Abdirim me donna une bague que je lui rendis immédiatement. « Je ne porterai pas cette bague, mais ensemble nous fonderons une famille. » Il ne répondit pas.

En temps normal, nous aurions dû fêter notre union. Des musiciens, des chanteurs, des danseurs et des conteurs auraient assuré le spectacle. Les parents de la mariée auraient apporté une caisse remplie de somptueux cadeaux. Mais la mariée n'aurait pas participé aux festivités. Elle serait restée assise avec ses amies et les femmes de la famille, qui lui auraient expliqué le déroulement de la nuit de noces. Puis, le soir, le couple se serait retrouvé devant l'imam.

Moi, je m'étais rendue à mon mariage comme on va travailler. Je n'avais même pas les cheveux voilés. Sur le côté droit de la salle, une banderole rouge disait « Mariage » en ouïghour. Abdirim et moi nous assîmes juste en dessous. Il n'y avait ni *dutar*, ni danseurs, ni chansons. Quand les invités entamèrent un chant communiste, je me décomposai.

Les Chinois n'auraient pas dû assister à ce mariage entre Ouïghours. Ayant aperçu le dirigeant chinois de la banque dans l'assistance, je demandai à mon mari ce qu'il faisait là.

Abdirim m'expliqua que son chef avait participé à l'organisation du mariage. Il fallait même que je le remercie. Je lui lançai un regard méprisant : « C'est plutôt vous qui devriez aller le remercier. Si les Chinois n'avaient pas colonisé notre terre, vous n'auriez jamais pu m'épouser. »

Peu après, un camarade d'Abdirim le prit à part et lui chuchota à l'oreille :

« La fille que tu as choisie est très belle, mais ses yeux sont pleins de haine. Sois prudent, elle serait capable de te tuer dès ce soir.

— Ce n'est pas moi qu'elle veut tuer, c'est toi », répondit Abdirim, en se forçant à sourire.

Un Chinois avança et fit un discours qu'un Ouïghour traduisit ensuite : « Grâce au Parti communiste, à Mao, notre leader bien-aimé, et à notre Premier ministre, Zhou Enlai, notre collègue est parvenu à épouser une très belle femme. Voyez comme ce couple a l'air heureux. »

Puis il nous demanda de nous incliner et de saluer l'assistance trois fois, ce que je refusai de faire. Abdirim tenta de m'excuser : « Je suis désolé, elle n'ose pas car elle est encore très jeune. » L'orateur conclut son discours par ces mots : « Sans notre Parti communiste bien-aimé, nous n'assisterions pas à ce grand événement. » Tout le monde se leva, applaudit et cria en chœur : « Longue vie à Mao ! Longue vie au Parti communiste ! Longue vie à Zhou Enlai ! »

Je ne pouvais en supporter davantage et me bouchai les oreilles. C'est alors qu'un Chinois souffla à mon mari :

« Cette femme se conduit mal. Sois prudent. Elle risque de t'empoisonner avec ses idées. »

Deux heures plus tard, les invités remplirent leurs poches de bonbons et rangèrent la salle, puis quelques personnes nous accompagnèrent dehors. Les logements de fonction étaient situés juste en face. La chambre d'Abdirim était meublée de deux lits séparés et d'une petite table, et décorée de portraits de Mao, Lénine, Staline, Marx et Engels. C'était là qu'aurait lieu notre nuit de noces.

« La fête est finie. Je veux retourner auprès de ma mère, dis-je à mon mari.

— Non, je vous en supplie, m'implora-t-il. Que vont dire les gens ? Vous devez passer la nuit ici.

— Je ne veux pas être importunée, répliquai-je d'une voix cassante.

— D'accord », fit-il avant de s'allonger sur son lit.

Je m'étendis sur le mien et me retournai vers le mur. Le lendemain, Abdirim m'accompagna à l'auberge afin que je ramène ma famille dans son ancien appartement. Maman n'en croyait pas ses yeux :

« Tu t'es mariée hier ! Tu dois rester auprès de ton époux.

— Non, maman. N'oublie pas que j'ai posé mes conditions. Je ne vivrai pas séparée de vous. »

Elle m'observa attentivement. « Tu n'as jamais été peureuse comme les autres petites filles. À ta naissance, tu étais déjà mère. » Elle avait compris que j'étais prête à donner ma vie pour ma famille.

Une vie de couple atypique

J'essayais de m'accommoder de mon nouveau rôle. Une Ouïghoure devait obéir à son mari et lui appartenir corps et âme. Abdirim venait nous voir deux fois par mois et, le reste du temps, il vivait dans son propre appartement, à une quinzaine de kilomètres de là. Il aidait ma famille afin de gagner mon approbation.

Quand il nous rendait visite, il dormait chez sa mère, et moi, chez la mienne. Il essayait de se rapprocher de moi, mais je le fuyais sans arrêt. Cela dura deux ou trois mois. Puis il fut muté près de chez nous, et ma mère exigea que je vive avec lui.

Je refusais d'avoir le portrait de Mao chez nous. Ce despote faisait l'objet d'un culte démesuré. Un slogan disait : « Mon père est proche de moi, ma mère est proche de moi, mais personne n'est plus proche de moi que Mao, le Grand Timonier. » Mao redoutait que le communisme ne s'essouffle. « Seul le combat permet d'évoluer », disait-il.

Durant un an, mon mari et moi dormîmes dans des lits séparés. Puis ma mère nous donna la permission de nous rapprocher. Mais je ne connaissais rien de la sexualité. Certes, ma mère avait déjà tenté de m'en parler plusieurs fois. Je l'avais interrompue car je ne voulais rien savoir.

Abdirim était un brave homme. Il allait travailler en uniforme, mais il me laissait porter des vêtements traditionnels. Avec le temps, je devins plus aimable.

J'avais seize ans quand je sentis quelque chose bouger dans mon ventre. Je courus chez ma mère, qui s'écria, folle de joie : « Tu vas avoir un enfant ! » Lorsque mon mari voulut me prendre dans ses bras, je le repoussai. Malgré tout, il était de plus en plus heureux chaque jour et fredonnait des chants communistes du matin au soir.

Notre vie de couple se stabilisa. Je m'occupais d'Abdirim et le respectais, sans toutefois parvenir à l'aimer.

L'arrivée de papa

Dans sa dernière lettre, mon père nous avait annoncé qu'il viendrait vivre à Aksou, même s'il devait abandonner sa citoyenneté. C'était en janvier 1964. Il obtint l'autorisation de voyager peu de temps après.

Arzigul, Mehmet, Heljem et moi dansâmes de joie. Maman sortit ses plus beaux vêtements, se maquilla et prépara un repas délicieux. Dès qu'elle entendait une voix, elle se précipitait dehors, pour revenir aussi vite. Papa n'arrivait pas.

Nous attendîmes un deuxième jour, en vain. Enfin, le troisième jour, nous apprîmes que Kadir Khan venait d'entrer dans la nouvelle ville d'Aksou. Un des oncles d'Abdirim partit le chercher.

Papa n'avait pas changé. Il embrassa d'abord sa femme sur le front, comme avant. Maman semblait clouée sur place. Elle ne pouvait plus faire un pas. Mon père la prit ensuite dans ses bras.

Après avoir salué mes frères et sœurs, il vint me voir, sans accorder un seul regard à l'homme qui m'accompagnait. Quand il vit que j'allais bientôt accoucher, il s'écria, effrayé : « Mais tu n'es encore qu'une enfant ! » Nous ne l'avions pas informé de mon mariage. Nous savions qu'il ne serait pas d'accord. Puis il s'en prit à ma mère : « Comment as-tu pu la laisser se marier ? »

Abdirim était blessé, mais il ne laissa rien paraître. « Père, prenez place. En quoi puis-je vous être utile ? » En quelques instants, il réussit à convaincre le chef de famille qu'il était un bon gendre. Après le repas, mon père nous raconta son voyage.

En cours de route, il s'était arrêté à Kucha. Il avait apparemment de grandes chances d'y trouver un travail et voulait vivre là-bas avec ma mère et mes frères et sœurs. J'étais rassurée de savoir que notre famille avait un avenir.

Je le suppliai de nous parler d'Altaï. « Dans la ville même, il n'y a plus ni Ouïghours, ni Kazakhs, ni Ouzbeks, ni Turkmènes. Ils vivent tous dans les villages des environs. Maintenant, les Chinois sont vraiment très nombreux. »

Je demandai également des nouvelles de Shark. « Quelques semaines après votre départ pour le Sud, des soldats sont venus le chercher et, la nuit suivante, j'ai fait des cauchemars. Le lendemain, je me suis réveillé avec un étrange pressentiment. J'ai trouvé Shark dehors, mort de froid. J'ai creusé un trou près du champ pour l'enterrer. Quelques jours après, les soldats, à la recherche du fugitif, sont revenus. Je leur ai expliqué que Shark était mort, mais ils ont exigé de voir son cadavre. Je leur ai dit qu'il devait maintenant reposer en paix. Ils m'ont menacé d'une amende de 150 yuans si je refusais de leur donner le chien. » Ça représentait trois mois de salaire, mais mon père avait préféré payer.

Quinze jours plus tard, Abdirim et mon père chargèrent les meubles sur la carriole. C'était la première fois que je me séparais de ma mère et de mes frères et sœurs. Ils étaient aussi tristes que moi. Papa réconforta sa femme : « Tatachahun, si ta fille te manque, tu iras la voir, et elle pourra aussi nous rendre visite. »

J'allais accoucher dans trois semaines. Maman aurait voulu que je mette mon enfant au monde chez elle, à Kucha, mais j'avais refusé. Papa venait d'arriver en ville, il n'avait pas de travail, et je n'allais pas en plus leur imposer mon bébé.

Un mois après, Zohre, Hejer et leurs maris déménagèrent à leur tour à Kucha, à trois cents kilomètres d'Aksou.

Naissance de mon fils Kahar

Je pleurai pendant deux jours, mais je devais m'habituer à cette nouvelle vie. Quand je voyais mon mari sauter de joie à l'idée d'être père, j'en avais la chair de poule. Je ne le laissais pas me toucher, ni devant les autres, ni pendant la journée.

Les hommes ouïghours étaient élevés dans l'idée que, plus tard, ils seraient des chefs de famille incontestés. Quant aux femmes, on leur apprenait à se soumettre à leur mari. Le soir, je préparais le dîner pour Abdirim et le lui servais. L'appartement, la vaisselle et les vêtements étaient d'une propreté irréprochable. Je suivais l'exemple de ma mère.

À table, Abdirim me parlait des problèmes qu'il rencontrait à son travail. Mais quel que fût le sujet de conversation, il se disait l'homme le plus heureux du monde. J'aurais tellement voulu l'aimer, moi aussi.

Le médecin de l'hôpital se faisait du souci pour moi à cause de mon jeune âge et de ma faible constitution. Selon lui, l'accouchement serait difficile. Finalement, je mis mon fils au monde le 10 février 1964, aussi facilement que si j'avais déjà accouché plusieurs fois.

Trois jours après, j'étais de retour à la maison. Avec mon fils dans les bras, je ne me sentais plus aussi seule.

Pendant deux semaines, ma famille, mes amis et mes voisins furent aux petits soins pour moi. Un bébé n'appartenait pas à ses parents, mais au village tout entier. Chacun se croyait responsable du nouvel arrivant.

Ma belle-mère m'était aussi d'une grande aide. Nous étions devenues amies ; elle me connaissait comme si j'étais sa propre chair.

Quand je n'avais rien à faire, je lisais. Abdirim avait beaucoup de livres et se mettait en colère quand je les tachais ou que je cornais une page. Quant à lui, il n'en avait jamais lu un seul. Dans sa bibliothèque, je trouvai des traductions d'ouvrages russes, japonais et turcs.

Le 16 octobre 1964, deux jours après la chute de Khrouchtchev, la Chine effectua son premier essai nucléaire dans le Lop Nor, un immense marécage salé à l'est du désert du Taklamakan. Pour le gouvernement, il s'agissait là du succès du siècle. D'après mon mari, ces essais étaient très dangereux pour nous. Le sol avait été contaminé, et l'environnement fortement irradié suite aux retombées radioactives. C'est pourquoi les Chinois n'avaient pas fait exploser la bombe chez eux.

De plus, les autorités n'avaient établi aucun périmètre de sécurité. Les villes les plus proches se trouvaient à une cinquantaine de kilomètres. Leurs habitants furent eux aussi irradiés. Je ne devais saisir l'ampleur de la catastrophe que bien des années plus tard.

4

LA GRANDE RÉVOLUTION CULTURELLE PROLÉTARIENNE

Le début de la « Terreur rouge »

L'administration nous attribua un deux pièces dans le centre-ville. Nous partagerions cet appartement avec ma belle-mère. Je passais beaucoup de temps avec Kahar et m'efforçais d'être une respectable femme au foyer. Mais bizarrement, Abdirim commença à changer au moment où moi-même, je me montrais plus aimable à son égard. Il était de plus en plus intransigeant. Bien sûr, ce n'était pas sans rapport avec notre situation financière : il devait nourrir Kahar, sa mère et moi avec un salaire mensuel de 70 yuans.

Je tombai de nouveau enceinte, mais nous ne pouvions pas nous permettre de m'hospitaliser une deuxième fois. L'argent que nous avions emprunté à la banque ne suffisait pas, et nous contractâmes d'autres prêts. Je prévins mon mari que nous ne tiendrions pas longtemps ainsi.

Pendant ce temps, Mao craignait pour sa suprématie. Il décida donc de raviver l'intérêt de la nation pour le communisme et convoqua un million de jeunes sur la place Tian'anmen, le 18 août 1966. Les Gardes rouges acclamèrent leur « leader bien-aimé » et firent le serment d'éradiquer la culture, les valeurs et les coutumes ancestrales. Désormais, la priorité du gouvernement était de mener une chasse aux sorcières contre ses opposants.

La Grande Révolution culturelle avait pour but d'instaurer une nouvelle élite bureaucratique. Des jeunes, reconnaissables à leur brassard rouge, tentèrent d'éliminer tout ce qui pouvait rappeler la Chine traditionnelle. Personne n'était à l'abri, pas même les fonctionnaires de haut rang. Dans les écoles et les universités, les cours furent suspendus et les professeurs torturés par leurs élèves. Dans le Turkestan oriental, les Ouïghours étaient la cible privilégiée des Gardes rouges. À cause du slogan de Mao, « Détruisez tout, le pays se reconstruira de lui-même », tout le monde combattait tout le monde.

Peu après le début de la Révolution culturelle, Abdirim rapporta une affiche du Grand Timonier à la maison. Je la pliai et la cachai sous le lit. Les Gardes rouges la découvrirent, toujours enroulée, au cours d'une perquisition. Je fus conduite au bureau du Parti communiste pour participer à une réunion publique.

J'étais considérée comme un « élément noir », mais j'eus de la chance. Certes, on me cracha dessus et on m'insulta, mais personne ne me frappa. Les villageois me protégèrent, expliquant que je n'étais qu'une jeune mère de famille et promettant de se charger de ma rééducation.

On me fit monter sur une estrade pour que le public me voie mieux. Le chef des Gardes rouges, surexcité, se posta devant chaque accusé, le traita d'« exploiteur capitaliste » et lui frappa l'arrière des genoux. Je connaissais bien cet homme. J'allais toujours acheter mes fruits chez lui. Il avait cinquante ans et portait une vingtaine de badges à l'effigie de Mao sur sa chemise.

« Tu as manqué de respect envers notre bien-aimé Mao. Tu as refusé d'accrocher son portrait chez toi ! hurla-t-il. Pourtant, c'est lui qui te nourrit et t'habille. On devrait te frapper jusqu'à ce que mort s'ensuive ! »

Mes voisins étaient obligés d'applaudir. Mais ils savaient qui j'étais, et aucun d'entre eux ne voulait lever la main sur moi. Une femme s'approcha et m'ordonna de porter un badge, avant de me souffler : « Faites-le, sinon ils vous tueront. »

Sur l'estrade, j'avais reconnu quelques amis, dont des personnes âgées, des chercheurs et des professeurs que tout le monde respectait. Notre crime était surtout d'être cultivés, riches ou influents.

Sitôt rentrée à la maison, j'ôtai le badge de ma chemise. Lorsqu'un activiste le remarqua au bout de quatre ou cinq jours, on me força de nouveau à monter sur l'estrade. Je me retrouvai tête baissée et bras en l'air, dans la « position de l'avion », avec une dizaine d'autres personnes.

Au bout d'un moment, nous étions cinquante sur la tribune. Avant que les communistes ne nous lisent l'acte d'accusation, on ordonna à l'assistance de crier : « Longue vie à Mao ! Longue vie au Parti communiste ! » Puis quelqu'un décréta que je devais disparaître de la surface de la terre, ce que le public fut forcé d'approuver joyeusement.

Un jeune activiste vint me voir et m'informa qu'il était le fils de Chalidem, une de mes amies. Il déclara : « Si Rebiya ne porte pas de badge de Mao, c'est parce qu'elle ne s'en croit pas assez digne. Avant, c'était une contre-révolutionnaire. Elle préfère attendre de devenir une véritable activiste avant de porter ce badge. »

Seuls les gens agressifs étaient considérés comme de vrais révolutionnaires. Les villages se livraient à un concours de la plus grande réunion publique, le prestige du maire variant selon le nombre d'activistes présents, qu'on reconnaissait à leur *Petit Livre rouge* ou à leur badge à l'effigie de Mao. Chez eux, on trouvait bon nombre de portraits et d'ouvrages du même acabit.

Les Gardes rouges reprochaient deux choses à mon mari : il avait une femme insoumise et occupait un poste important au sein de la banque. Les gens haut placés étaient rétrogradés : c'est ainsi que des médecins se retrouvaient à nettoyer par terre et que des femmes de ménage opéraient des malades.

Abdirim perdit toute foi dans le Parti, mais pas à cause de moi. Il avait simplement compris que le communisme reposait sur le mensonge. Nous organisions des réunions secrètes avec d'autres opposants pour critiquer la politique chinoise.

Les Gardes rouges ne tardèrent pas à arrêter mon mari. Il fut détenu pendant six mois dans une salle de la vieille ville, avec d'autres personnalités influentes. On lui fit apprendre par cœur un recueil de citations de Mao. Quand il fut capable de le réciter, page après page, même au beau milieu de la nuit, on l'autorisa à rentrer chez lui. Il ne gagnait plus que 25 yuans par mois. Si je n'avais pas commencé à confectionner des chaussures pour enfants, ainsi que des sous-vêtements féminins, mon fils et le bébé que j'attendais n'auraient pas survécu.

Bouhatcher, une de mes voisines, gagnait sa vie grâce au marché noir. Nous n'étions pas les meilleures amies du monde, mais elle me respectait pour mon patriotisme. Les marchandises qu'elle vendait pour moi rapportaient entre 30 et 40 yuans par semaine, ce qui représentait beaucoup d'argent.

Autodafé

Les Gardes rouges apprirent grâce à l'une de leurs victimes que nous possédions de nombreux ouvrages et que nous les prêtions à nos proches, ce qui constituait un crime encore plus grave.

Vingt jeunes en uniforme militaire prirent notre maison d'assaut et balancèrent nos livres par la fenêtre. Ils fouillèrent toute la maison et nous prirent nos beaux vêtements, qu'ils jetèrent sur un bûcher érigé au milieu de la rue. Abdirim et moi fûmes amenés par quatre jeunes sur une grande place où étaient amassés des centaines de livres, parmi lesquels des exemplaires du Coran. Des activistes dansaient tout autour du feu. « Dieu soit maudit ! », s'écria l'un d'eux.

Ils brûlèrent tous les livres. Au cours de ces autodafés, le Turkestan oriental perdit la majeure partie de son patrimoine culturel. Ils détruisirent ensuite les portes et les fenêtres de la mosquée, avant d'y faire rentrer des cochons. Les Chinois se moquaient de nous car nous ne mangions pas de porc.

Zohre et son mari faisaient partie des activistes les plus zélés. Ils allaient manifester, un drapeau rouge à la main et le regard illuminé. Ma sœur considérait que je m'étais écartée du droit chemin.

Comme moi, Hejer ne suivait pas le mouvement et tournait les Gardes rouges en dérision. Pour le mari de Zohre, nous étions des ennemis du peuple. Je refusais de discuter avec lui.

Le sadisme et la soif de sang ne connaissaient plus de limites. Des gens étaient plongés dans l'huile bouillante. On leur mutilait le visage pour lui donner une expression grimaçante. On leur arrachait les cheveux par poignées. Pas un seul Ouïghour n'échappa à ces persécutions. À Kucha, mon père fut accusé de prier en cachette. Quand il n'était pas convoqué sur l'estrade, il continuait à prier cinq fois par jour. Il ne se plaignait jamais et semblait perdu dans ses pensées.

Noir, noir, noir

Quelques semaines avant l'accouchement, j'annonçai à Abdirim mon intention de mettre mon enfant au monde chez mes parents, à Kucha. Hejer, qui avait étudié la médecine à Altaï, m'assisterait. Mes parents, connaissant notre situation financière, approuvèrent cette idée.

Le mari de Zohre m'ouvrit la porte. Vêtu d'un costume Lénine bleu, il n'avait qu'une seule idée en tête : éliminer tous les contre-révolutionnaires. Je finis par l'interrompre : « Je suis désolée de te dire ça, mais tes idées ne volent pas très haut. J'ai honte pour toi. »

Comme frappé par la foudre, mon beau-frère me fixa du regard. Mais une fois que j'étais lancée, il était difficile de m'arrêter. « Je suis convaincue que Mao est un être exceptionnel et supérieurement intelligent. Il a réussi à tous vous rendre fous. » Il se redressa et me regarda d'un air sévère :

« Tu ne sais pas ce que tu dis. De toute façon, tu n'as pas eu d'éducation.

— Et toi, tu es allé à l'université et tu es devenu professeur. Mais ce que tu as appris ne suffit pas. Il faut continuer à t'instruire, en lisant des romans, par exemple.

— Tu as été contaminée par les livres de la bourgeoisie ! », s'exclama mon beau-frère.

Ma fille Rushengül vit le jour le 18 juillet 1967. Zohre m'avait prêté l'argent nécessaire pour mon hospitalisation. Ma mère vint me chercher à la clinique deux jours après. « J'ai beaucoup de choses à te raconter », me dit-elle. Mehmet et Arzigul allaient à l'école, quand leurs professeurs n'étaient pas emprisonnés. Mon père travaillait dans un salon de coiffure. Depuis son arrivée, maman semblait très épanouie. Du moins, en apparence.

Un soir, alors que nous étions assises toutes les deux dans la cuisine, maman, d'humeur mélancolique, prit son *dutar* et me chanta une chanson.

Noir, noir, noir
Rien en moi n'est noir
Je n'ai pas péché
Mon faucon s'est envolé
Où sont les invités ?
Mon cœur est en deuil.

« Est-ce qu'Altaï te manque ? Crois-tu qu'un jour je retrouverai mon ancienne vie ? », me demanda-t-elle. Nous décidâmes de dormir ensemble, avec Rushengül. Mais soudain, en plein milieu de la nuit, ma mère se mit à vomir du sang.

Oubliant que je venais d'accoucher et que je devais me ménager, je conduisis immédiatement la malade à l'hôpital le plus proche. Les médecins diagnostiquèrent un cancer de l'estomac. J'étais très choquée. Une tristesse indicible m'envahit. Puis je me ressaisis et me jurai de ramener ma mère à Altaï. Ce jour-là, je décidai également de libérer notre pays de l'envahisseur.

Toute la famille se mit d'accord pour cacher le diagnostic à ma mère. Le lendemain matin, elle était assise dans son lit, tout sourire. « À travers ce sang, la douleur a quitté mon corps. Tu es la seule à qui je peux ouvrir mon cœur. Peut-être que le sang n'attendait que toi. Je suis vraiment désolée d'avoir exprimé ma douleur de cette façon. »

Une semaine plus tard, la malade rentra à la maison. Elle serait bientôt opérée à l'hôpital principal d'Aksou.

Le jour de l'intervention, elle portait une robe traditionnelle rose. En 1967, un tel accoutrement était sévèrement puni, mais les médecins ne dirent rien : tout le monde savait qu'elle n'en avait plus pour très longtemps.

Sans cette opération, le cancer l'aurait emportée en quelques jours. Hejer et Zohre nous ramenèrent à Kucha, où maman vécut encore quarante-huit jours. Elle ne pouvait plus se tenir debout et ne cessait de me répéter : « Quand j'irai mieux, nous retournerons à Altaï. N'est-ce pas, ma fille ? »

Son ventre était très gonflé. Maman sentait la mort approcher. Un matin, très tôt, elle m'appela à ses côtés. « Ma fille, je suis vraiment désolée de n'avoir pas pu te rendre heureuse. Tu as fait d'énormes sacrifices pour notre famille, et je t'ai volé ta part de bonheur. Mais tu es capable de triompher de toutes les difficultés et, un jour, tu seras libre. Ta grande sœur est allée à l'université. Son cœur est pur, mais elle n'est pas aussi intelligente que toi. Elle ne sait pas comment mener sa vie. Ton autre sœur est fragile et se dispute souvent avec son mari. Quant à ton frère, il est à Altaï, loin d'ici. Amène-moi ton frère et tes sœurs. »

Une fois Arzigul, Mehmet et Heljem devant elle, elle ouvrit lentement les yeux, comme si cela lui demandait un gros effort. « À partir d'aujourd'hui, Rebiya sera votre mère et votre père. » Puis elle se tourna vers moi : « Tu n'as ni travail ni argent, mais tu as bon cœur. Si tu veux que je meure en paix, accepte de prendre en charge tes frères et sœurs cadets. » Elle s'interrompit, le temps de reprendre son souffle, puis exigea encore quelque chose de moi. Quelque chose de monstrueux.

« Ta grande sœur n'imagine pas sa vie sans enfant, mais elle ne peut pas en avoir. Je t'en prie, donne-lui Rushengül. »

Épuisée, elle me dit d'aller chercher mon père. Celui-ci s'assit sur le lit et lui prit la main. « Je ne veux pas que nos trois jeunes enfants restent avec vous, lui dit maman d'une voix pressante. Vous n'avez pas les moyens de les nourrir.

Promettez-moi de les envoyer vivre chez Rebiya. » Papa pouvait difficilement refuser :

« Oui, évidemment. Mais ne parle pas ainsi…

— Quand je serai morte, vous attendrez un an avant de vous remarier. Mais attention, votre future femme devra être capable de cuisiner et de s'occuper de vous, sinon, vous aurez des problèmes. Mon cher mari, si je vous ai froissé, je vous en prie, pardonnez-moi. »

Enfin, elle s'adressa à ses deux filles aînées :

« À partir de maintenant, Rebiya est responsable des enfants.

— Non, nous élèverons chacune un enfant. Nous ne pouvons pas tout déléguer à Rebiya », protesta Zohre.

Alors maman se mit en colère :

« Personne ne séparera les trois enfants.

— Maman en a décidé ainsi », ajoutai-je.

D'une voix à peine audible, ma mère me demanda de lui mettre la plus belle de ses robes et de la coiffer. Elle possédait depuis longtemps une robe tatare blanche et rouge, dans laquelle elle ressemblait à une reine. Puis je l'amenai devant la fenêtre. « Cette terre est à nous. Va me chercher Heljem », me dit-elle pendant que j'arrangeais sa couverture. Lorsque je me levai pour aller chercher ma petite sœur, je vis une larme couler lentement le long de sa joue. Je compris alors que ma mère venait d'entreprendre son dernier voyage.

Lorsque mon père fit creuser la tombe, il se réserva l'emplacement voisin. Environ cinquante personnes assistèrent aux obsèques, au grand cimetière de Kucha. Bon nombre n'avaient pas osé venir par peur des représailles : en effet, à l'époque de la Révolution culturelle, les enterrements étaient considérés comme « féodaux ». Pourtant, quelques activistes étaient aussi présents. Ma mère fut enterrée le 28 septembre 1967.

Je restai ensuite auprès de mon père pendant quarante jours. Puis, alors que je m'apprêtais à rentrer à Aksou, Zohre vint me réclamer Rushengül, insistant sur la promesse que j'avais faite. « Si j'ai un troisième enfant et que c'est une fille, tu pourras prendre Rushengül avec toi », lui répondis-je.

Me raccrochant à l'espoir que mon prochain enfant serait un garçon, je pris le bus pour Aksou avec Rushengül, Kahar et mes trois frères et sœurs.

Une promesse difficile à tenir

J'étais partie pour Kucha avec un enfant. À mon retour à Aksou, j'en avais cinq. Dès mon arrivée, je sortis mon nécessaire à couture pour recommencer à confectionner des chaussures et des sous-vêtements. Même avec les enfants et les tâches ménagères, je ne me sentais jamais débordée. J'aimais les petits par-dessus tout, et j'adorais passer du temps avec eux.

Pendant ce temps, les Gardes rouges déposaient les armes. Ils étaient envoyés dans des régions comme le Turkestan oriental pour « s'instruire au contact des paysans ». D'après Mao, les pulsions destructrices des jeunes, surtout des intellectuels, devaient être bridées grâce au dur labeur et à l'étude attentive de ses écrits. Le temps des massacres semblait révolu.

Abdirim accomplissait son devoir de père, sans être toutefois très affectueux. Il gardait ses distances par rapport aux enfants. Peut-être ne pouvait-il pas faire autrement. Un an et demi après la mort de ma mère, ce fut au tour de ma belle-mère de partir. Après avoir perdu ces deux êtres chers à mon cœur, je mis mon troisième enfant au monde. À ma grande tristesse, c'était une fille.

À peine avais-je accouché de Reyila, le 10 avril 1969, que Zohre vint me supplier à genoux de tenir ma promesse. Elle avait les yeux cernés, comme si elle n'avait pas dormi depuis longtemps. Sans enfant, elle ne serait jamais heureuse.

Le soir même, je demandai à Abdirim de donner Rushengül à Zohre. Mon mari était hors de lui. « On ne peut pas donner un de nos enfants comme ça ! Rushengül a déjà un an et demi. Tu as perdu la tête ? »

Je lui fis part des dernières volontés de ma mère. Nous discutâmes toute la nuit, pour finalement décider de confier Rushengül à ma sœur. Tous les deux mois, celle-ci viendrait nous voir avec l'enfant. Je pleurai pendant plusieurs jours, ne pouvant assumer ma propre décision.

Mais Zohre ne respecta pas notre accord. C'était moi qui devais aller tous les mois à Kucha. Chaque fois, je montais dans le bus avec la ferme intention de ramener ma fille à la maison.

Zohre était en admiration devant la petite : « Rushengül a dit ceci, Rushengül a fait cela... » Elle l'adorait. Quant à ma fille, elle ne voulait plus entendre parler de moi. Comment aurais-je pu les séparer ? Alors je rentrais seule chez moi, inquiète à cause des opinions politiques de ma sœur. En communistes convaincus, Zohre et son mari rejetaient la bourgeoisie et les vêtements traditionnels. Cependant, quand j'offris à Rushengül un ensemble en soie noir que j'avais cousu moi-même, ils l'autorisèrent à le porter. Ils en étaient même fiers.

Avec le temps, je me fis à l'idée que ma fille grandirait dans cette famille. Bientôt, je ne pus aller la voir que tous les trois ou quatre mois. Ma sœur, de plus en plus hostile à mon égard, ne voulait pas que je vienne trop souvent. Toutefois, j'étais convaincue que Zohre et son mari aimaient vraiment Rushengül. À présent, j'attendais mon quatrième enfant.

La fille du gouverneur

Nous réussîmes à trouver un emploi à l'office du tourisme d'Aksou pour Mehmet, mon frère de vingt-deux ans. Arzigul, ma sœur, fut engagée comme emballeuse dans une usine d'agroalimentaire et fonda une famille peu après.

Dans le village, tout le monde portait un costume Mao, sauf Mehmet, qui s'habillait comme une star de cinéma. Pas un jour ne passait sans que nous ne nous inquiétions à son sujet. Impulsif, pour ne pas dire téméraire, il criait haut et fort sa haine du régime. Lorsqu'il exigeait le départ des Chinois, les policiers le frappaient et le jetaient en prison, et je devais les implorer de le libérer.

À cause de ses vêtements, on le surnommait « l'Albanais ». Dès que les soldats lui coupaient sa cravate, il en arborait une nouvelle. Comme notre grand-père maternel, Mehmet aimait l'alcool, la bagarre et les paris.

Mais sa priorité, c'était l'amour. Au moins quatre filles avaient le béguin pour lui. Le jour où il décida de se marier, son choix se porta sur la fille du gouverneur en personne.

J'essayai de lui faire changer d'avis par tous les moyens. Mais il ne se laissa pas influencer et me demanda même de l'aider. D'après lui, j'étais la seule à pouvoir persuader les parents de sa promise de l'accepter comme gendre. J'éclatai de rire : il me surestimait vraiment.

Il tenta de me convaincre pendant deux jours. C'était mon frère, et je ne devais pas oublier ce que mes parents m'avaient inculqué : un véritable Ouïghour se devait d'être intrépide. Toutefois, lorsque je me rendis dans le quartier administratif, il arriva ce qui devait arriver : on ne me laissa pas entrer chez le gouverneur.

Alors, j'envoyai quérir la jeune fille.

« Aimez-vous mon frère ? lui demandai-je sans détour.

— Oui, me répondit-elle, un peu gênée.

— Dans ce cas, j'accepte de vous aider. Votre père a-t-il des amis ou de la famille en ville ? »

Elle mentionna immédiatement un juge. Je la priai de me conduire à lui. J'avais mis quelques victuailles et des cadeaux dans un panier.

Les amis du gouverneur m'accueillirent chaleureusement. Toutefois, lorsque je les informai que mon frère m'avait envoyé demander la main de sa bien-aimée, ils furent quelque peu troublés. « Je sais que mon père est coiffeur, alors que le père de cette jeune fille est un haut fonctionnaire. Mais n'oubliez pas qu'autrefois notre famille était aisée, alors que la sienne était peut-être pauvre. Le monde ne cesse d'évoluer. Je vénère aussi mon père car il se bat pour notre liberté. Il était soldat lors de la révolution des Trois Provinces. »

Mon interlocuteur, qui avait lui aussi participé à ce soulèvement, sortit une grande photo en noir et blanc d'un tiroir. Au quatrième rang, je reconnus mon père et le pointai du doigt. Alors, le juge me prit dans ses bras et m'embrassa sur le front. Il avait complètement oublié que je n'étais qu'une modeste mère de famille.

Le juge alla parler à son ami, sans succès. Un jour, cependant, piqué par la curiosité, le gouverneur me convoqua.

« Pourquoi tenez-vous à ce que votre frère épouse ma fille ? Nous avons un niveau de vie bien supérieur au vôtre, s'enquit-il.

— Je n'ai jamais souhaité que Mehmet choisisse quelqu'un dont la famille collabore avec les Chinois », rétorquai-je, pensant qu'il allait me mettre à la porte.

Contre toute attente, il me sourit. Cet homme aimait son peuple. « C'est d'accord. Votre frère épousera ma fille. »

Mehmet ne fut même pas surpris de mon succès. Il était convaincu que j'allais y arriver.

Cette union nous permit de redorer notre blason. Les collègues chinois d'Abdirim se montraient encore plus obséquieux qu'avant. Mon mari fut même promu directeur de la banque. Mais, à vrai dire, c'était toujours le Parti communiste, et donc les Chinois, qui détenait véritablement le pouvoir.

Quant à mon frère, il n'était pas très heureux en ménage. Sa belle-mère ne cessait de lui rappeler ses origines modestes. Mehmet et sa femme se séparèrent au bout de deux ans.

Au pilori

La Révolution culturelle faisait toujours rage. Notre société était ravagée. Sous prétexte que je portais des vêtements interdits ou que je fréquentais des gens « suspects », les communistes me livraient sans cesse à la vindicte. C'est dans ce contexte que naquit mon quatrième enfant, Adil, le 10 mars 1971.

Les humiliations publiques n'en finissaient jamais. Comme on pensait que la dissidence était héréditaire, j'étais parfois convoquée avec mes enfants. C'est ainsi qu'à sept ans Kahar se retrouva sur l'estrade, tête baissée, mon bébé dans les bras et Reyila, deux ans, à ses pieds. Mais le plus souvent, quand j'étais convoquée, ils passaient la journée chez un de leurs oncles ou restaient seuls à la maison.

Un jour, alors que nous étions invités chez des voisins, un énorme portrait de Mao tomba du mur dans un grand fracas. « Mais qu'est-ce que c'est? On ne peut même plus manger tranquille! », m'écriai-je. Notre hôte ne trouva rien de mieux à faire que tout répéter aux autorités.

Je fus de nouveau conduite sur l'estrade. Cette fois-ci, j'étais censée y passer la journée, ce à quoi s'opposa une de mes voisines. « Laissez-la partir. Elle n'est pas allée à l'école. Elle ne sait pas ce qu'elle dit. » En réalité, cette femme savait très bien ce que je pensais du régime chinois.

Les simples femmes au foyer comme moi étaient punies beaucoup moins sévèrement que les intellectuels, dont faisait partie Zunun Kadeer, poète ouïghour et président de l'Union des écrivains du Xinjiang. Il vivait dans une chambre minuscule. Ses cinq enfants avaient grandi dans des camps de travail. Trois de ses filles y étaient même nées.

Un jour, alors que je revenais du marché, je vis que les communistes l'avaient presque entièrement déshabillé et recouvert de peinture blanche. Autour du cou, suspendu à du fil de fer barbelé, il portait un panneau disant : « Contre-révolutionnaire, partisan de la bourgeoisie soviétique, nationaliste. Empêchons-le de nuire. »

À cause du poids de la pancarte, le barbelé lui entaillait la peau. Sans réfléchir bien longtemps, je donnai au chef des activistes les 50 yuans que je venais de gagner grâce à la vente de mes chaussures, et je lui dis à voix basse : « Si vous continuez, il va mourir. Je vous en prie, libérez-le. »

C'était très risqué. Soudoyer ce jeune homme pouvait me coûter la vie. Le Garde rouge ordonna à ses hommes d'arrêter. « Si nous le tuons, il ne nous confessera pas ses pensées les plus abjectes. »

L'écrivain fut débarrassé de son écriteau. Avec 50 yuans, je ne pouvais pas faire plus. Mais le fait d'avoir réussi à changer les choses m'incita à continuer. Coiffée et maquillée avec soin, je me rendis chez l'un des responsables de cette campagne de répression. « Je voudrais vous demander de libérer les autres contre-révolutionnaires demain. En échange, si votre famille ou vos amis ont besoin de quoi que ce soit, faites-le-moi savoir. J'essaierai de vous aider. »

De plus, je pouvais compter sur le soutien d'Abdirim. En effet, Zunun Kadeer était une figure très respectée. N'importe quel Ouïghour aurait été fier de lui venir en aide. Nous le croisions souvent dans la rue, humilié, recouvert de peinture rouge ou noire. Beaucoup d'intellectuels ne supportaient pas ces mauvais traitements et préféraient mettre fin à leurs jours.

« Je regrette de t'avoir épousée »

Alors que j'attendais mon quatrième enfant, Abdirim commença à me battre. Les enfants, terrifiés, se cachaient dès que leur père rentrait du travail, et les résultats scolaires de Kahar, pourtant un élève assidu, laissaient de plus en plus à désirer.

Je savais que mon mari m'aimait et que c'étaient nos conditions de vie qui le détruisaient. Mais à peine rentré à la maison, il s'en prenait à moi : « Qui es-tu pour te conduire de façon si hautaine ? Je regrette de t'avoir épousée ! » Puis il me giflait. « Tu te crois si supérieure que tu ne te donnes même pas la peine de me répondre. »

Un soir, il rentra complètement ivre. « Tu n'es pas du tout instruite. Tu ne travailles pas. Tu ne parles pas un mot de chinois. Dans la rue, tu ne peux même pas te débrouiller toute seule. Je vois bien que tu ne me corresponds pas ! » Ensuite, il me battit jusqu'à ce que je m'écroule par terre.

« En plus de t'occuper des enfants et de la maison, tu crois pouvoir libérer notre peuple. C'est du délire ! Tu n'y arriveras jamais !

— Si tu me frappes encore une fois, c'est moi qui partirai et j'élèverai mes enfants seule », lui répliquai-je.

Pendant quelque temps, il redevint très gentil et me présenta même ses excuses. Nous fîmes la paix. Puis tout recommença.

La délation

Abbas Han, un cordonnier, vivait avec sa famille dans la vieille ville d'Aksou. Pour moi, sa femme et lui étaient comme des seconds parents. Je leur rendais visite une fois par semaine et leur confiais tout ce que j'avais sur le cœur. Un jour, je leur racontai comment j'étais parvenue à faire libérer Zunun Kadeer ; malheureusement, un membre de la famille d'Abbas Han me dénonça.

J'étais scandalisée d'avoir été trahie par des amis, je m'en voulais d'avoir été si confiante. En outre, j'avais mis le chef des activistes en danger.

Comme je n'avais pas cité de nom devant Abbas Han et sa famille, les communistes me convoquèrent le lendemain sur l'estrade pour savoir quel homme j'avais soudoyé. L'interrogatoire dura des heures.

Soudain, je perdis la tête. « Mon Dieu, pourquoi est-ce si difficile ? », m'écriai-je avant de m'écrouler, en pleurs.

Un orage éclata, et mes tortionnaires décidèrent de poursuivre l'interrogatoire le lendemain. En rentrant chez moi, je croisai le cordonnier, qui avait assisté à la réunion. Le voyant tomber par terre, j'accourus vers lui. Il tremblait de la tête aux pieds et tendait les bras vers moi, les yeux révulsés. « Pardonne-moi. » Ce furent ses dernières paroles.

La petite sœur du défunt me sauta à la gorge et se mit à me griffer le visage. Elle ne cessait de répéter que j'étais une sorcière et que j'avais tué le cordonnier.

Quelques hommes m'aidèrent à me délivrer des mains de cette femme. J'ignorais encore que c'était elle qui m'avait dénoncée. Par la suite, dès qu'elle me voyait, elle me jetait des pierres. Quant aux hommes du village, ils firent circuler des rumeurs selon lesquelles j'étais habitée par la colère divine. Désormais, on n'osa plus me convoquer sur l'estrade et je fus même conviée à prendre place au premier rang, parmi les activistes. Seule la sœur d'Abbas Han continuait à m'insulter, mais elle ne participait plus aux réunions.

Un jour, la veuve du cordonnier m'invita chez elle. Bien que j'eusse pardonné à sa famille depuis longtemps, j'acceptai avec une certaine réticence. En entrant, je sursautai à la vue de la sœur d'Abbas Han, attachée sur son lit, pieds et poings liés. D'après la veuve, elle avait la rage. Nous la conduisîmes à l'hôpital où elle mourut un mois plus tard.

Je passais toutes mes nuits à coudre des chaussures et des sous-vêtements, et l'argent que je gagnais me servait à aider Zunun Kadeer et la famille d'Abbas Han, ainsi que d'autres personnes dans le besoin.

« Mao, notre grand leader, est mort ! »

En 1972, Nixon se rendit dans l'Empire du Milieu, jusque-là très isolé politiquement. L'éducation et les sciences connurent soudain un regain d'intérêt, mais ce relâchement fut de courte durée. La Bande des Quatre, dirigée par la femme de Mao, continuait à semer la terreur.

Le 13 novembre 1973 naquit mon cinquième enfant, Ablikim. Mon mari médisait sans cesse sur moi. Si nous étions invités quelque part, il tâchait de me rabaisser devant les autres convives. Il ne supportait pas d'être moins respecté que moi.

Je tombai de nouveau enceinte durant l'été 1974. « Très bien, tu vas avoir ton sixième enfant, me dit Abdirim en me toisant du regard. Mais si je te quitte, plus personne ne voudra t'épouser. Tu te crois extraordinaire. C'est vrai que tu es belle, mais n'oublie pas que tu es vieille. » À vingt-sept ans, le 29 février 1975, je mis au monde Alim, mon quatrième fils.

Le 9 septembre 1976, les haut-parleurs répétèrent toute la journée : « Mao, notre grand leader, est mort ! » Mendiants, employés, chômeurs, tous les Ouïghours descendirent dans la rue. Mais personne ne semblait se rendre compte du danger qu'il y avait à laisser éclater ainsi sa joie. Les cadres ordonnèrent à la population du village de se rassembler sur la place principale pour prendre part à une veillée funèbre.

Mon beau-frère pleurait tellement que son corps était agité de soubresauts. Ma sœur Zohre, elle aussi sous le choc, réagissait de façon moins disproportionnée. Impossible de savoir qui pleurait sincèrement, tant nous avions appris à faire semblant.

La femme de Mao et les autres membres de la Bande des Quatre furent arrêtés. Mais la situation n'évolua pas vraiment, même après la mort du dictateur et la condamnation de sa veuve. Notre nouveau leader, un ancien sous-fifre de Mao, s'appelait Hua Guofeng. Finalement, la libération de nombreux prisonniers constitua le seul événement positif de cette période.

Peu de temps après, les anciens activistes firent à leur tour l'objet de nouvelles persécutions. Ainsi, mon beau-frère, malgré son dévouement envers le régime communiste, fut renvoyé de son collège et muté dans une petite école primaire. Seuls les Chinois ne furent pas inquiétés. Certains furent même promus, alors qu'ils avaient du sang sur les mains. Personne n'avait le courage de s'en prendre à eux.

Le mari de Zohre avait tout sacrifié au communisme, mais celui-ci l'avait trompé. Comme les autres activistes, il avait suivi les ordres des Chinois pour mener à bien la Révolution culturelle. Et à présent, ces mêmes Chinois lui reprochaient d'avoir été trop zélé. Il n'y comprenait plus rien.

L'un des plus grands meurtriers de l'histoire du XXe siècle, responsable de la mort d'environ soixante-dix millions de personnes, s'était donc éteint. Aujourd'hui, son portrait domine toujours la place Tian'anmen.

Une chanteuse en colère

Tous les jours, je donnais à Bouhatcher les marchandises que j'avais cousues la nuit précédente. En 1976, à vingt-deux ans, ma jeune sœur épousa un chauffeur. Ce fut un grand soulagement.

Un soir, Abdirim rentra en compagnie d'une chanteuse ouïghoure très connue et m'ordonna de leur servir à dîner. Nous avions déjà vu cette femme chez des amis, qui organisaient des réunions secrètes au cours desquelles elle interprétait des chants traditionnels.

Après le repas, mon mari lui mit la main sur l'épaule. Je lui demandai d'arrêter, mais il me bondit dessus et me gifla. Il s'apprêtait à me frapper une deuxième fois quand la chanteuse s'interposa et retint son bras.

« Il vous bat souvent ? me demanda-t-elle après qu'Abdirim eut quitté la pièce.

— Mais non, c'était pour rire », lui répondis-je.

Entre-temps, Bouhatcher avait été arrêtée au bazar, et ce fut mon tour deux jours plus tard. Deux policiers nouèrent entre elles les chaussures que j'avais fabriquées et me les suspendirent autour du cou. Le long du dos, je dus également porter un bâton sur lequel étaient accrochés des sous-vêtements. Ils me forcèrent à déambuler ainsi dans les rues de la vieille ville en criant : « Rebiya Kadeer est une capitaliste ! Elle alimente le marché noir ! Il faut l'empêcher de nuire. »

J'étais convaincue d'avoir fait ce qu'il fallait pour nourrir mes enfants. J'avais l'impression d'être une héroïne, ce qui m'encouragea à affronter la tête haute les quolibets de la foule. Ma dignité demeurait intacte.

Le soir venu, on m'autorisa à rentrer chez moi. Abdirim m'attendait. Depuis un certain temps, ses supérieurs faisaient pression sur lui, lui expliquant qu'il risquait de perdre son poste à la banque s'il ne se séparait pas de moi. Il me haïssait.

« Tu crois peut-être que je ne peux pas vivre sans toi ? C'est là que tu te trompes. À cause de tous tes enfants, tu ne trouveras jamais quelqu'un d'autre et tu vivras seule jusqu'à la fin de tes jours.

— Ainsi, tu ne m'aimes vraiment pas ? lui murmurai-je.

— Non, je ne t'aime pas. Personne ne t'aime. Même un chien ne voudrait pas de toi.

— Et qui te dit que je ne parviendrai pas à élever mes enfants seule ? Je refuse d'être séparée d'eux. Dans la rue, des centaines d'orphelins vivent sans leur mère. Mais moi, je donnerais tout ce que j'ai pour les miens », répliquai-je fièrement.

Abdirim avait déjà ouvert la porte. Je le suivis jusqu'au bureau de l'état civil.

Une fin douloureuse

Le juge nous fit entrer dans son bureau. En dix minutes, notre divorce fut prononcé après treize années de mariage. Je fis une déclaration écrite selon laquelle je ne réclamerais aucune pension alimentaire à mon ex-mari. Après avoir signé, je demandai à Abdirim l'autorisation de prendre la parole.

« Regarde-moi bien, lui dis-je. C'est peut-être la première fois que tu me vois telle que je suis vraiment. Dès que nous serons sortis d'ici, j'enlèverai le foulard sous lequel je me suis toujours cachée. Sache que ce n'est pas avec la vraie Rebiya que tu as vécu toutes ces années. Je porte tous mes secrets dans mon cœur. Contrairement à toi, je ne cherche à me venger de personne. Tu m'as reproché de n'avoir pas fait d'études, mais je te montrerai de quoi je suis vraiment capable. Désormais, je ne t'appartiens plus. Une fois rentré chez toi, tu te rendras compte de ce que tu as perdu. À partir d'aujourd'hui, j'élèverai mes enfants seule. Comme je n'ai nulle part où aller, ils vivront temporairement chez toi, mais c'est moi qui les nourrirai.

— Tu ne travailles même pas, répliqua Abdirim d'un ton moqueur. Comment peux-tu me promettre une chose pareille ? Tu comptes te vendre ?

— En parlant ainsi, c'est toi-même que tu insultes, puisque tu es le père de mes enfants. Aussi longtemps que je vivrai, je ne laisserai jamais personne d'impur ou d'injuste ne toucher un seul de mes cheveux. Premièrement, je veux garder ma fierté de mère. Deuxièmement, mon cœur doit rester pur pour mon pays et pour mon peuple. Troisièmement, je tiens à ma dignité. En tant que mère de nos enfants, j'étais obligée de rester à tes côtés. Mais à partir de maintenant, je serai la vraie Rebiya. Je trouverai une réponse aux larmes de ma mère et de mes enfants. »

Normalement, après un divorce, la mère partait vivre ailleurs avec ses enfants et le père lui versait une rente mensuelle. Bien que je n'eusse aucune idée de la façon dont je gagnerais ma vie, je refusais de dépendre ainsi d'Abdirim. Cependant, je me savais assez intelligente pour pouvoir prouver à tout le monde que je saurais vivre seule. J'avais confiance en moi, et c'était tout ce qui me restait.

Abdirim ne m'avait jamais entendue parler ainsi. « Je vois que tu as déjà perdu la raison », grommela-t-il. Le juge nous tendit l'acte de divorce. Je retirai mes bijoux et les confiai à mon ex-mari pour qu'il les donne à Reyila.

Je n'eus pas le courage d'aller dire au revoir à mes enfants et d'affronter leurs larmes. Une fois sortie du bureau de l'état civil, j'errai dans les rues de la ville.

Une Ouïghoure divorcée était censée retourner chez ses parents et attendre qu'un autre homme daigne l'épouser. Mais la plupart du temps, elle finissait seule avec ses enfants, rejetée de tous.

Soudain, je m'arrêtai à un croisement. Je ne savais absolument pas où aller et n'avais pas un yuan en poche. Bien sûr, j'avais des amis en ville, mais ceux-ci connaissaient aussi mon ex-mari. Je décidai alors de me rendre chez Bouhatcher, à qui je décrivis ma situation. Elle me prêta 10 yuans. Ensuite, je partis à la recherche de Mehmet.

L'annonce de mon divorce fit l'effet d'un coup de tonnerre. « Mais comment Abdirim a-t-il pu te traiter d'une façon aussi inhumaine ? C'est pourtant un brave homme. Et comment vas-tu nourrir les enfants ? Tu ferais mieux de retourner auprès de lui. Et s'il n'accepte pas tes excuses, j'irai lui parler. » Je refusai.

Mehmet vivait dans un studio avec sa nouvelle femme, et je ne voulais pas m'imposer. Sur son salaire de 40 yuans, il m'en donna 30. Je partis ensuite voir mon père à Kucha. Il avait honoré les dernières volontés de ma mère et s'était remarié au bout d'un an. Il vivait à présent avec sa nouvelle femme et les deux enfants de celle-ci.

Pendant la nuit, je les entendis se disputer. « Ta fille n'est qu'une petite insolente ! s'écria ma belle-mère. En voilà un drôle de modèle pour mes enfants. Je te préviens : si elle reste ici, je te quitte ! »

Le lendemain matin, j'allai voir Zohre. Rushengül, âgée de neuf ans, me fit de grands sourires. Mais ma présence rendait l'atmosphère extrêmement tendue. Mon beau-frère ne s'étant jamais distingué par son sens de la justice, il était évident que je ne pourrais pas vivre chez eux non plus. Je demandai à Zohre de me prêter 20 yuans afin d'ouvrir un commerce à Aksou. Elle me donna les 100 yuans qu'elle avait mis de côté.

Hejer vint me voir et me demanda de ne pas rester à Kucha. Ma mauvaise réputation la gênait. Zohre prit ma défense.

« Ne dis pas de mal de notre sœur. Je suis sûre que tout est la faute de son mari. Je me fiche de ce que les gens pensent de ce divorce. Je suis convaincue que Rebiya n'a rien fait de mal.

— Est-ce que Rebiya a l'air si malheureuse que ça ? rétorqua Hejer. Non, elle fait comme si de rien n'était. Regarde comme elle est apprêtée. On dirait qu'elle va à un mariage.

— Tu n'as pas de cœur, l'interrompit Zohre. Contrairement à toi, Rebiya n'exhibe pas tous ses malheurs à la face du monde. »

Le lendemain, je pris le premier bus pour Aksou, où je louai une chambre dans une petite impasse, non loin de chez mon frère. Quand je vis la fontaine derrière la maison, je décidai d'ouvrir une blanchisserie.

Je dépensai d'abord 30 yuans pour les trois premiers mois de loyer. Avec 30 autres yuans, je m'achetai cinq savons, un baquet, trois planches à laver ainsi qu'un petit lit d'occasion. Je fis part à Mehmet de mon intention d'ouvrir un commerce, mais refusai de lui montrer mon nouveau chez-moi.

Au cours des treize dernières années, j'avais respecté les traditions de mon peuple, me montrant soumise et obéissante. Mais comme j'avais d'autres ambitions, j'avais tout envoyé valser. L'idée de rester avec un homme comme Abdirim me remplissait d'effroi, alors que je me fichais d'être sans le sou. Je prouverais à tout le monde que la vraie Rebiya était une combattante, capable de conquérir sa liberté ainsi que celle de son peuple.

5

DE LA BLANCHISSERIE À LA MULTINATIONALE

La blanchisserie

Peu d'habitantes d'Aksou portaient le voile. Néanmoins, je m'achetai au deuxième jour de ma nouvelle vie un foulard marron dont je me couvris le visage. J'étais une belle femme de vingt-huit ans et ne tenais pas attirer le regard des hommes. Seul mon logeur savait qui se cachait sous ce sombre voile.

Faire la lessive était considéré comme une tâche vile, et les gens qui s'en acquittaient appartenaient à la couche sociale la plus basse. C'était la deuxième raison pour laquelle je ne voulais pas qu'on me reconnût. On aurait dit à mes enfants que leur mère était tombée bien bas. Même mon frère m'aurait interdit d'exercer ce métier.

Après avoir récuré le sol de ma chambre, j'écrivis sur une grande pancarte : « Pantalon : 0,5 yuan. Veste : 0,5 yuan. Couverture : 0,5 yuan. Chemise : 0,5 yuan. Confiez-moi vos vieux vêtements. Je vous les rendrai comme neufs. » Puis j'accrochai ce panneau dehors.

Mon propriétaire tenait un restaurant. Je m'y rendis pour faire un peu de publicité auprès des clients. Immédiatement, les jeunes célibataires voulurent savoir mon âge. Je les ignorai.

Le lendemain, un homme rencontré au restaurant m'apporta un pantalon, une chemise et une veste à laver. Il devait travailler dans les égouts, car ses vêtements étaient raides de crasse. Je n'avais jamais rien eu d'aussi dégoûtant entre les mains. Du bout des doigts, je trempai les habits dans de l'eau savonneuse. L'odeur était tellement épouvantable que je dus sortir vomir deux ou trois fois. Puis j'allai rincer le tout à la fontaine jusqu'à ce que la puanteur eût disparu. Je remarquai au passage que la lessive que j'avais achetée au marché ne se contentait pas d'enlever la saleté : elle me brûlait également les mains.

Une fois les vêtements secs, je recousis quelques boutons et raccommodai les accrocs. Il faisait déjà noir lorsque je m'attelai au repassage. Le lendemain, tout était comme neuf. Je tendis fièrement les habits à mon client.

Ce brave homme ne sut que dire tant il était surpris. Pour me remercier, il voulut m'inviter au restaurant. Je refusai catégoriquement. Malgré tout, il me promit de vanter mes mérites auprès de ses amis. Sur le yuan et demi que j'avais gagné, j'en mis un demi de côté pour mes enfants. J'étais convaincue de ma réussite.

Le lendemain, on me donna quatre uniformes masculins et deux jupes qui n'étaient heureusement pas aussi sales que les vêtements de mon premier client. Le troisième jour, rien, ce qui me permit de me reposer. Le quatrième jour, huit costumes, puis dix, douze, quinze... Je n'acceptai jamais plus de cent costumes à la fois et décidai de ne plus laver de couvertures.

Désormais, ma blanchisserie était connue de tout Aksou. Mais même mon frère ne se doutait pas que j'en étais la patronne.

J'avais mal aux genoux et au dos. Je m'achetai des gants en cuir pour me protéger les mains, ainsi que des baquets supplémentaires afin de travailler encore plus vite. Je parvenais à nettoyer entre quatre-vingts et cent vingt costumes par jour.

Dès que j'avais une minute à moi, mes pensées se tournaient vers mes enfants. Ils me manquaient atrocement, et même l'intensité du travail ne suffisait pas à me le faire oublier. Sous peine de ne pas tenir le coup, je me résolus finalement à dormir entre quatre et six heures par nuit.

Mon propriétaire m'avait donné la permission d'installer six cordes à linge dehors, en échange de quoi je balayais sa cour tous les jours. Mais quand il se mettait à pleuvoir, je devais vite rentrer tout le linge, pour le ressortir dès les premiers rayons du soleil. Comment me débrouiller une fois l'hiver venu ?

Je gagnai ainsi 4 500 yuans, soit plus d'argent que n'importe quel habitant d'Aksou. Mes clients, très gentils, m'apportaient également du pain et des fruits. Au bout de trois mois, je décrochai la pancarte, remisai les baquets sous mon lit et ôtai mon voile.

Ensuite, pendant quinze jours, je fouillai le bazar de fond en comble à la recherche de vêtements pour mes enfants. Je leur achetai des chaussettes, des pantalons et des sous-vêtements de bonne qualité, ainsi que des friandises. Je les imaginais en train d'ouvrir leurs cadeaux, tout sourire. Je voulais qu'ils ne manquent plus de rien. Une fois ces achats effectués, il me restait encore 4 000 yuans, grâce auxquels j'épongeai mes dettes.

Mehmet, qui devait transmettre les cadeaux à Abdirim, me pressa de questions sur la provenance de tout cet argent. Je le regardai dans les yeux :

« Me fais-tu confiance ?

— Évidemment. Je sais bien que tu n'es pas du genre à te vendre.

— Alors, une fois que mes affaires marcheront bien, je te dirai quel métier j'exerce. »

Mais cette incertitude le rendait nerveux.

« Puis-je au moins voir où tu habites ?

— Je vis désormais dans une autre ville », répliquai-je.

J'écrivis une lettre à mes enfants : « Ces cadeaux viennent de votre mère. Je sue sang et eau pour vous. Dès que j'aurai assez d'argent, je viendrai vous chercher. »

Je chargeai également Mehmet de leur annoncer que je ne pourrais pas venir les voir d'ici six mois, mais que je leur enverrais de l'argent pour leurs fournitures scolaires. Plus tard, mon frère m'a raconté qu'Abdirim avait eu le souffle coupé à la vue de ces somptueux cadeaux. Il ne comprenait pas comment j'avais pu gagner autant d'argent en si peu de temps. Quand il demanda à Mehmet où je travaillais, celui-ci répondit sèchement que j'avais ouvert une boutique, ce à quoi Abdirim répliqua que j'allais bientôt finir en prison.

Le commerce de peaux d'agneau

Comment continuer sur cette voie ? Une idée me vint au bazar d'Aksou. Je parcourus toute la ville et rassemblai des objets peu coûteux tels que peignes, bijoux, savons et foulards pour une valeur totale d'environ 1 000 yuans. Je cachai le reste de mon argent dans ma ceinture. Pour ne pas me faire remarquer, je mis mes marchandises dans un *hotschu*, deux sacs attachés à un bâton qu'on porte sur l'épaule, et pris le bus pour Kucha.

« C'est une bonne idée de revendre ces objets, me dit l'homme qui voyageait à côté de moi. Mais permettez-moi de vous donner un conseil : il paraît qu'à Shaja on trouve des peaux d'agneau pour trois fois rien. En les revendant sur le bazar de Kachgar ou en les acheminant jusqu'à Karghilik, vous êtes sûre de réaliser 100 % de bénéfice. »

Voilà qui était prometteur. Une fois descendue à Shaja, je fis le tour de la ville à la recherche de peaux que je comptais échanger contre quatre morceaux de savon chacune. Mais à ma grande surprise, on me les donna presque gratuitement. Pour un morceau de savon, j'en obtenais cinq.

Je demandais aux gens que je croisais ce dont ils manquaient au quotidien et notais tout dans un carnet. Sous chaque nom, j'inscrivis « un pull-over » ou encore « une paire de chaussettes ». « Si vous me mettez des peaux de mouton de côté, je vous apporterai tout ce dont vous avez besoin la prochaine fois que je viendrai. »

Je visitai ensuite un deuxième village. À la fin de la journée, je dus louer une charrette à bras. Je n'avais même plus le temps de compter les peaux. Les gens les déposaient devant moi et repartaient après que je leur avais donné du savon ou des bijoux.

Au bout du compte, je me retrouvai avec deux cent vingt peaux de mouton, dont cinquante très grandes et d'autant plus précieuses. Afin de les rendre présentables, je demandai conseil à un *tomatschi* qui confectionnait des bonnets. Mais cette conversation ne mena à rien : d'après cet homme, ma vraie place était auprès de mon mari. Je proposai à un deuxième *tomatschi* de lui acheter deux bonnets s'il m'enseignait les rudiments de son métier. Il me demanda combien de mois je lui laissais pour qu'il me l'apprenne. « Ça prendra seulement cinq minutes », lui répondis-je. Selon lui, c'était impossible.

« Peut-être que je peux aussi vous rendre service, dis-je. J'ai acheté soixante peaux. Le problème, c'est que certaines sont sèches et dures, et je ne sais pas comment les traiter. »

Il se mit à pleurer de rire. « Visiblement, vous êtes une femme intelligente. C'est une brillante idée que vous avez eue là. C'est d'accord, je vais vous expliquer comment faire. »

Il me montra comment frotter le cuir avec du sel et l'exposer au soleil, avant de malaxer la peau, de la battre avec deux bâtons et de la carder. Cette méthode produisit des merveilles. De belles boucles firent même leur apparition.

Après avoir eu l'intention de rejoindre Khotan en camion, je me dis qu'il était plus sûr de faire le chemin en bus avec d'autres personnes. Le chauffeur attacha les peaux sur le toit avec des cordes. J'avais 1 000 kilomètres de route devant moi : tout d'abord Kachgar, puis l'axe sud de la route de la Soie, qui contournait le désert du Taklamakan par l'ouest, et enfin Khotan.

J'étais très heureuse à l'idée de me rendre enfin dans ce haut lieu de la culture bouddhiste. Dans la ville natale de mes grands-parents, notre peuple menait son existence de la même façon depuis des siècles. Impossible de se disputer avec qui que ce soit, tant les gens se montraient courtois. J'avais l'impression de me trouver dans un pays étranger.

Après avoir trouvé une chambre dans une auberge, je partis à la rencontre des bonnetiers. « Peut-être avez-vous besoin de peaux d'agneau ? », demandai-je au premier *tomatschi* que je croisai. Les autres *tomatschi* s'approchèrent et me demandèrent combien de peaux j'avais à vendre.

« Dix, dis-je prudemment.

— Combien ?

— Dites un prix. »

Je ne m'avançais pas avant de connaître les tarifs pratiqués sur le marché.

« Je peux vous en donner 25 yuans, me répondit l'un des hommes.

— Non, 30. »

Je tentai de marchander. Il se montra un peu réticent, puis finit par payer.

« Vous en faut-il davantage ? À vrai dire, j'ai trente peaux, lui déclarai-je.

— Mais à l'instant, vous disiez dix !

— J'avais peur. »

À cause des espions partout, de telles tractations devaient avoir lieu dans le plus grand secret. À son tour, l'homme me proposa de me présenter un de ses amis qui serait sûrement intéressé.

Le grossiste en question nous accueillit très chaleureusement. « Je suis responsable de la vente de ces bonnets à Kargilik, Khotan et Yarkand. » Effectivement, les hommes de Kargilik portaient de grands chapeaux en fourrure semblables à ceux des gardes anglais.

« En réalité, dis-je, j'ai cent peaux à vous proposer.

— C'est une grande femme d'affaires que nous avons là », murmura le bonnetier.

Le commerçant se dit prêt à tout acheter. D'une voix qui se voulait assurée, je lui dis que mes deux cent vingt peaux n'attendaient que lui. Il envoya alors deux de ses hommes les chercher, puis insista pour m'en donner 50 yuans pièce. « Le problème, c'est que je n'ai pas assez d'argent liquide. Mais si vous êtes d'accord, je peux vous donner l'équivalent de la somme restante en tapis. »

J'obtins donc treize tapis de différentes tailles, très finement tissés. C'était la première fois depuis mon départ d'Altaï que je voyais un travail aussi minutieux. « Croyez-moi, me dit le grossiste, ces tapis valent leur pesant d'or. Si vous le souhaitez, à partir de maintenant, vous m'approvisionnerez en peaux. »

Grâce aux marchandises que j'avais achetées pour 1 000 yuans au marché d'Aksou, j'avais réalisé un bénéfice de 8 000 yuans en l'espace de dix jours. Naturellement, je savais que je risquais au moins cinq années de prison si les autorités me prenaient en flagrant délit. Je décidai donc de ne conclure de marchés que là où personne ne me connaissait.

À Ürümqi, je rencontrai un des contacts du grossiste. Lorsque le vieil homme barbu me vit arriver avec mes treize tapis, il s'exclama respectueusement : « En voilà une femme riche ! » C'était bien la première fois de ma vie qu'on parlait ainsi de moi.

Je revendis les grands tapis 500 yuans chacun, les petits 300 yuans, et laissai un gros pourboire à mon intermédiaire. Après avoir écoulé les tapis restants à Hami, à l'est de la région, je revins à Ürümqi et préparai une première valise remplie de cadeaux et d'argent pour mes enfants. À Kucha, je retrouvai Zohre, Hejer et mon père, dont la nouvelle femme se montrait bien plus aimable envers moi, maintenant que j'avais de l'argent. Puis, une fois arrivée à Aksou, je chargeai Mehmet de transmettre les cadeaux de mes enfants à Abdirim, ainsi qu'un beau costume et 30 yuans pour la nourrice que mon ex-mari avait engagée.

Peu de temps après, lorsque je repartis pour Shaja, je m'organisai beaucoup mieux. Après avoir réparti les peaux d'agneau sur plusieurs camions, les chauffeurs recouvrirent chaque chargement de grandes bâches. Quant à moi, je pris le bus jusqu'à Khotan. Ainsi, je ne risquais pas de me faire contrôler par la police.

À l'époque, beaucoup de gens me prenaient pour une folle. Mais pour moi, le commerce était un moyen de me libérer. Dans les histoires que mon père nous racontait, les commerçants apparaissaient toujours comme des personnes sages, fortunées et surtout libres. J'avais la ferme intention de suivre le même chemin.

Une nouvelle responsabilité

Je m'étais fixé comme objectif de gagner 50 000 yuans. Pour 30 000 yuans, j'achèterais une maison à Ürümqi, où je vivrais avec mes enfants. Avec le reste, j'ouvrirais un restaurant ou une pâtisserie. Alors, je pourrais mener une vie normale, entourée de mes proches. Le grossiste avec qui je travaillais était l'un des hommes les plus riches de la région. Mais comme il n'arrivait plus à écouler toutes mes peaux à lui seul, il me mit en relation avec d'autres commerçants.

Alors que nous nous rendions chez l'un d'eux, mon accompagnateur me montra les plantations de mûriers et de coton. Pour les irriguer, les *bingtuan* avaient détourné des rivières. À présent, les soldats chinois occupaient toutes les terres fertiles. Les paysans ouïghours en avaient été chassés.

Des lacs et des cours d'eau entiers avaient été asséchés à cause des *bingtuan*. La salinisation des sols augmentait et la végétation reculait au profit d'un désert inhospitalier.

Je demandai au chauffeur de me conduire dans les bidonvilles. Là-bas, je rencontrai des familles qui dormaient à dix dans une seule pièce, sans même une couverture pour se réchauffer. La plupart n'avaient pas accès à l'eau potable. Avant, les Ouïghours faisaient en sorte de protéger le sol des rayons du soleil pour que l'eau ne s'évapore pas. Les gens ne manquaient donc de rien. « Ils assèchent nos rivières ! », s'exclama un paysan. Pour la première fois, je me sentis concernée par tous ces problèmes. Être une riche femme d'affaires ne me suffisait pas. Je voulais aussi savoir ce qui se passait dans mon pays.

Je compris que je n'étais pas responsable de mes seuls enfants. Bien d'autres gens avaient besoin de mon aide. Je révisai mon objectif à la hausse. J'aurais besoin de bien plus que 50 000 yuans. Pour cela, il fallait que je travaille encore plus. Je livrai encore deux fois des peaux aux bonnetiers. Je disposais à présent de 40 000 yuans. Mais comme les tanneurs de Khotan avaient décidé de m'imiter et de se rendre eux-mêmes à Shaja pour récupérer des peaux, le prix des peaux augmenta. Ce commerce n'était donc plus si lucratif.

Mon commerce de tapis devenait lui aussi de moins en moins rentable. De plus, la police me surveillait de près. Avec quelques collègues, je décidai d'exporter des marchandises chinoises bon marché vers le Turkestan oriental.

Séjour à Altaï

J'avais le mal du pays depuis des années. Dès que j'eus assez de temps et d'argent, je me rendis à Altaï, habitée maintenant par une majorité de Chinois. Les jardins fleuris avaient disparu. Une forte odeur de détritus régnait dans les rues. Notre ancienne maison était occupée par des Mongols et des Dounganes, Chinois musulmans. La cour abritait des cochons. Le petit ruisseau était à sec et les saules pleureurs dépérissaient.

Me voyant perdue, un Mongol m'accosta. Après que je lui eus demandé à qui appartenait maintenant notre maison, il m'accompagna chez le directeur de l'hôpital, qui me reconnut immédiatement. Quand je lui fis part de mon intention de racheter la maison, il me répondit que c'était impossible car elle appartenait au gouvernement.

De retour au village, je finis par croiser un visage familier. C'était la fille d'une ancienne voisine, qui m'hébergea pour la nuit. Le lendemain matin, je partis à la recherche de Jumak, mon frère adoptif. Mais personne ne savait où il se trouvait.

Je louai une calèche et parcourus les environs. Finalement, je m'arrêtai près d'une cahute et me présentai à l'homme qui y vivait comme la fille de Kadir Khan. À ces mots, l'homme fondit en larmes. Sa femme et lui m'expliquèrent qu'ils avaient baptisé leur fille Rebiya. C'était bien mon frère qui se tenait devant moi.

Les dernières années avaient été pénibles. Le couple avait été chassé de plusieurs villages avant de trouver refuge dans cette cabane, au pied de la montagne. À présent, Jumak cherchait des pierres précieuses pour le compte d'une entreprise chinoise. Son salaire lui permettait à peine de survivre. Il s'excusa de n'avoir pu assister à l'enterrement de notre mère, mais, à l'époque, il était assigné à résidence. Nous passâmes la nuit à pleurer.

Le lendemain, nous nous rendîmes sur les lieux de nos jeux d'enfants, à l'époque où nous étions encore heureux. Là, nous rencontrâmes des Chinois qui cherchaient de l'or, un tamis à la main. La forêt de conifères avait entièrement disparu.

Je continuai ma route dans l'espoir que, plus haut dans la montagne, la nature serait encore intacte. J'y croisai d'autres Chinois, moi qui ne désirais qu'une chose, être au calme. Je me rappelais que mes camarades de classe et moi avions pour habitude de dire qu'un jour il pleuvrait des Chinois !

Alors que j'étais revenue à Altaï pour me recueillir sur les lieux de mon enfance, plus rien ne correspondait à mes souvenirs. Ma belle ville n'existait plus. La région avait perdu tout son charme.

Des années plus tard, devenue millionnaire, je suis retournée dans cette ville afin de racheter mon ancienne demeure et d'y loger des Ouïghours démunis. J'étais prête à verser la somme que le directeur de l'hôpital exigerait de moi. Mais il refusa de me vendre la maison.

Sur le chemin du succès

Avec quatre hommes d'affaires ouïghours, je me rendis à Shanghai. Au premier abord, le centre industriel et commercial chinois nous fit mauvaise impression. L'odeur des pots d'échappement y était insupportable. J'avais constamment la nausée et me nourrissais à peine.

Le climat était chaud et humide. Lorsqu'un typhon déferlait sur la ville, l'eau montait jusqu'aux genoux et les rickshaws coûtaient trois fois plus cher. Mais je savais que je m'y habituerais, tout comme au grondement des tramways, aux klaxons et aux cris des coolies. À part ça, Shanghai était telle que je me la représentais : on y trouvait de beaux objets pour une bouchée de pain.

Après avoir trouvé un interprète, j'achetai des foulards en soie, des T-shirts, des sous-vêtements et des broches en forme de rose.

Entre eux, les commerçants ouïghours se donnaient des surnoms. Abdirim, mon accompagnateur, était ainsi surnommé « Amérique » à cause de son physique d'Occidental. Quant à Hussein, on l'appelait « Urs » car ses yeux bleus et son teint clair lui donnaient l'air d'un Russe.

Comme j'étais une femme, mes collègues avaient peur de se montrer trop familiers envers moi. Ils étaient bien conscients que je ne travaillerais plus avec eux si cela devait arriver. Ils me traitaient donc avec respect, comme leur égale.

Ces voyages d'affaires furent aussi pour moi l'occasion d'apprendre à connaître les Chinois et leur mode de vie. Même si je ne maîtrisais pas leur langue, je parvenais à me faire comprendre. Comme je rencontrais des gens tout à fait aimables et serviables, je pris conscience que c'était le régime qui était responsable des injustices dans mon pays, et non la population chinoise ordinaire. Des commerçants chinois m'expliquèrent aussi que les ressources naturelles du Xinjiang représentaient une manne financière importante pour la ville de Shanghai.

Aux premiers temps de la colonisation du Xinjiang, les Chinois avaient forcé les habitants de Shanghai à émigrer. Ces derniers protestaient violemment contre ces pratiques, mais étaient obligés d'obtempérer, sous peine d'être jetés en prison. Les Chinois qui s'exilaient volontairement au Turkestan oriental venaient souvent de provinces extrêmement pauvres et surpeuplées, comme le Gansu ou l'Anhui. Parmi les colons, on trouvait également de nombreux prisonniers, relâchés des camps de travail à condition de s'installer dans notre région.

Nous réussîmes à ramener cinq à six sacs de marchandises chacun. À Ürümqi, la vente nous permit de réaliser un bénéfice de 100 %.

Mais après deux voyages à Shanghai, mon nom était devenu si connu qu'il m'était dorénavant impossible de travailler en secret. Mon père et mon frère me convainquirent d'arrêter le marché noir, sous peine d'être interpellée. À Shanghai, la nouvelle selon laquelle une commerçante clandestine du Xinjiang se trouvait en ville se répandit comme une traînée de poudre. Les autorités délivrèrent un mandat d'arrêt contre moi.

La police me cherchait partout. Mais si je voulais accomplir ma mission, je devais faire fi de tous les obstacles.

Heureusement, la loi me sauva. En 1978, en effet, lors du 13e Congrès du Parti, Deng Xiaoping proclama : « La richesse, c'est la gloire ! » Désormais, chacun pouvait faire valoir sa liberté d'entreprendre. La pauvreté noble prônée par Mao appartenait au passé. Les commerces fleurirent et le niveau de vie de la population s'améliora sensiblement.

Mais alors que je me trouvais toujours à Shanghai, Zohre reçut une lettre de mes enfants :

> *Chère maman, les cadeaux que tu nous as envoyés sont fabuleux, mais nous aurions tant voulu recevoir une lettre et une photo de toi. En effet, c'est de toi que nous avons besoin. Personne ne nous fait de câlins. Personne ne nous raconte d'histoires.*

Comme ma sœur craignait que cette lettre ne m'inquiète, elle la transmit à mon père. Après que celui-ci en eut pris connaissance, il se rendit chez Abdirim dans l'espoir de nous réconcilier.

Or, Abdirim était en pleins préparatifs de mariage. Il allait enfin vivre avec une fonctionnaire, une femme cultivée. Il répondit donc à mon père qu'il voulait d'abord trouver le bonheur avec sa nouvelle épouse avant d'envisager une quelconque réconciliation.

À mon retour de Shanghai, papa me remit la lettre. Selon lui, mon devoir était de retourner vivre avec Abdirim et les enfants, ce que je refusai catégoriquement. « Non, les enfants vivront avec moi. Mais avant, il faut que je gagne de l'argent. »

Retrouvailles

Cela faisait un an que je n'avais pas vu mes enfants. Je ne pouvais tenir une seconde de plus. Je demandai à mon frère de me les amener.

Comme ils avaient grandi ! Nous parlâmes de tout ce que nous avions vécu ainsi que de nos projets d'avenir.

Mon fils aîné, Kahar, qui avait bon appétit, rêvait de me mitonner de bons petits plats. Rushengül, mon deuxième enfant, tournoyait dans ses vêtements. « C'est moi la plus belle ! » Elle était très appliquée.

Reyila, huit ans, était la plus gentille. Elle se montrait ouverte et droite et savait s'imposer.

Adil, le quatrième, parlait peu. À six ans, il lisait déjà beaucoup et écrivait ses premiers poèmes.

Ablikim, quant à lui, était le diplomate de la bande. Quand ses frères et sœurs se disputaient, il leur demandait d'arrêter de se faire la guerre. « Nos vrais ennemis, disait-il, sont ceux qui occupent notre pays. » Son père se faisait un sang d'encre quand il l'entendait tenir ce genre de discours.

Quand j'étais partie de la maison, Alim n'était âgé que de six mois. À présent, il avait le don de charmer tout son entourage. Plus tard, il allait devenir responsable de ma société.

Je leur confiai mes projets.

« Gagner assez pour nourrir ma famille, ça ne me suffit pas. J'ai aussi besoin d'argent pour aider notre peuple. J'espère que vous comprenez.

— Je n'ai aucune envie d'habiter avec papa et sa nouvelle femme, répondit Kahar. Je préférerais largement aller vivre chez ma tante.

— Très bien. La prochaine fois, je t'emmènerai chez Zohre. »

Grâce à cette réunion de famille, j'avais fait le plein d'énergie. Une fois revenue à Ürümqi, je revis mes collègues. D'après « Amérique », le Sud-Est de la Chine offrait des opportunités économiques très intéressantes. Toutes sortes de marchandises bon marché arrivaient du monde entier dans le port de Canton, situé au bord de la mer de Chine. Hong Kong se trouvait aussi non loin de là. J'avais bien envie d'y tenter ma chance.

Affaires à Canton

À Canton, nous focalisâmes notre attention sur les bijoux et le prêt-à-porter féminin, avec l'intention de revendre le tout au Xinjiang. En effet, depuis la fin de la Révolution culturelle, le style vestimentaire reprenait de l'importance.

Sur le chemin du retour, nous fîmes une halte à Shantou, un port très important. Les habitants, qui n'avaient pas l'habitude de voir des étrangers, nous regardaient comme si nous venions d'une autre planète. La rumeur selon laquelle des étrangers du Xinjiang cherchaient des marchandises se répandit très rapidement.

De l'autre côté d'un pont, nous fûmes arrêtés par cinquante policiers. Je rassurai mes associés : nous ne craignions rien car nous étions parfaitement en règle.

« Qui est le responsable ? », demanda un policier. Mes quatre collègues me désignèrent. Pour la première fois de ma vie, j'endossai le rôle de leader.

Ces policiers avaient pour habitude de saisir toutes les marchandises qui transitaient par cette région. Ils nous confisquèrent donc nos camions ainsi que le chargement. Comme il s'agissait là, ni plus ni moins, d'un vol institutionnalisé, aucun tribunal de Chine n'aurait accepté de se charger du dossier si nous avions porté plainte. Ils nous laissèrent tout juste de quoi payer notre billet de retour.

Jusque-là, nous avions joué de chance. Il fallait bien que cela nous arrive un jour. C'était le destin.

Nous venions de perdre un million de yuans, une somme gigantesque quand on sait qu'un employé gagne entre 50 et 60 yuans par mois. Il fallait passer outre cet échec dont nous n'étions nullement responsables.

À notre arrivée à Ürümqi, mes associés me demandèrent ce que je comptais faire. Quelle ne fut pas leur surprise lorsque je leur annonçai mon intention de trouver un mari convenable avant de reprendre les affaires. Je n'avais jamais évoqué cette possibilité auparavant, ce qui était également une façon de tenir les hommes à distance. En effet, je savais que deux de mes collègues me trouvaient attirante.

Alors que nous dînions tous ensemble, l'un d'eux me demanda en mariage. « Tu n'aimes pas que nous te fassions les yeux doux, mais tu es toujours très élégante. Nous n'y pouvons rien si tu nous plais ! » J'éclatai de rire. « Que voulez-vous, j'ai vraiment le don de charmer les hommes ! »

En réalité, je faisais l'objet d'un pari. Celui qui réussirait à me convaincre de l'épouser gagnerait 4 000 yuans. Nombreux étaient les hommes d'affaires qui désiraient m'avoir pour femme, et ils commencèrent à m'envoyer leurs émissaires. Je me réfugiai chez mon frère avant de repartir pour Shanghai. Cette fois, j'étais seule.

6

UN GRAND AMOUR POUR UNE GRANDE MISSION

Femme de charcutier ?

Ma famille n'acceptait pas que je voyage seule, craignant que je passe pour une femme de petite vertu. C'est pourquoi mes proches décidèrent de me forcer à me remarier. Autrement, ils perdraient la face. Hejer, ma nouvelle belle-mère, et le mari de Zohre s'impliquèrent corps et âme dans ce projet. Zohre était d'accord avec eux, mais elle préférait rester en retrait.

Lorsque je rendis visite à mon père, dès mon retour de Shanghai, tout le monde m'attendait de pied ferme. On me fit savoir que je resterais enfermée jusqu'à ce qu'on me trouve un nouvel époux. J'exigeai tout d'abord la permission de revendre mes marchandises. On m'y autorisa à condition que je ne quitte pas la maison. Les commerçants se déplaceraient eux-mêmes. À peine ces derniers avaient-ils emporté mes T-shirts et mes chemises que Hejer m'enferma à double tour.

Tous les jours, mon père et mes sœurs essayaient de me persuader soit de retourner auprès d'Abdirim, soit d'épouser quelqu'un d'autre. Bien sûr, j'aurais pu prendre la fuite, mais ça ne correspondait pas à mon caractère. Le troisième jour, Hejer m'informa que j'avais de la visite.

Quand la porte s'ouvrit, je n'en crus pas mes yeux. On m'avait déniché un charcutier. Sa moustache ressemblait à une saucisse et il était affublé d'un ventre énorme. Exactement le genre d'homme qui m'effrayait !

« Tu peux toujours quitter ton mari pour lui, dis-je calmement à Hejer. Vous vous ressemblez, tous les deux.

— Hors de question d'épouser cette folle ! s'écria le charcutier, vexé. De toute façon, six enfants, c'est beaucoup trop pour moi. »

Il partit sans demander son reste.

Une fois toutes mes marchandises revendues, je donnai 500 yuans à mon père, 200 yuans à chacun de mes frères et sœurs, et enfin 100 yuans à Rushengül. Puis je les réunis et leur tins le discours suivant :

« Père, je ne suis pas ta fille. Je ne suis pas non plus votre sœur, ni la mère de mes enfants. Je suis la fille de notre peuple, de notre patrie. Zohre et Hejer, vous êtes peut-être allées à l'université, mais vous n'avez connu ni l'exil, ni le désespoir. J'ai juré sur la tombe de ma mère que sa mort ne resterait pas impunie. À force de ne vivre que pour eux-mêmes et d'oublier leur terre, les Ouïghours vont disparaître. Quant à vous qui êtes assis devant moi, si vous croyez pouvoir un jour vivre en paix, vous vous trompez. Bientôt, vous saurez que je dis vrai. En tout cas, je vous promets de me remarier. Bien que j'aie eu six enfants, je suis encore jeune et belle. Avant, je n'aimais pas qu'on me fasse des compliments. Dès que je rencontrerai un homme beau et généreux, je lui demanderai de me prendre pour épouse. »

L'homme de mes rêves

« Prends de quoi écrire, ordonnai-je à Hejer. Je vais te dicter les critères que doit remplir mon futur époux.

— Mais comment peux-tu exiger quoi que ce soit dans ta situation ? s'écria-t-elle. Tu as six enfants ! Nous t'avions trouvé quelqu'un, mais tu l'as rejeté.

— Bon, je t'écoute », interrompit Zohre en s'emparant d'un stylo.

Je n'eus pas besoin de réfléchir trop longtemps.

« Il sera beau, commençai-je. Il aura au moins cinq ans de plus que moi et aura étudié à l'université. Ce sera le coup de foudre. Je veux également qu'il ait fait de la prison à cause de ses prises de position. Certes, ce n'est pas obligatoire. Mais il doit être prêt à se battre pour la liberté de son peuple.

— Tu as vraiment perdu la raison, ricana Hejer. Avec ton futur époux, tu comptes descendre dans la rue et te battre contre les Chinois ? Tu risques surtout de te prendre une balle dans la tête.

— Peu m'importe », dis-je en relevant fièrement la tête.

Hejer explosa de colère : « On ne peut plus rien pour toi. Tu ferais mieux de rentrer à Aksou auprès de ton ex-mari. »

Justement, une fois de retour à Aksou, je revis Bouhatcher. Après que je lui eus tout raconté, elle s'exclama : « Bon sang, je connais quelqu'un qui correspond parfaitement à ta description ! »

Cet inconnu vivait à Artush. Sa première femme, dont il avait eu un enfant, l'avait quitté alors qu'il se trouvait en prison. Cet ancien étudiant en littérature vivait maintenant dans la pauvreté. Bien qu'il eût perdu une jambe au cours de sa détention, il était encore fort bel homme.

« C'est lui que j'épouserai, déclarai-je. À partir d'aujourd'hui, je combattrai à ses côtés. »

Sidik Rouzi

Le 16 mai 1968, soit deux ans après le début de la Révolution culturelle, une manifestation contre le régime chinois avait eu lieu à Aksou. L'organisateur de ce mouvement, Sidik Rouzi, et huit de ses amis avaient réussi à convaincre quinze mille personnes de défiler pour réclamer l'indépendance du Turkestan oriental. Les soldats avaient pointé leurs armes sur les étudiants.

À l'époque, la plupart des Ouïghours vivaient dans un dénuement extrême. Ils n'avaient donc rien à perdre et étaient même prêts à donner leur vie. Finalement, aucun coup de feu ne fut tiré, mais tous les activistes furent jetés en prison.

Un an après, je fis la connaissance d'une enseignante, maman d'une petite fille. Son mari était en prison. Il y avait peut-être déjà trouvé la mort. Il s'appelait Sidik Rouzi et avait été interpellé le 17 janvier 1969.

À partir de ce moment-là, la femme de ce résistant devint l'une de mes plus proches amies. Mais quelques mois plus tard, alors qu'elle attendait son deuxième enfant, elle me confia son intention de se remarier. Or, elle n'était pas sûre que son mari soit vraiment mort, ce qui ne me paraissait guère convenable. « Si j'étais mariée à quelqu'un comme lui, je serais prête à l'attendre toute ma vie ! », ajoutai-je. Abdirim, qui avait tout entendu, me gifla et s'écria : « Sidik Rouzi n'accepterait jamais de te prendre pour épouse. »

Quelque temps après, la fille de mon amie tomba malade et mourut, faute de soins. Sa mère, elle, se remaria après avoir donné le jour à son deuxième enfant, un garçon.

À la recherche du mystérieux inconnu

Sidik Rouzi, c'était également le nom de l'inconnu dont Bouhatcher me chantait les louanges. J'avais peine à croire qu'il s'agissait de la même personne dont j'avais entendu parler en 1968. C'était probablement un homonyme. En tout cas, j'étais sûre d'une chose : il fallait que je rencontre cet homme.

Dès le lendemain, je me rendis en bus à Kachgar et louai une chambre dans une auberge. Là, je demandai à un des clients si un ancien détenu vivait effectivement à Artush. L'homme réfléchit un instant, s'éclipsa puis revint avec un de ses amis. « Incroyable, toutes les belles femmes veulent rencontrer ce Sidik Rouzi ! », plaisanta le deuxième homme. Sans relever, je lui demandai l'adresse de Sidik Rouzi, qui vivait à présent à Mei.

Je fis encore quatre cents kilomètres en bus en direction d'Artush et descendis non loin des contreforts du Tian Shan. Ensuite, je parcourus cinq kilomètres à pied sous un soleil de plomb. Une fois parvenue au village, je demandai à un jeune garçon où je pouvais trouver Sidik Rouzi.

« En fait, deux Sidik vivent ici, me répondit-il. Le gentil représente le Parti communiste au sein du village. Le méchant a passé huit ans en prison et a été libéré il y a cinq mois. C'était un contre-révolutionnaire. »

Quand je le priai de m'amener chez le « méchant Sidik », il refusa. « Personne n'ose approcher de sa maison. » Il changea d'avis après que je lui eus donné deux yuans. Il me conduisit au bord d'un champ de céréales où travaillaient d'anciens détenus et échangea quelques mots avec le chef du groupe, qui me présenta enfin à Sidik Rouzi.

C'était donc lui ! J'étais très impressionnée. Il était d'une beauté incroyable, grand, musclé, brun aux yeux très foncés. Il portait un pantalon noir et une chemise blanche à rayures. Un regard me suffit pour comprendre qu'il était différent des autres. Et il tenait sur ses deux jambes, contrairement à ce qu'on m'avait raconté ! J'étais conquise. Ce fut un véritable coup de foudre. À cet instant, je décidai de devenir sa femme.

Sidik s'approcha de moi et s'inclina très poliment, la main sur le cœur. « Qui êtes-vous ? Quel bon vent vous amène ? » Son supérieur m'autorisa à lui parler en privé.

« Je veux devenir votre femme »

Nous nous dirigeâmes vers sa maison, derrière laquelle se trouvait un petit jardin potager, protégé du soleil par quelques arbres. À l'intérieur, les murs n'avaient visiblement pas été repeints depuis la Révolution culturelle.

La mère de Sidik étendit quelques couvertures sur le sol en terre battue et m'invita à prendre place. Je lui expliquai brièvement le but de ma visite. « Je voudrais témoigner toute ma reconnaissance envers votre fils, un grand résistant. » Elle s'éclipsa. Lorsque nous commençâmes à manger, Sidik croisa mon regard et rougit. Quand il eut fini son assiette, nous sortîmes pour parler.

Sans réfléchir bien longtemps, je lui confiai mon intention de libérer notre terre. Je compris à l'expression de son visage qu'il était passablement agacé, mais je poursuivis.

« Bien que vous ayez déjà fait beaucoup pour votre patrie, la lutte n'est pas terminée. Je pense qu'à nous deux, nous pouvons accomplir cette mission.

— Vous savez, les choses ne sont pas si simples, me répondit-il gravement. Bon nombre de mes amis ont dû fuir à l'étranger ou sont morts sous les coups des Chinois. En tout cas, votre volonté fait honneur à toutes les femmes ouïghoures.

— Voici ce que je suis venue vous dire : j'ai vingt-neuf ans. Vous possédez déjà neuf des dix qualités que je réclame de mon futur mari. Il en reste donc une seule à vérifier : m'aimez-vous ? »

J'ignorais moi-même où je puisais le courage de prononcer ces mots. Quant à Sidik, il devint rouge pivoine et se mit à haleter comme s'il avait couru trop vite.

« Je n'ai rien de moins à offrir que les autres femmes, ajoutai-je. J'ai seulement besoin de vivre avec quelqu'un que j'aime et qui m'aime aussi. Certes, j'ai déjà été mariée et j'ai donné naissance à six enfants, mais mon amour est aussi pur que celui d'une jeune fille. Je suis tombée amoureuse de vous au premier regard. Je suis belle et intelligente, et j'ai remarqué que je vous plaisais. Vous devez l'admettre. »

Sidik s'éclaircit la voix. « Non, je ne peux pas vous épouser. Vous m'avez l'air d'être une femme très dangereuse. D'abord, vous me dites que vous n'avez pas de maison. Ensuite, vous prétendez que vos six enfants n'ont pas de père. Enfin, votre famille fait pression sur vous pour que vous vous remariiez. Vous feriez mieux de retourner auprès de votre premier mari. Donner une bonne éducation à vos enfants est tout aussi important que de chercher à libérer votre pays. »

Mais ses yeux me disaient combien je lui plaisais.

« Vous êtes tombé amoureux de moi, répliquai-je. Or il m'est impossible de vivre avec un homme qui n'a pas confiance en lui. Pourquoi avez-vous fait de la prison ? Comptez-vous rester terré dans ce village jusqu'à la fin de vos jours ? Il est temps de mettre votre intelligence au service d'un grand projet. Votre rêve ne deviendra réalité que si je suis à vos côtés. Si vous préférez vous trouver une femme qui sache faire cuire des nouilles, vous serez peut-être heureux, mais votre vie sera fichue.

— Laissez-moi vivre tranquillement auprès de ma famille ! Dites-moi, vous travaillez po ır les services secrets ? »

C'était le comble ! Mon sang ne fit qu'un tour. Je me levai et le giflai. « Je crois que je me suis trompée. Vous n'êtes pas tel que je vous imaginais. Au lieu de vous réjouir de mon amour, vous m'insultez. Je ne comprends pas. »

J'avais beau être en colère, un sentiment de bonheur très particulier m'envahissait. J'étais à présent certaine que Sidik était celui qu'il me fallait. « Je suis sûre que vous partirez à ma recherche. Mais laissez-moi vous dire que vous ne me trouverez pas facilement. Au revoir. »

Comme il était déjà tard et que les bus ne passaient plus, je dus passer la nuit à Artush, chez la mère de Sidik. Ensemble, nous évoquâmes le passé. « C'est incroyable, me confia la vieille femme, en pleurs. Il y a encore des Ouïghours qui respectent mon fils. »

Sidik venait nous épier de temps à autre, mais je faisais comme si de rien n'était. C'était à son tour de venir à moi.

De retour à Aksou, je repris le travail sans toutefois parvenir à oublier Sidik. J'étais follement amoureuse, sentiment qui m'était inconnu jusqu'alors. Où que j'aille, j'espérais le croiser au détour d'une rue.

Je commençais également à regretter ce que j'avais fait subir à Abdirim. À présent, je comprenais ce qu'il avait enduré à cause de moi, son premier grand amour.

Poèmes d'amour

Six mois avaient passé depuis ma rencontre avec Sidik lorsque je décidai de louer une chambre à Aksou afin de rendre plus souvent visite à mes enfants. La plupart du temps, je les voyais chez des amies. Quand j'allais chez eux, Abdirim s'absentait. Et comme je refusais d'entrer dans la maison, mes enfants et moi discutions dans la cour.

Au cours de l'hiver 1977, comme Sidik m'obsédait toujours autant, je décidai de retourner à Artush. Là-bas, on m'informa que Sidik venait justement de partir pour Aksou et qu'il séjournait chez Bouhatcher.

Je me rendis chez cette dernière, coiffée de ma toque en fourrure blanche et chaussée de mes bottines. À peine avais-je passé la porte que je lui demandai si elle avait d'autres invités. « En effet, j'ai de la visite, me répondit Bouhatcher, tout sourire. Vous avez bien fait de venir. »

Elle me laissa seule avec Sidik, qui tenait un petit cahier. « Dans ces deux cent soixante poèmes, j'évoque l'amour que vous m'inspirez, me déclara-t-il. Ces lignes résument tout ce que je ressens pour vous. J'ai trouvé une réponse à chacun des mots que nous avons échangés à Artush. »

Il me confia également qu'il se sentait très mal depuis que j'étais repartie de son village natal. Il ne savait plus quoi penser. Tout ce dont il était sûr, c'était que je lui manquais. Ce sentiment se faisait plus profond et plus douloureux chaque jour.

Je me dépêchai de rentrer chez moi, le cahier dans mon sac. Je passai ensuite la moitié de la nuit à lire chaque poème à voix basse. Je savais désormais que j'appartenais à Sidik. Lorsque je m'endormis enfin, ses mots continuèrent à scintiller au-dessus de moi comme des étoiles.

Mes projets pour Sidik Rouzi

« Malheureusement, bon nombre de nos concitoyens ouïghours, autrefois respectables, ont choisi de se ranger du côté des Chinois. Nous avons besoin d'un leader d'origine modeste, qui connaît les difficultés rencontrées par notre peuple. » Voilà ce que j'expliquais à Sidik, que j'imaginais parfaitement dans ce rôle.

J'avais aussi deux autres intellectuels en tête : le poète Osmanjan Sawut et l'écrivain Abdurrahim Ötkür. Comme ils avaient déjà passé de longues années en prison, la population les respectait énormément.

Comme l'argent jouait lui aussi un rôle crucial dans le combat pour la liberté, ma mission consisterait à récolter des fonds. Je n'avais aucune envie d'apparaître au premier plan.

« Une fois mariés, nous nous consacrerons à la libération de notre pays », déclarai-je à Sidik. Celui-ci éclata de rire, mais je préférai l'ignorer.

« Vous devez vous faire à l'idée que je ne serai jamais femme au foyer, ajoutai-je. J'ai besoin de liberté. Hors de question que je vive sous votre coupe. Mais soyez sûr d'une chose : je suis irréprochable. Pour gagner en influence, nous devons d'abord amasser de l'argent. C'est pourquoi je continuerai à mener une vie de femme d'affaires. Mon premier devoir est de servir mon peuple. Mon rôle d'épouse ne passera qu'après, mais cela ne doit en aucun cas vous rendre triste. À cause de moi, vous ne connaîtrez peut-être plus jamais la paix. De plus, comme vous serez obligé de me laisser aller et venir à ma guise, en dépit des traditions, vous vous attirerez peut-être de graves ennuis. Mais les sacrifices sont nécessaires si nous voulons servir le peuple ensemble.

— Vous n'avez absolument aucune idée de la façon dont cette révolution va tourner, me répliqua Sidik. Vous n'imaginez pas les stratagèmes que le gouvernement déploie pour nous renvoyer en prison. Contrairement à moi, vous n'avez jamais été détenue. Sachez également que le plus difficile n'est pas de se consacrer corps et âme à sa mission, mais de gagner l'estime du peuple. Or, qui sommes-nous ? Qui nous connaît ? Personne ne nous suivra. Vous avez très certainement lu *Don Quichotte*. Vous comptez devenir riche alors que vous n'avez nulle part où dormir. Peut-être puis-je commencer par vous faire prendre conscience de certaines choses ? N'oubliez pas que la communauté ouïghoure compte plusieurs millions de membres.

— Si vous n'y croyez pas, ce mariage n'aura pas lieu », dis-je en le fusillant du regard.

— Vous êtes bien impétueuse, Rebiya Kadeer, dit-il en me prenant la main pour tenter de me raisonner. Ne précipitez pas les choses. Bien sûr que je vous aiderai.

J'accepterai toutes vos conditions. Mais je vous en conjure, ne répétez cette conversation à personne. On se moquerait de nous. En tout cas, si vous pensez pouvoir mener tous ces projets à bien, alors, je serai votre esclave. Des millions de gens aspirent à la liberté. Poursuivez le combat ! »

« Retourne auprès de ton mari »

Peu avant notre mariage, Sidik me demandait encore de retourner auprès d'Abdirim. « S'il accepte, je retournerai à Artush. » En effet, la famille de Sidik voyait notre union d'un mauvais œil, ne comprenant pas son choix d'épouser la mère de six enfants. Quant à mes proches, ils étaient scandalisés par le passé carcéral de Sidik, son manque d'argent et le fait qu'il n'eût pas de travail, alors que j'avais été mariée à un directeur de banque.

Un jour, alors que j'étais en voyage d'affaires, quelques-uns de mes amis lui présentèrent mes six enfants, espérant ainsi le dissuader de m'épouser. Sidik s'entretint longuement avec eux. Reyila fut la seule à le rejeter, préférant que je me réconcilie avec Abdirim.

Mais Sidik ne supportait plus toute cette pression. Selon lui, il fallait que je parte. « J'écrirai des poèmes et je resterai seul jusqu'à la fin de mes jours, mais le seul fait de connaître votre nom suffira à mon bonheur. Je vous le demande une dernière fois, retournez auprès de votre ex-mari et accomplissez votre devoir de mère. Je continuerai à défendre notre pays à vos côtés. »

Furieuse, je me rendis chez Abdirim avec deux de mes amies. Je n'avais qu'une seule crainte : qu'il accepte de me reprendre à cause de nos six enfants. Alors, il aurait été marié à la femme la plus malheureuse du monde, un être qui avait tout perdu et qui devrait vivre avec lui sans pour autant l'aimer.

Une fois devant Abdirim, je me ressaisis. « J'épouserai Sidik. La solitude ne convient pas à la mère et à la femme que je suis. J'aime cet homme et c'est réciproque. Mais comme il refuse que nos six enfants grandissent sans leur père, il m'a ordonné de venir te voir. » Abdirim me fixa du regard, le visage fermé.

« Sidik ne t'épousera jamais. Et moi non plus, je ne veux pas que tu reviennes vivre ici.

— Tu refuses donc de te remarier avec moi ?

— Exactement. »

Je serrai mes enfants dans mes bras les uns après les autres.

« Tant que je vivrai, vous ne serez jamais orphelins.

— Arrête de dire des sottises et sors d'ici ! », s'écria Abdirim.

Au bureau de l'état civil

Alors que plus rien ne s'opposait à notre union, le chef du bureau de l'état civil refusa de nous fournir les papiers nécessaires, au nom de son amitié avec Abdirim.

Peu après, le gouverneur d'Aksou me convoqua dans son bureau pour me faire la morale. « N'oubliez pas que le père de votre belle-fille dirigeait cette province ! Pourquoi épouser un homme qui n'a ni maison ni papiers ? »

Ma famille continuait elle aussi à désapprouver notre union. Tout le monde, y compris les intellectuels, était du même avis. À présent, tout Aksou se mêlait de cette histoire, comme si la destinée de chacun de ses habitants en dépendait.

Durant cette période, Sidik commença à écrire sur sa vie. Contrairement à lui, ses camarades de promotion étaient devenus des gens riches et respectés. En décidant de se mettre au service de son peuple, il avait choisi une autre voie. Ses poèmes traduisaient principalement la souffrance qu'il avait ressentie lorsque ses plus proches amis l'avaient rejeté. Notre société considérait Sidik comme un mendiant, un va-nu-pieds. Pour lui, la poésie était un moyen de sortir de cette exclusion.

Finalement, puisque personne ne voulait nous aider à Aksou, nous décidâmes de nous rendre à Artush. Quand Abdirim l'apprit, il fit une attaque cérébrale et dut être transporté d'urgence à l'hôpital, où il resta six mois. Jusqu'à la dernière minute, il avait cru pouvoir empêcher notre mariage, mais c'était compter sans ma détermination.

Une fois guéri, il épousa l'enseignante. Mes aînés m'ont raconté plus tard que leur père se disait honoré et fier d'avoir été marié à Rebiya Kadeer…

Une cérémonie simple mais émouvante

Sidik et moi nous mariâmes le 31 juillet 1978. Nous n'étions que six : le frère de Sidik, ses deux sœurs, sa mère et nous. Comme cette famille vivait au ban de la société, personne n'osa venir nous féliciter. L'imam n'ayant pas obtenu l'autorisation de célébrer le mariage en public, la cérémonie eut lieu à la maison. Sidik était croyant, mais, contrairement à moi, il ne priait qu'une fois par jour et ne se rendrait que très rarement à la mosquée.

L'ambiance était excellente. Les sœurs de Sidik exultaient. Elles me considéraient comme un ange descendu du ciel pour veiller sur la famille. Le frère de Sidik renchérit ; d'après lui, j'allais répandre la joie dans tout le village.

L'espace d'un instant, mes pensées se tournèrent vers mes enfants qui auraient dû être présents, eux aussi. Malgré tout, c'était le plus beau jour de ma vie. J'avais enfin trouvé ce qui m'avait toujours manqué.

La mère de Sidik tapait énergiquement dans ses mains. « Peu importe que les invités viennent ou pas. Aujourd'hui, on fait la fête ! C'est la première fois que notre famille sourit depuis le début de la colonisation. Dieu nous apporte joie et sincérité. » Les yeux de Sidik étaient embués de larmes.

« Pourquoi pleures-tu ? lui demandai-je. C'est notre mariage. Nous devrions être heureux.

— Tu es l'amour de ma vie, me répondit-il. Mais je n'ai même pas les moyens de t'offrir une alliance. Normalement, j'aurais dû t'acheter aussi un costume traditionnel pour que nous puissions parader dans le village, main dans la main.

— À nous deux, nous libérerons le Turkestan oriental, affirmai-je en lui prenant la main. J'ai une alliance pour toi, mais je ne te la donnerai pas tant que notre pays ne sera pas indépendant. Nous devons faire preuve de patience. »

Sidik m'attira vers lui. « Très bien, j'accepte. »

À cet instant, grâce à l'amour de Sidik et de mon pays, j'étais la femme la plus heureuse du Xinjiang.

7

NOBLES AMBITIONS, LARGES BÉNÉFICES ET LOURDES PERTES

Le commerce du bois

Ma famille finit par accepter Sidik, rassurée que je sois de nouveau sous la protection d'un homme. Seule Hejer redoutait que ma situation n'empire, à cause des problèmes financiers et du passé de Sidik.

Pendant un an, Artush fut mon point d'ancrage. Mes enfants vivaient toujours chez leur père, mais j'allais les voir aussi souvent que possible. Je leur envoyais également des cadeaux et des petits mots pour leur redonner le sourire. Comme Sidik était un ancien détenu, les autorités lui refusèrent l'autorisation de quitter le village pour m'accompagner en voyage d'affaires. Quand je pris le bus pour Kachgar, il resta chez lui pour écrire des poèmes.

Kachgar, la plus vieille localité du Xinjiang, était réputée dans toute l'Asie centrale pour son somptueux bazar. Depuis des siècles, de nombreux commerçants venaient s'y approvisionner. On y croisait même des Pakistanais. J'aimais beaucoup ses bâtiments en torchis, ses maisons de style arabe et ses ruelles moyenâgeuses. Les Ouïghours représentaient 90 % de la population. Bien que deux fuseaux horaires séparent Pékin de Kachgar, les autorités publièrent un décret ordonnant que toutes les pendules soient réglées sur l'heure pékinoise. Mais seuls les Chinois obtempérèrent. La population ouïghoure continua de vivre selon l'heure locale.

J'avais l'intention de me lancer dans le commerce du bétail. Cependant, une fois arrivée au bazar, je changeai d'avis et décidai de me renseigner sur le commerce du bois. Je demandai à l'un des commerçants où il s'en procurait et combien la vente lui rapportait.

Il m'expliqua qu'il y avait peu de bois dans les environs, mais qu'on en trouvait plus facilement à Karlac, à 500 kilomètres de là. Mais, voyant que j'étais intéressée, il préféra me prévenir que vendre du bois n'était pas chose facile. Je pesai le pour et le contre. Il fallait compter 150 yuans pour une charretée de bois, ce qui demeurait tout de même moins onéreux que la vente de bétail. Je partis donc immédiatement pour Karlac.

J'avais 1 500 yuans sur moi. Pour cette somme, j'obtins cent cinquante souches et persuadai mes fournisseurs de m'en mettre cinq mille de côté. Comme il était évident que cette nouvelle source de revenus risquait de se tarir très vite, à l'instar du commerce de fourrures, je préférai acheter beaucoup de bois d'un coup. J'étais heureuse de la confiance que les commerçants me témoignaient, et ces derniers se réjouissaient d'avoir réalisé une vente de plus de 50 000 yuans.

Je travaillai dur pendant six mois. Toutes les semaines, j'acheminais les bûches de Karlac à Kachgar en camion et les revendais au marché. Je faisais débiter les bûches par des pauvres. En échange, je leur donnais du petit bois pour qu'ils puissent se chauffer.

Je passai trois mois d'affilée sur les routes sans voir Sidik, une difficile épreuve pour chacun de nous. D'après certaines de mes connaissances, mon mari vivait terriblement mal mon absence : il ne se rasait plus et perdait du poids. « Pourquoi ne suis-je pas mort en prison ? Pourquoi ai-je rencontré Rebiya ? », me dit-il un jour dans une de ses lettres.

Quand je revins définitivement à la maison, Sidik ne pouvait plus me regarder en face. « Je sais que tu n'es pas une personne ordinaire. Mais tu restes une femme qui n'a que trente ans. Tu connais les traditions ouïghoures. Tu sais pertinemment qu'aucun mari n'autoriserait sa femme à agir comme tu le fais. »

Tout son visage n'était que tourment et chagrin. « Je ne m'étais absolument pas préparé à vivre dans une telle tristesse en ton absence. »

Petits miracles dans le désert

Cela faisait très longtemps que j'essayais d'obtenir un permis de voyager pour Sidik. Les autorités finirent par céder. Dorénavant, mon mari serait mon plus fidèle soutien dans le monde des affaires et prendrait soin de moi comme si j'étais faite de cristal.

Sidik se fichait de savoir combien d'argent nous gagnions. Il préférait s'acheter des livres. Quand il commençait un nouvel ouvrage, il ne faisait plus qu'un avec le monde. Je l'avais épousé avec l'espoir qu'un jour il deviendrait le leader de notre peuple. Mais je compris rapidement qu'il était un théoricien et non un homme d'action.

Un jour, nous nous étions arrêtés en plein milieu du désert pour resserrer les attaches autour du chargement. Mais alors que je tirais sur les cordes, le vent emporta mon foulard. Celui-ci s'éloigna, voltigeant et dansant de pierre en pierre. « Le vent ne te le volera pas ! », s'écria soudain Sidik avant de courir après mon foulard.

Le chauffeur et moi attendîmes plus d'une demi-heure avant de revoir sa silhouette, couverte de poussière et de sable. Sans dire un mot, Sidik me tendit le foulard.

« Mais pourquoi as-tu fait ça ? lui demandai-je.

— Je ne permettrai jamais à personne de te voler quoi que ce soit. »

À ces mots, le chauffeur éclata de rire. « Je savais que cet homme vous aimait, mais pas à ce point ! »

Mon mari haussa les épaules. « Les gens comme vous me croient anormal. Mais en fait, c'est vous qui ne comprenez rien à la vie. » D'après Sidik, on pouvait saisir le sens de l'existence rien qu'en contemplant un petit caillou.

Quelques jours plus tard, nous nous trouvions sur cette même route où nous avions fait halte. Le bois commençait à glisser du camion. Sidik grimpa à l'arrière pour le replacer. Je voulus l'aider, mais des bûches tombèrent en roulant, coinçant le pied de Sidik et m'emprisonnant au niveau du cou. Je ne pouvais plus bouger. Mon mari ne pouvait pas venir à mon secours, bloqué lui aussi. Nous appelâmes le chauffeur à l'aide, mais il s'était endormi.

En plein milieu de ce désert, il n'y avait pas âme qui vive. Des pierres pour tout horizon. Le soleil était à son zénith. Le sable me fouettait le visage. Je finis par perdre connaissance, tandis que Sidik me regardait, impuissant.

C'est alors qu'un paysan à vélo arriva à notre hauteur. Nous voyant, il jeta sa bicyclette à terre et nous porta immédiatement secours. Il me dégagea avant de se tourner vers Sidik. À peine celui-ci l'avait-il remercié que l'homme enfourcha son vélo et repartit aussi vite qu'il était venu. Je me suis toujours demandé d'où il avait surgi. Il s'agissait là d'un véritable miracle.

Nous avions grand besoin d'une pause après cette épreuve. Justement, un camarade de promotion de Sidik vivait dans l'une des villes que nous avions traversée peu de temps auparavant. Mais nous arrivâmes devant chez lui à une heure du matin et n'osâmes pas le réveiller, car il avait des enfants en bas âge.

Nous passâmes donc la nuit dans son jardin, à la belle étoile. Mon mari ramassa de grandes feuilles dans lesquelles nous nous enveloppâmes. Comme il faisait froid, je m'endormis blottie contre lui, au son des battements de son cœur. « C'est la plus belle nuit que j'aie passé avec toi », devait-il souvent me répéter.

Mehmet se rebelle

En 1978, alors que Sidik et moi séjournions temporairement à Aksou, sonna l'heure de gloire de Mehmet. Surexcité, il nous relata les événements des mois écoulés.

« La police nous contrôle sans arrêt dans la rue. Récemment, ils ont même interpellé un jeune garçon du nom de Yolak, qui passait par hasard devant le commissariat. Trois policiers l'ont battu pendant des heures avant de lui enfoncer un manche à balai dans la gorge. Il n'a pas survécu. » Yolak n'avait que dix-sept ans.

Les policiers dirent aux parents que leur fils était mort sans avoir subi aucune violence. Ils leur donnèrent également 10 000 yuans à condition qu'ils ne parlent à personne des circonstances du décès de Yolak et qu'ils l'enterrent au plus vite. Comme ils avaient à peine de quoi se nourrir, ils acceptèrent. Malgré tout, la nouvelle circula. Furieuse, je dis à mon frère de m'accompagner chez les parents.

Trois policiers montaient la garde devant la porte. Lorsqu'ils me demandèrent la raison de ma venue, je répondis que j'étais la tante du défunt. Ils me laissèrent entrer. Le corps était caché derrière un rideau, conformément à la tradition ouïghoure. Normalement, les femmes n'avaient pas le droit de le voir, mais je jetai tout de même un coup d'œil furtif. Un côté entier de son visage était tuméfié. L'un de ses yeux avait la taille d'une figue.

« Je vous apporte 20 000 yuans, dis-je à la mère.

— Nous avons peur de la police, me répondit-elle.

— On m'a raconté comment votre fils est décédé. On vous a affirmé qu'il était mort sans avoir reçu de coups, mais c'est faux. Je voudrais que Yolak soit autopsié. »

J'expliquai mes intentions aux policiers en faction. Paniqués, ils téléphonèrent à leurs supérieurs, qui me donnèrent l'autorisation d'emporter le corps. Peut-être craignaient-ils un soulèvement.

Les policiers nous laissèrent donc faire, non sans avoir ordonné au médecin de l'hôpital de rédiger un rapport « adéquat ». Je décidai donc de lui donner de l'argent afin qu'il fasse correctement son travail. Finalement, le légiste nous informa que le jeune homme avait eu le poumon perforé par le manche à balai.

Le commissaire se trouvait lui aussi sur place. Après s'être étonné de la découverte des médecins, il nous assura que les coupables seraient punis, à condition que nous laissions le défunt reposer en paix. Cela ne faisait pas partie de mes projets.

De retour à l'appartement, je donnai mes instructions à Mehmet. « Sidik et moi devons nous rendre à Shanghai pour affaires, mais je compte sur toi pour venger ce garçon et toutes les autres victimes de ces traitements inhumains. Demain, une fois que le corps sera dans la mosquée, toi et tes amis déploierez des banderoles disant : "Mort au racisme !" Puis tu expliqueras à l'assistance comment Yolak est mort. Ensuite, vous défilerez avec le cercueil dans toute la ville. Une fois que vous serez dans la rue, nombreux seront ceux qui se joindront à vous. Notre peuple n'a besoin que d'une étincelle pour s'embraser. Ces tortures n'ont que trop duré. »

Tout se déroula comme prévu. Au moment où la cérémonie allait commencer, mon frère s'avança et ôta le linceul qui recouvrait le corps. À la vue de tout ce sang séché, la foule sortit immédiatement, folle de rage.

La nouvelle se répandit comme une traînée de poudre. En une heure et demie, plus de dix mille personnes descendirent dans la rue. J'avais bien précisé à Mehmet que la manifestation devait être pacifique, mais il perdit très vite le contrôle. Un commissariat et un bâtiment administratif furent endommagés et plusieurs Chinois blessés. Dieu merci, on ne déplora aucune victime.

Mon frère et ses amis enterrèrent le jeune garçon le lendemain. La police arrêta cinq mille manifestants, qui furent relâchés peu après. Seuls mon frère et ses cinq amis furent maintenus en détention.

De Shanghai, je me rendis directement à Pékin, où je protestai auprès du responsable des minorités ethniques. Je l'informai des tortures et des exactions subies par nos concitoyens. Même Ismaïl Amat, alors président de la région autonome du Xinjiang et allié des Chinois, trouvait cela inadmissible. Mais en tant que Ouïghour, il n'avait pas une grande influence sur le gouvernement central.

Les policiers tentèrent de faire avouer à mon frère que j'étais à l'origine de la manifestation. Mais Mehmet tint bon.

Il leur répondit qu'il n'avait fait qu'exprimer son mécontentement à la suite du meurtre d'un innocent. Ses amis et lui furent libérés au bout de six mois, après que j'eus payé une amende de 10 000 yuans pour chacun d'eux.

Après la manifestation, le représentant du gouvernement central à Aksou fut rappelé à Pékin. Quant aux policiers qui avaient tué Yolak, certains furent nommés dans les *bingtuan*.

Ce soulèvement provoqua également la fuite de nombreux fonctionnaires, soldats et paysans chinois. Le gouvernement se montra particulièrement habile : il libéra encore quelques prisonniers, afin de ramener le calme parmi la population.

Cependant, peu de choses changèrent à Aksou. Mon frère n'avait pas peur des conséquences de ses actes. Même la mort ne semblait pas l'effrayer.

Au seuil de la mort

Au printemps 1979, Sidik et moi passions quelques jours à Bai, sur l'axe septentrional de la route de la Soie. Un jour, mon mari, extrêmement pâle, descendit du camion pour aller vomir derrière un buisson. Je pensais qu'il avait peut-être pris froid.

Nous nous rendîmes à Kucha, où ma sœur Hejer exerçait la médecine. Malgré les médicaments qu'elle donna à Sidik, la fièvre continua à grimper. Le troisième jour, il avait 41 °C et était très affaibli.

Deux femmes m'aidèrent à lui appliquer des compresses d'eau glacée sur tout le corps. Comme la fièvre était toujours aussi élevée, nous couvrîmes les draps de glaçons. Mon bien-aimé continua à délirer pendant quarante jours. Aucun traitement ne semblait faire effet.

Tous les jours, je lui donnais quelques cuillerées de jus de pastèque, le seul aliment qu'il parvînt à digérer. Quand les médecins me dirent qu'il n'avait plus que quelques jours à vivre, je me mis à pleurer sans pouvoir m'arrêter.

Tandis que je continuais à appliquer des compresses fraîches sur le front de Sidik, je réfléchis aux causes possibles de sa maladie. Peu avant sa sortie de prison, des médecins chinois lui avaient prélevé une grande quantité de sang. Ils lui avaient dit qu'il profiterait peu de sa liberté car il ne vivrait guère longtemps. Peut-être lui avaient-ils injecté des bactéries, pratique courante à l'époque.

Sidik m'avait raconté sa détention avec moult détails. On lâchait des chiens féroces sur les prisonniers. Certains étaient entravés avec des menottes empoisonnées, qui leur faisaient enfler la langue jusqu'à ce qu'elle sorte de la bouche. Ensuite, le détenu se mettait à trembler de tous ses membres, perdait tout contrôle sur son propre corps, urinait et déféquait. Les yeux finissaient également par gonfler.

« Je m'étais écroulé aux pieds des gardiens, poursuivait-il. L'un d'eux avait dit : "Si nous ne lui enlevons pas les menottes dans une minute, il va mourir." » On l'avait puni car il avait refusé de dénoncer qui que ce soit.

Dès que mon père fut informé de l'état de santé de Sidik, il accourut à l'hôpital. Il s'assit à son chevet et lui prit le pouls. Puis il sortit pour revenir une demi-heure plus tard avec une substance noire et pâteuse qu'il introduisit dans la bouche du malade. Sidik en était à son quarante-troisième jour de fièvre.

Une heure et demie plus tard, la température était retombée à 39 °C, mais Sidik demeurait à moitié inconscient. Le soir, mon père lui redonna de la pâte. À minuit, il avait de nouveau 42 °C de fièvre et respirait à peine.

Quelques heures plus tard, sa température redevint normale. Papa continuait à lui administrer un peu de pâte mélangée à du bouillon de poule. Le troisième jour, Sidik ouvrit les yeux. « L'homme qui t'aime tant est de retour parmi nous », m'annonça mon père après avoir pris son pouls. Deux mois passèrent avant que Sidik ne parvienne à marcher, en s'appuyant contre les murs.

Une courte période de liberté

À la fin de l'année 1979, Sidik et moi emménageâmes à Ürümqi. Le gouvernement accordait de plus en plus de liberté aux commerçants. Avec mon mari et quelques collègues, je retournai à Shanghai. Mais comme de plus en plus de Ouïghours y commerçaient, notre chiffre d'affaires connut une baisse significative.

Lors de mes voyages à travers la Chine, je constatais que la population ne se portait pas aussi bien que le régime le prétendait. Les Chinois vivaient presque sous le seuil de pauvreté. Les travailleurs étaient à la merci de leur patron. Résignés, ils semblaient ne plus vouloir défendre leurs droits.

Après la Révolution culturelle, les Ouïghours connurent un regain de patriotisme. Dans tout le Turkestan oriental, on érigea des monuments en souvenir de notre passé bouddhiste, où figuraient des moutons et des loups, animaux essentiels dans notre culture. Les bazars en plein air refirent également leur apparition.

Nous entendions parler de changements à venir, mais mieux valait rester vigilants. En effet, jusque-là, les réformes décidées par les Chinois avaient toujours été dirigées contre nous. Cette fois, on autorisa de nouveau les nomades à posséder leur propre troupeau. La littérature islamique et l'écriture arabe connurent un regain d'intérêt. Quelques musulmans eurent même l'autorisation de se rendre en pèlerinage à La Mecque.

Le gouvernement semblait avoir compris que le respect de nos droits fondamentaux était la condition *sine qua non* d'une cohabitation pacifique avec les Chinois. Il se murmura même que le Xinjiang allait retrouver son indépendance et que les Ouïghours seraient officiellement reconnus comme un peuple d'origine turque et non chinoise.

Le visage d'Ürümqi changea, lui aussi. Le gouvernement traduisit ses ambitions capitalistes par la construction de plusieurs grands immeubles, dont l'architecture n'avait rien à voir avec celle des maisons traditionnelles. Le marché de l'immobilier connut un boom sans précédent.

Comme de nombreux intellectuels et religieux, Sidik était surveillé de près par le régime. Pendant longtemps, l'administration fit tout son possible pour l'empêcher de travailler. À ma demande, des fonctionnaires ouïghours finirent par lui venir en aide.

Sidik obtint finalement un poste à l'université, un grand accomplissement pour un penseur comme lui. À partir de 1980, mon mari enseigna la « nouvelle littérature chinoise » à des professeurs de primaire et de collège.

Malheureusement, le gouvernement exerçait des pressions sur les maîtres de conférences, qui ne pouvaient pas définir librement le contenu de leurs cours. Mon mari devait donc faire preuve d'imagination pour aborder les thèmes qui lui étaient chers, sans pour autant éveiller la méfiance du régime. Malgré toutes ces restrictions, Sidik s'épanouissait dans son travail.

La même année, mes enfants me rejoignirent les uns après les autres à Ürümqi. Seul Adil resta à Altaï. Il avait succédé à son père au sein de la banque. Le trois pièces que nous avait accordé l'université était bien trop petit. Kahar, Ablikim, Adil, Sidik et moi vivions à cinq dans quarante-huit mètres carrés, sans douche. Nous nous rendions deux à trois fois par semaine aux bains publics. Les toilettes de l'école se trouvaient juste à côté, séparées de notre appartement par une simple cloison. Un millier de personnes les utilisaient quotidiennement. Comme il n'y avait pas de chasse d'eau, l'odeur était pestilentielle.

Les Chinois employés par l'université vivaient dans un autre immeuble, de l'autre côté de la rue. À notre grand soulagement, nous apprîmes qu'un deuxième bâtiment serait bientôt construit et que le nom de Sidik était en tête de liste des futurs occupants.

De nouvelles affaires et de lourdes pertes

Au début des années 1980, l'ouverture de la Chine sur l'économie de marché entraîna une plus grande liberté d'entreprendre, ainsi qu'un renouveau de la vie intellectuelle. Encouragés par ce contexte politique plus détendu, mes concitoyens exigèrent plus d'emplois et plus d'autonomie.

Ils obtinrent l'inverse. Le régime fit preuve d'une plus grande fermeté. À la moindre expression de mécontentement, nous étions soupçonnés de séparatisme, un crime passible de la peine de mort en droit chinois.

J'avais très envie de retourner à Canton. Sous l'impulsion de Deng Xiaoping, la région côtière était devenue la province la plus riche du pays. Une zone économique spéciale avait vu le jour dans le delta de la rivière des Perles, entre Canton, Shenzhen et Zhuhai.

Cette région, très appréciée des commerçants, proposait un grand éventail de choix. Mais tout le monde était à la merci des autorités, particulièrement les Ouïghours. Parfois, les Chinois nous donnaient l'autorisation d'acheminer des marchandises de Shantou vers Canton, avant de nous les confisquer une semaine plus tard.

Séjourner seul à Shantou était bien trop risqué. Les commerçants étaient souvent passés à tabac et délestés de leurs biens. Je m'arrangeais toujours pour y retrouver quelques-uns de mes collègues. Nous fréquentions les mêmes établissements, ce qui nous donnait l'occasion de négocier et de conclure des marchés ensemble.

C'est ainsi qu'un jour je me retrouvai avec une vingtaine d'hommes d'affaires ouïghours. Ayant déjà subi une grave déconvenue lors de mon précédent séjour à Canton, je décidai cette fois d'assurer mes arrières. Je soudoyai deux fonctionnaires chinois, censés nous accompagner et attester à chaque contrôle que nous étions bien en règle. Dans les environs de Canton, nous achetâmes des appareils électroniques et du tissu afin de confectionner des vêtements adaptés à la morphologie des Ouïghoures.

J'investis près de 200 000 yuans dans ce projet. Nous ne risquions rien, puisque nous nous étions acquittés de toutes les taxes et avions tous les papiers nécessaires sur nous.

Sur le chemin du retour, nous fîmes une halte dans un restaurant pour le déjeuner. À peine le repas terminé, les deux fonctionnaires chinois disparurent. Dix minutes plus tard, nous étions encerclés par deux cents hommes en uniforme. Nos cinq camions furent pris d'assaut. Sept de mes collègues tentèrent de parlementer avec les policiers.

Impossible d'affirmer qui leva la main sur l'autre en premier. Toujours est-il que, lorsque je vis les policiers bousculer mes associés et les pousser à terre, je les suppliai de confisquer nos marchandises et de nous laisser tranquilles. Mais ils firent la sourde oreille. Lorsqu'ils s'arrêtèrent enfin, l'un de mes amis était plié en deux, un autre avait une épaule cassée et un troisième ne tenait plus debout. Le reste du groupe fut conduit au commissariat.

Nous montrâmes au chef de la police les documents qui prouvaient notre bonne foi. Mais il les confisqua, tout comme notre chargement. « Et si vous continuez à protester, je vous jette en prison pour un an ! »

Nous le suppliâmes de nous laisser un peu d'argent pour nos familles. Cela mit les policiers tellement en colère qu'ils menacèrent de nous frapper encore. Je tentai de les amadouer. « Très bien. Gardez nos marchandises, mais rendez-nous nos papiers. » Le commissaire refusa, au prétexte que le Xinjiang ne faisait pas partie de la Chine.

Nous n'avions même pas de quoi payer les frais d'hospitalisation de nos amis blessés. Une fois dehors, mes partenaires me demandèrent de leur prêter de l'argent. Ils avaient emprunté de fortes sommes à leurs amis et à leurs voisins et ne pouvaient pas se permettre de rentrer au pays les mains vides. Je leur promis de trouver une solution.

Je n'avais pas vu Sidik depuis six mois. Le cœur lourd, je rentrai à Ürümqi et lui expliquai que j'avais tout perdu, argent comme marchandises.

« Ce qui compte, c'est que tu sois en bonne santé, me répondit-il. Oublie que tu as perdu ton convoi. Quand on vit sous domination étrangère, on finit toujours par se faire voler, blesser ou tuer. C'est la deuxième fois que tu perds tout. Il est grand temps d'arrêter. Je me chargerai de nourrir notre famille. Reste auprès de moi. »

Il me demandait l'impossible. Je pensais au but que nous nous étions fixé, ainsi qu'aux hommes d'affaires qui comptaient sur moi. De plus, il fallait que je rembourse mes dettes. Avant mon départ, j'avais emprunté 14 000 yuans à des amis. Lesquels furent effondrés quand ils apprirent la nouvelle.

De retour à Canton, je convainquis mes associés de ne pas baisser les bras. Chacun donna le peu d'argent qui lui restait. Nous nous retrouvions finalement avec 17 000 yuans, auxquels s'ajoutèrent les 7 000 yuans d'autres Ouïghours désireux d'investir dans un nouveau projet.

J'envoyai ensuite deux hommes acheter des magnétophones, tandis qu'un autre groupe construisait un four ouïghour pour y faire cuire du pain. Enfin, nous louâmes un petit espace pour y ouvrir un restaurant, où nous servirions du *larman* ainsi que d'autres spécialités ouïghoures.

Un troisième groupe se chargea de prendre contact avec d'autres commerçants afin de leur revendre des appareils électroniques. Les bénéfices dégagés par le restaurant nous servaient à racheter d'autres marchandises que nous revendions dès que possible. Je ne savais plus où donner de la tête. D'un côté, je devais commander les fournitures nécessaires à la bonne marche du restaurant. De l'autre, je veillais à ce que mes collègues n'aient pas d'ennuis sur la route. Enfin, dès qu'une dispute éclatait au sein d'un groupe, je jouais le rôle d'arbitre.

Au bout de trois mois d'intense labeur, nous avions amassé 350 000 yuans, que je partageai équitablement entre mes vingt associés. Mais ces derniers insistèrent pour que je reçoive 1 000 yuans supplémentaires, que je reversai finalement à un jeune garçon démuni qui venait d'arriver à Canton.

Lorsque nous prîmes congé, certains de mes collègues tentèrent de me convaincre de rester travailler avec eux. « Je voulais juste que vous récupériez votre argent, leur répondis-je. À présent, c'est chose faite. »

Stand numéro 58

J'étais enceinte de six mois. Sidik m'implora de rester auprès de lui jusqu'à la naissance du bébé. J'acceptai, à condition que je puisse continuer à travailler.

Je payai mes dettes et dépensai l'argent qui me restait pour mes enfants. Je pris également le temps de me trouver un lieu adéquat dans lequel vendre mes marchandises.

Je jetai finalement mon dévolu sur une petite rue piétonne bordée d'arbres et obtins des autorités la permission d'y installer des tréteaux.

J'apportai ensuite des étoffes et des vêtements qui me restaient de mes derniers voyages, puis informai mes anciens associés que j'étais prête à vendre tout ce qui leur restait en stock.

Mon étal prit de plus en plus d'importance. Mais un beau jour, une femme affreuse au visage couvert de verrues s'installa près de moi. Bientôt, nous étions vingt à vendre des habits à bas prix.

Je demandai donc aux autorités s'il était possible de construire un bazar digne de ce nom. Cette idée rencontra un écho favorable et je fus nommée chef de projet. Je collectai de l'argent auprès des personnes intéressées et fis construire un toit au-dessus de la rue. Chaque vendeur obtint un petit kiosque. En très peu de temps, des centaines de magasins poussèrent comme des champignons.

Mon stand portait le numéro 58. Lorsque le directeur de la chambre de commerce me demanda en quelle couleur je souhaitais faire peindre mon kiosque, je choisis le bleu ciel, comme sur le drapeau du Turkestan oriental. Ce qui avait commencé avec une simple planche de bois devint un bazar très vivant ; et comme j'en avais eu l'idée, les cadres me nommèrent vice-présidente de la chambre de commerce de la ville.

Le 13 juillet 1981 naquit ma fille Akida. Pendant un an, je continuai à m'occuper de mon magasin, qui me rapportait entre 10 000 et 30 000 yuans par mois. Mais cela ne me suffisait pas. Je décidai de me rendre de nouveau à Canton pour me réapprovisionner.

Comme Sidik refusait de me laisser partir, je lui rappelai qu'avant notre mariage, il m'avait fait la promesse solennelle de ne jamais m'empêcher de travailler. Mais il demeura inflexible. Nous étions à deux doigts de nous séparer.

Le lendemain, tandis que Sidik était à l'université, je lui écrivis une lettre. « Bien que je vous aime, Akida et toi, je dois partir quelque temps afin de réaliser mon rêve. Vous allez me manquer. Je t'enverrai bientôt de mes nouvelles. » J'amenai ensuite ma fille chez un des oncles de Sidik.

Je pleurai durant tout le trajet d'Ürümqi à Canton. Quant à Sidik, ma lettre le mit dans une colère noire. Mes frères et sœurs et mon père ne se privèrent pas non plus de critiquer mon comportement, mais ils n'étaient guère surpris. Ils savaient que personne ne pouvait me retenir prisonnière.

Troisième lourde perte

À Canton, je retrouvai sept de mes anciens associés. J'avais toujours réussi à dénicher les tissus les moins chers de la côte. Comme nous les revendions à d'autres commerçants au double de leur prix d'achat, nous gagnâmes beaucoup d'argent en très peu de temps.

Cependant, j'étais de nouveau enceinte et vivais dans la peur que Sidik ne vienne me chercher pour me ramener de force à Ürümqi. J'attendis d'avoir gagné 900 000 yuans avant de rentrer chez moi.

De Canton, j'essayai de joindre Sidik à son travail. « Sidik veut demander le divorce, me répondit sa secrétaire. Il refuse de vivre plus longtemps avec une femme capable d'abandonner sa fille du jour au lendemain. » Cette rebuffade me surprit.

J'avais prévu de rentrer en avion. Je me rendis donc à l'aéroport, mon argent caché dans ma petite valise à roulettes afin de le rapporter à la maison en toute sécurité.

Mais les policiers m'avaient depuis longtemps en ligne de mire. À peine avais-je mis un pied dans l'aéroport que vingt hommes en uniforme m'encerclèrent. L'un d'eux s'avança, me montra son insigne et me demanda si je m'appelais bien Rebiya Kadeer.

On me conduisit dans un petit bureau. Là, un Chinois tout maigre ouvrit ma valise et sortit les habits que j'avais achetés pour mes enfants. Puis, lorsqu'il vit les billets, ses collègues et lui me dévisagèrent d'un air incrédule. « Combien y a-t-il en tout ? »

J'avais mieux vécu les deux premières saisies. Cette fois, j'étais effondrée. Tout se mit à tourner autour de moi. Je m'imaginai en train de tuer tous ces policiers l'un après l'autre. S'ils avaient fait preuve d'un tant soit peu d'humanité, ils m'auraient laissé les vêtements destinés à mon futur enfant. Une fois calmée, je leur demandai au nom de qui ils agissaient.

« Nous représentons le gouvernement, me répondit-on.

— Et pourquoi faites-vous ça ? J'ai payé toutes les taxes nécessaires.

— Aucun Ouïghour n'a le droit de ramener autant d'argent au Xinjiang. »

Une fois devant chez moi, je trouvai porte close. Une voisine m'apprit que Sidik ne voulait plus me voir.

« Sépare-toi de cette femme, Sidik ! »

Je me rendis chez l'oncle de Sidik, chez qui j'avais laissé Akida. Je fus accueillie par sa femme, qui m'accabla de reproches. « Dès que l'envie t'en prend, tu abandonnes ta famille et tu t'en vas je ne sais où, pour revenir enceinte jusqu'aux dents. Sidik s'est déjà procuré les papiers du divorce. Quant à Akida, tu n'as plus le droit de la voir. »

Je n'avais plus que 50 yuans en poche et ne savais pas vers qui me tourner. Je me rendis finalement chez l'un de mes amis, l'écrivain Zunun Kadeer. Comme lui aussi voyait mon attitude d'un mauvais œil, je n'insistai pas et me mis en quête de mon mari.

À l'université, je demandai où il se trouvait à un maître de conférences, qui m'accueillit aussi fraîchement que les autres. « Il est parti à Khotan rencontrer des étudiants. À son retour, on lui trouvera une jolie jeune fille. »

Au bureau de poste, je téléphonai au centre de formation de Khotan et demandai que Sidik me rappelle le lendemain midi.

Le lendemain, dès 10 heures, je me plantai devant le téléphone. À midi pile, la sonnerie retentit enfin. Je tremblais tellement que j'eus du mal à porter le combiné à mon oreille.

« Que se passe-t-il ? demanda Sidik.

— Ils m'ont pris tout mon argent, répondis-je avant de fondre en larmes.

— Reste où tu es, j'envoie quelqu'un. »

Une heure plus tard, un de ses amis vint me chercher à la poste et me ramena chez moi. Comme il avait la clé de notre appartement, je pus enfin entrer et me rafraîchir.

Avant de partir pour Khotan, Sidik avait confié Akida à sa sœur, qui vivait à Ili. Mais lorsque celle-ci refusa de me rendre ma fille, mon mari la menaça de graves représailles. Elle céda au bout de trois jours. Quand je revis enfin mon enfant, je demandai au frère de Sidik de me conduire à Artush, où vivait ma belle-mère.

La mort de ma belle-mère

On n'entendait même plus gazouiller les oiseaux, écrasés de chaleur. Dans le village de Sidik, on chuchotait sur mon passage et on me montrait du doigt. Ma belle-mère fut la seule à ne pas me rejeter.

« Je me fiche de ce que les autres disent de toi, me dit-elle. Tu es ma belle-fille et tu as apporté le soleil dans cette maison. Tu es celle qu'il faut à mon fils, et je te respecterai toujours. » L'après-midi même, je l'accompagnai à une cérémonie funèbre qui se tenait au village. À peine avait-elle pris place parmi l'assistance, Akida sur les genoux, qu'elle s'écroula par terre. « Je suis si heureuse d'avoir vu l'enfant de Sidik... » Ce furent ses dernières paroles.

La rumeur selon laquelle j'étais une sorcière se répandit de maison en maison. En effet, les villageois étaient persuadés que Tadschihan était morte par ma faute. Mes belles-sœurs téléphonèrent à Sidik et lui dirent de rentrer immédiatement à Artush.

Alors même que j'étais à un stade avancé de ma grossesse et que j'avais extrêmement mal au dos, la famille de Sidik ne me donna même pas une couverture pour que je puisse m'allonger et dormir correctement. Au cours de la nuit suivant son arrivée, quand Sidik s'en rendit compte, il me laissa sa place et, furieux, réprimanda sa sœur. « Comment as-tu pu la traiter comme une moins que rien ? Peu importe qui elle est et ce qu'elle a fait. C'est notre invitée. » Elle ne lui répondit même pas.

Le lendemain matin, je me coiffai de mon *tomak* et me couvris la tête d'un foulard blanc. Après l'enterrement de ma belle-mère, tôt dans la journée, la famille organisa un repas. Des tables étaient disposées dans la cour et les voisins se préparaient eux aussi à accueillir les trois cents convives.

Une fois les chants terminés, je m'exprimai d'une voix si forte que tout le monde sursauta. « Nul, parmi tous ceux que je vois ici assemblés, ne devrait avoir le droit de prononcer le nom de Tadschihan. Vous l'avez rejetée lorsque son fils était en prison et l'avez rendue malade. La mère de Sidik était aussi la mienne. Elle m'a longtemps attendue, et c'est à moi qu'elle a fait cadeau de son dernier souffle. Tadschihan m'a confié qu'elle ne laisserait aucun des habitants de ce village me faire du mal, mais vous ne vous privez pas. »

Le soir, une fois tous les invités partis, je discutai avec Sidik. « Je t'ai causé beaucoup de soucis. Tu sais combien les gens trouvent mon attitude scandaleuse. Si tu le souhaites, tu peux me quitter et vivre ta vie de ton côté. Tu te trouveras une femme qui saura te rendre heureux. Je suis prête à m'occuper seule de notre futur enfant. »

Sidik esquissa un sourire.

« C'est vrai que tu m'as donné du fil à retordre, mais c'est dans ton caractère. Il faut maintenant que je t'accepte comme tu es. L'accouchement est prévu dans deux semaines. Ensuite, tu prendras six à sept mois de repos. Nous en profiterons pour réfléchir à notre avenir. Certes, nous n'avons plus d'argent. Mais notre amour est bel et bien vivant. Je suis ton mari, ton Sidik, et mes enfants sont aussi les tiens. Seule la mort nous séparera.

— N'oublie pas la promesse que tu m'as faite. Je désire continuer à travailler et à gagner de l'argent pour notre peuple. »

Quand Sidik comprit que je refusais de jeter l'éponge malgré toutes mes mésaventures, il se remit à croire en moi.

8

SEULS EXISTENT LES CHEMINS QUE L'ON EMPRUNTE

Émancipation

À la suite de la confiscation de mon argent à Canton, je décidai de porter plainte. Pendant huit ans, on me répondit inlassablement que l'enquête suivait son cours. Je finis par abandonner.

Je rouvris mon kiosque au bazar d'Ürümqi et gagnai 20 000 yuans en treize jours. Après la naissance de Mustafa, le 1er août 1983, je restai quelque temps à la maison. J'en profitai pour essayer d'étendre mon réseau professionnel à l'ensemble du Xinjiang. Dans notre région, les gens portent souvent deux surnoms, un flatteur et l'autre péjoratif. Ainsi, mes détracteurs m'appelaient « la Fuyarde », et mes admirateurs « Dschahangir » – « la Conquérante » en farsi.

J'avais pour objectif d'être reconnue par des millions de personnes, ce qui n'était pas chose facile. Cependant, le nom de Rebiya Kadeer se mit à circuler de plus en plus et l'on commençait à m'accepter.

Jusqu'alors, les femmes ouïghoures s'étaient crues obligées de rester aux fourneaux et de s'occuper des enfants. Longtemps, les jeunes mariées qui osaient sortir de chez elles pour aller travailler avaient été considérées comme des traînées. Mais puisque j'avais réussi à me faire un nom, de plus en plus de mes concitoyennes tentèrent à leur tour de donner un sens à leur vie.

Un jour, alors que je déjeunais au restaurant avec Sidik, Akida et Mustafa, nous entendîmes murmurer autour de nous : « Regardez cette femme. C'est Rebiya Kadeer ! » Alors que le patron prenait notre commande, quatre jeunes gens l'informèrent qu'ils paieraient notre addition.

« Je suis fier de toi, me déclara Sidik en sortant du restaurant. Les gens t'admirent. Ils t'ont enfin comprise. »

La veste à pois

Comme la concurrence faisait désormais rage au sein du bazar, j'accrochai une nouvelle pancarte devant mon stand : « Vente de gros et de détail. » Il me fallait proposer encore plus de produits à des prix attractifs.

Au début, vendre une paire de chaussures ou une chemise suffisait à mon bonheur. À présent, j'avais des centaines de pièces sur mon étalage, et des commerçants de tout le Xinjiang venaient s'approvisionner chez moi. Ils me faisaient entièrement confiance. D'après eux, les autres vendeuses n'avaient pas assez d'expérience, alors que j'étais justement connue pour vendre des marchandises de qualité à un très bon prix.

Un jour, un collègue me rapporta de Shanghai une veste noire à pois blancs. Persuadée qu'elle irait à merveille aussi bien aux paysannes qu'aux femmes d'affaires, j'en commandai aussitôt quarante.

En attendant la livraison, je demandai à une couturière de me confectionner une jupe noire assortie à cette veste. Ensuite, je distribuai plusieurs de ces ensembles à des institutrices, des fonctionnaires et des femmes politiques vivant à Ürümqi, Artush, Khotan et Kachgar. Au Xinjiang, les femmes s'habillaient toutes de la même façon. Il suffisait que dix ou quinze d'entre elles jettent leur dévolu sur un vêtement en particulier, pour que leur entourage se procure immédiatement le même. Je voulais convaincre quelques-unes de mes amies de porter le même ensemble que moi, puis attendre que d'autres femmes suivent le mouvement.

Je portais moi aussi ce costume au bazar. Constatant que mes amies ne cessaient de me complimenter, je commandai deux mille autres vestes. Très vite, des commerçants accoururent de toute la région pour me les acheter. J'en écoulai cent mille en très peu de temps.

Voyant un jour ces mêmes vestes sur l'étal d'une autre vendeuse, je n'en crus pas mes yeux. Elle s'en était procuré deux mille. Mon fournisseur m'avait pourtant promis de ne révéler leur provenance à personne. Mais d'autres Ouïghours avaient fini par découvrir l'usine qui les fabriquait.

Je vendis les mille dernières vestes à perte. Il me fallait trouver une nouvelle idée. Je montrai alors à mon associé de Shanghai de la soie que j'avais rapportée de mes précédents voyages d'affaires. Je lui donnai l'adresse du producteur et l'envoyai y chercher du tissu.

J'investis toutes mes économies dans ce nouveau projet, que je comptais rentabiliser aussi vite que possible. En effet, les autres commerçants ne tarderaient pas à m'imiter.

Mon collègue me rapporta des étoffes de très bonne qualité, même si certaines étaient légèrement abîmées. Mes clientes appréciaient particulièrement leurs couleurs vives. Des grossistes de toute la province m'en achetèrent de grandes quantités. Quant à Sidik, il me laissait travailler tranquille, sans doute par peur d'une nouvelle dispute.

Mais du jour au lendemain, de nombreux Chinois débarquèrent à Ürümqi pour y établir des bazars concurrents et vendre du prêt-à-porter en grande quantité. Comme ils proposaient beaucoup plus de choix, il devint de plus en plus difficile pour mes compatriotes de gagner leur vie.

Pour ma part, j'en avais assez de devoir me renouveler sans cesse. Je décidai de me tourner vers l'immobilier.

Aussi souvent que possible, Sidik et moi passions du temps avec nos enfants. Une nourrice s'occupait des plus jeunes. Kahar avait ouvert son propre magasin, Rushengül étudiait à l'université en vue de devenir professeur, et Reyila vivait avec nous.

Honzohre et ses frères

Un jour, Akida, six ans à l'époque, rentra de l'école en pleurs. Elle me raconta que la mère de Honzohre, une de ses camarades de classe, avait été brûlée vive. Apparemment, elle était tombée dans son four alors qu'elle faisait cuire du pain. Cette histoire éveilla aussitôt ma méfiance. Le père étant décédé au cours de la Révolution culturelle, trois enfants étaient à présent orphelins.

Honzohre avait sept ans, son frère Tair en avait dix et Turdschan, douze. Chassée de Kucha par les colons, la mère avait trouvé refuge dans un quartier pauvre d'Ürümqi, où vivaient des Dounganes et des Chinois. Tair souffrait de troubles mentaux depuis qu'il avait été grièvement blessé à la tête lors d'une bagarre.

Quand je proposai aux enfants de les accueillir chez moi, Turdschan refusa et prit la fuite. Je finis par le retrouver dans un bidonville. Sa chemise lui tombait pratiquement jusqu'aux genoux et son pantalon effrangé était couvert de crasse. Il n'avait plus que la peau sur les os, mais il était tout de même beau garçon, avec sa bouche bien dessinée, ses cheveux noirs et son teint pâle. Une proie idéale pour certains Chinois musulmans qui kidnappaient des enfants pour en faire des voleurs ou des trafiquants de drogue.

Je ramenai Turdschan à la maison, mais il s'enfuit de nouveau. Je revins le chercher et le suppliai de rester vivre avec moi. « Non. Si je vous suis, ils tueront mon petit frère, me répondit-il. Ils veulent aussi en faire un dealer. Tant que je reste ici, Tair est en sécurité. »

Après m'avoir fait promettre de ne rien répéter à personne, il souleva sa chemise et me montra son dos couvert de bleus. Ses jambes étaient couvertes de brûlures de cigarettes.

« Ça date de quand ?

— Du vivant de ma mère.

— Elle était au courant ?

— Non.

— Tu rentrais tous les soirs à la maison ?

— Non, juste une fois par semaine. Je n'ai jamais dit à ma mère que les Dounganes me torturaient. Elle a dû l'apprendre d'une autre façon. Elle tenait absolument à ce qu'on déménage.

— Suis-moi. On va aller voir la police. »

Turdschan me supplia à genoux de n'en rien faire. D'après lui, les policiers avaient partie liée avec le gang et s'enivraient tous les soirs avec les Dounganes. Trois jours durant, je tentai de le convaincre de venir habiter chez moi, en vain. Trois mois plus tard, il disparut sans laisser de traces.

Tair, quant à lui, passait ses journées à l'appartement. Parfois, il se comportait tout à fait normalement avant de piquer soudain une violente crise de nerfs. Il brisait les vitres et déféquait soit à côté des toilettes, soit dans le couloir.

Le soir, Sidik était à bout de forces. Il ne pouvait plus corriger ses copies sans être constamment dérangé. Le jeune garçon lui menait vraiment la vie dure.

Cependant, j'aimais beaucoup Tair et ne pouvais me résoudre à l'abandonner. Bizarrement, le soir, dès que je rentrais à la maison, il se comportait comme un enfant calme et adorable. Il s'asseyait sur le tapis et chantait des chansons. Mais dès que j'avais le dos tourné, il se transformait en véritable petit démon.

Tair fut finalement placé dans un orphelinat, où Honzohre et moi allions le voir tous les dimanches.

Une galerie marchande à côté de la mosquée

J'étais la première Ouïghoure à m'aventurer dans l'immobilier, un marché très risqué. Au cours de mes recherches, j'appris que des promoteurs, après avoir construit un bâtiment adjacent à la mosquée, rencontraient des difficultés financières. À présent, ils étaient en pleine négociation avec les *bingtuan* et espéraient leur louer le rez-de-chaussée de l'immeuble.

« Vous feriez une bien meilleure affaire si vous me le vendiez, dis-je à l'un des responsables.

— D'accord, me répondit-il. Mais nous devons 300 000 yuans à l'armée. Si vous vous chargez du remboursement de cette dette, nous ferons affaire ensemble. »

Je versai sur-le-champ la somme demandée. Puis, en échange d'un million de yuans, je louai les deux premiers étages du bâtiment pour une durée de dix ans. Sur deux cents mètres carrés de surface, je fis construire cent cinquante magasins que je comptais louer à des commerçants. J'investis 300 000 yuans dans ce projet.

Mais à peine les travaux achevés, les promoteurs m'informèrent qu'ils avaient changé d'avis et que je ne pourrais finalement pas m'installer dans leur immeuble. D'après eux, n'étant pas croyante et ne portant pas le voile, il était inconvenant que je travaille aussi près d'une mosquée. Ils me tendirent une mallette pleine d'argent. Le nouveau locataire, un Chinois, me remboursait l'intégralité des sommes que j'avais dépensées.

Il me fut impossible de cacher ma déception. « Vous préférez traiter avec ceux qui oppriment votre peuple. Vous ne me prenez pas au sérieux parce que je suis une femme. Mais n'oubliez pas que vos épouses et vos filles sont aussi des femmes. En m'insultant, vous les insultez aussi. Vous êtes en train de mentir dans la maison de Dieu. Un jour, Allah vous punira de ce péché. »

« Elle a perdu la raison ! »

À l'extérieur, mon regard se porta par hasard sur une porte. Celle-ci donnait sur un centre commercial à deux étages où des Chinois vendaient de la farine et des légumes. Un passage débouchait sur une grande place de 3 000 mètres carrés couverte de détritus. L'odeur était épouvantable. Les maisons attenantes tombaient en ruine. Les habitants de ce quartier, considérés comme bourgeois, avaient été déportés au cours de la Révolution culturelle.

Dieu semblait m'avoir guidée tout droit vers ces décombres. Je m'imaginai cette place rénovée. Centrale, elle était située entre deux rues très vivantes où de nombreux

Ouïghours venaient faire leurs courses. Je demandai au premier policier que je rencontrai à qui appartenait cet endroit. Il me conseilla de m'adresser au bureau du cadastre.

Le responsable du service me regarda avec de grands yeux incrédules quand je lui expliquai que je souhaitais louer cette place pour en faire un marché en plein air. Il m'y accompagna avec trois autres Chinois. Dès qu'ils passèrent la porte, l'odeur les prit à la gorge. Ils jetèrent un rapide coup d'œil et ressortirent aussitôt.

« De combien d'argent disposez-vous ? me demanda le responsable.

— J'ai 400 000 yuans.

— Très bien, cet endroit est à vous pour les trois années à venir, à condition que vous dégagiez toutes ces ordures à vos frais. »

De retour au bureau, les Chinois préparèrent un contrat qu'un Ouïghour me traduisit. Après la signature, ils m'accompagnèrent à la banque. Lorsque je leur tendis la mallette pleine d'argent, je lus l'excitation sur leur visage.

Le contrat stipulait qu'on me rembourserait les 400 000 yuans ainsi que tous les autres frais engagés si le gouvernement décidait finalement de ne plus me louer la place. Une clause spéciale interdisait dorénavant aux habitants des quartiers voisins de venir jeter leurs ordures « chez moi ».

Quand je racontai à Sidik ces nouvelles péripéties, il m'incita à la prudence. Pour mes enfants, surtout pour Kahar, vingt-trois ans, mon succès ne faisait aucun doute.

Le lendemain, j'invitai six de mes associés à venir voir mon dépotoir. Je leur annonçai mon intention d'ouvrir un bazar, mais, contre toute attente, ils ne se montrèrent pas très enthousiastes. L'un d'eux se moqua même de moi. « Voilà ce qui arrive quand une femme gagne de l'argent : elle perd la raison ! »

Avant de montrer les lieux à d'autres visiteurs potentiels, j'engageai des enfants défavorisés pour qu'ils m'aident à rénover la place. Je fus si occupée que je ne mis plus les pieds chez moi pendant trois semaines. Non loin de là, je m'aménageai un petit bureau où je dormais sur un sofa.

Toute la ville parlait de mon futur bazar. On murmurait que j'étais devenue folle. Je fis évacuer trente-six camions-poubelles remplis à ras bord. Les travaux me coûtèrent 170 000 yuans.

Ensuite, je décorai la place, les magasins et les portes d'entrée avec des fleurs en plastique. On n'avait rien vu de tel depuis la Révolution culturelle. Les employés du bureau du cadastre furent les premiers à visiter le chantier. Ils étaient très impressionnés. Sur les soixante collègues que j'avais invités, seuls deux firent le déplacement. « Aucun client ne traversera ce long passage pour venir jusqu'ici, me dit l'un d'eux. Vous feriez mieux de rentrer chez vous et de faire à manger pour votre mari. »

Je décidai de ne plus perdre de temps avec des ignorants de cette espèce et me rendis à la Ligue des femmes d'Ürümqi, qui possédait des stocks importants de tissus de toutes les couleurs. Mes interlocutrices ne me prirent pas non plus au sérieux lorsque je leur demandai de m'en vendre une partie. Je m'adressai alors au directeur d'une usine textile à l'extérieur de la ville. Je payai 600 000 yuans pour une quantité de tissu qui en valait 1,6 million et m'engageai à acheter 10 000 mètres de tissu tous les mois. À la vue de tout ce coton, je ne pouvais en croire mes yeux. Il était de très bonne qualité, dans tous les coloris possibles et imaginables.

J'envoyai ensuite une trentaine de jeunes filles pauvres fouiller toute la ville à la recherche de marchandises bon marché. Quand elles dénichaient quelque chose d'intéressant, je me chargeais de négocier les prix. Je rencontrai ainsi le gérant d'un entrepôt qui voulait à tout prix se débarrasser de ses colliers de fausses perles. Je lui rachetai tout son stock.

Le « Bazar des femmes » ouvre ses portes

L'inauguration du bazar eut lieu le 8 mars 1987, lors de la Journée internationale de la Femme. Je choisis d'ailleurs de l'appeler « Le Bazar des femmes ».

Pour le faire connaître, j'enregistrai une publicité sur cinq cassettes que je fis diffuser sur différents marchés de la ville.

« Bienvenue aux femmes de toutes les nationalités ! N'hésitez pas à vous rendre dans mon bazar, qui ouvrira ses portes le 8 mars prochain. »

J'avais décidé de vendre certains articles au-dessous de leur valeur réelle. D'autres seraient plus chers de deux ou trois yuans. Mes trente employées étaient réparties sur les différents stands, où l'on pouvait trouver des chaussures, du tissu ou des vêtements.

Je n'avais pas prévu de cérémonie particulière. De toute façon, les hommes d'affaires les plus influents de la ville n'auraient pas fait le déplacement. À 9 heures du matin, le premier client, un mendiant, fit son apparition. Il regardait autour de lui, perplexe. Je lui donnai 10 yuans avec lesquels il s'acheta trois colliers de fausses perles. À 10 heures, trois ou quatre femmes entrèrent à leur tour. Espérant qu'elles feraient quelques emplettes, je déroulai quelques bandes d'étoffe. Impressionnées par ces couleurs éclatantes, elles m'achetèrent 20 mètres de tissu chacune, ainsi que plusieurs colliers. Après avoir dépensé tout ce qu'elles avaient, elles rentrèrent chez elles chercher de l'argent pour faire d'autres achats.

Vinrent ensuite de nombreuses commerçantes qui avaient entendu mes publicités. Constatant que je pratiquais des prix plus que raisonnables, elles voulurent acheter de très gros stocks. Je donnai l'ordre à mes employées de ne pas vendre plus de 10 mètres de tissu par cliente, afin d'éviter que la concurrence ne vienne se réapprovisionner chez moi.

Ce fut ensuite au tour de la télévision et de la presse. Je fus même interviewée. Différents reportages furent diffusés dans l'après-midi. Lorsque Sidik, en rentrant du travail, alluma la télévision, il sursauta en me voyant apparaître à l'écran, les cheveux ébouriffés et la *doppa* de travers. J'étais sur toutes les chaînes. « Rebiya Kadeer, la première femme d'affaires de Chine, pratique des tarifs préférentiels en ce jour du 8 mars et fait ainsi un très beau cadeau à toutes les femmes de la ville. »

On diffusa également des images montrant la place avant et après les travaux : d'abord, une montagne d'ordures pestilentielles, puis les clients qui prenaient mon bazar d'assaut.

Je n'avais rien dit à Sidik, préférant attendre de voir comment les choses tournaient. Après m'avoir vue à la télévision, il se précipita au bazar. « J'ai une femme merveilleuse ! », s'exclama-t-il en me serrant dans ses bras.

Devant ce succès, certains de mes collègues vinrent me voir pour me louer plusieurs emplacements. Mais je donnai la priorité à des femmes démunies qui avaient elles aussi émis le souhait d'ouvrir une boutique. Je mis donc treize stands à leur disposition gratuitement et promis de leur prodiguer mes conseils. Je me réservai les deux derniers magasins de la place pour y faire de la vente de gros.

Galvanisée par tant de succès, je décidai de me lancer pour de bon dans l'immobilier et la construction. J'étais déjà millionnaire. Mais c'est en 1987 que je devins vraiment très riche.

L'âne et la grenouille

Les employés de l'épicerie voisine étaient fous de rage depuis l'ouverture du bazar. Un soir, une de mes employées sonna chez moi, à bout de souffle, et me prévint que des Chinois avaient déféqué et déversé des ordures partout.

Nous accourûmes sur place. Sur un des murs, on avait dessiné un homme à califourchon sur un âne. Une inscription disait : « Nous ne laisserons pas les Ouïghours tranquilles tant qu'ils ne retourneront pas s'occuper de leurs ânes ! »

Je demandai à mes employées de tout nettoyer, à l'exception de cette caricature. Nous l'utiliserions pour prouver que les Chinois nous avaient provoqués, au cas où nous serions obligés de faire appel à la police.

Puis j'allai voir le gérant du magasin de légumes.

« Ne pourrions-nous pas nous comporter en bons voisins ? Si mes affaires marchent bien et que j'attire des clients, vos légumes ne se vendront que mieux.

— Nous ne serons jamais amis.

— Je crois que vous avez répondu trop vite. Je vous laisse réfléchir et je reviens dans deux heures. »

Quelques minutes plus tard, il était posté devant mon bureau avec ses hommes, tous armés de bâtons. Le couple de Ouïghours qu'il employait se tenait devant, les Chinois derrière. Je me plantai devant eux, les bras croisés. Quand les deux Ouïghours voulurent battre en retraite, un Chinois empoigna la femme par les cheveux. Trois autres hommes saisirent son mari par le bras et lui ordonnèrent de ne plus bouger.

De mon côté, nous étions douze : trois femmes et neuf hommes. Le nombre de nos adversaires approchait la cinquantaine. Je n'aime pas résoudre les conflits par la force. Mais lorsque je vis comment ils traitaient les Ouïghours, leurs propres associés, je ne pus me contenir plus longtemps. Ils étaient en supériorité numérique, mais je voulais leur rendre quelques-uns de leurs coups pour qu'ils arrêtent de nous traiter comme des animaux.

L'histoire avait déjà prouvé maintes fois que les Ouïghours n'avaient peur de rien. « Prenez ces planches, ordonnai-je à mes employés. Elles nous serviront d'armes. » D'habitude, nous disposions nos marchandises dessus. Nous nous en emparâmes et nous jetâmes sur nos ennemis en poussant des hurlements féroces.

À vrai dire, je ne cherchais rien de plus qu'une petite bousculade. Les Ouïghours eurent très vite l'avantage. Mais l'altercation devenait de plus en plus violente. Comme je redoutais qu'il y eût des blessés graves parmi les Chinois, je m'interposai.

Sept ou huit de nos ennemis prirent la fuite. Les autres se rendirent, les mains en l'air. Alors que deux Chinois se tordaient de douleur par terre, deux de mes hommes continuaient à leur donner des coups de pied. « Arrêtez, ils ne peuvent plus se défendre ! », criai-je, avant de demander aux jeunes femmes de verrouiller les portes du bazar. J'ordonnai ensuite aux Chinois de tout nettoyer et de reclouer les planches avec lesquelles ils avaient été frappés. Pour nous, les Chinois ressemblent à des grenouilles. J'eus presque envie de leur en faire dessiner une sur le mur, mais renonçai à cette idée.

Le lendemain, j'exigeai du gérant qu'il s'excuse auprès du couple de Ouïghours. Il était tellement désolé qu'il proposa une promotion au mari.

Nous nous promîmes mutuellement de ne plus nous mettre de bâtons dans les roues. Au bout d'un certain temps, je finis même par trouver mes voisins sympathiques. Lorsque mes clients allaient faire leurs courses chez eux, ils étaient toujours servis avant les autres et avaient droit à des produits de qualité.

Mes débuts en politique

Dès qu'un Ouïghour commençait à exercer une certaine influence sur ses concitoyens, le régime lui proposait un poste dans un bureau, espérant ainsi s'attirer ses faveurs et le convaincre de se ranger du côté des Chinois. Avec la création du Bazar des femmes, j'avais montré que j'étais capable de déplacer des montagnes. Les cadres du Parti m'offrirent un siège au parlement du Xinjiang pour un mandat de cinq ans.

J'avais pour mission de communiquer les souhaits de la population au gouvernement. Mais comme ce dernier n'avait que faire des doléances du peuple, j'étais surtout censée rassurer mes concitoyens avec des phrases telles que : « Le régime communiste est le meilleur qui soit. »

D'un côté, je gagnai en notoriété. De l'autre, certains de mes concitoyens m'accusèrent d'avoir cédé aux Chinois.

Je décidai de décrire en détail aux cadres du Parti les problèmes que rencontrait notre peuple. Par exemple, dans le sud du Xinjiang, les élèves ouïghours suivaient les cours en plein air et devaient écrire au charbon de bois, alors que les infrastructures scolaires chinoises brillaient par leur modernité.

Un jour, je demandai aux cadres à quoi servaient nos ressources naturelles si la population du Xinjiang était de plus en plus pauvre. Un Chinois éclata de rire en se tapant sur les cuisses :

« Je vous trouve bien impatiente. Nous nous efforçons de résoudre ces problèmes. Si nous échouons, nous en référerons à nos supérieurs. Vos réclamations sont justifiées, mais évitez d'en parler autour de vous. Nous savons que vous aimez votre peuple, mais tant que la région sera instable, nous ne pourrons pas évoluer sainement. Voilà pourquoi vous devez œuvrer en faveur de l'amitié sino-ouïghoure.

— Très bien, je me montrerai docile, répondis-je. Mais j'exige que nous travaillions ensemble à la résolution de ces problèmes. »

Je pus lire la satisfaction sur leur visage. Le soir même, Sidik et moi discutions de la situation de notre pays avec Abdurrahim Ötkür et Osmanjan Sawut, tous deux écrivains :

« Au Turkestan oriental, il est impossible de s'opposer au gouvernement, déclara Ötkür. À la moindre tentative de soulèvement, ils nous extermineront jusqu'au dernier. De toute façon, nous ne pouvons même pas organiser de manifestation de masse. Quiconque veut prendre la tête de notre mouvement doit le faire depuis l'étranger. Entre 1949 et 1972, j'ai assisté à une soixantaine de révoltes. En tout, trois cent soixante mille personnes sont mortes et cinquante mille ont été déportées dans des camps de travaux forcés.

— Essayer de prendre le pouvoir, ce serait courir à notre perte, approuva Osmanjan Sawut. Rebiya, vous êtes celle qu'il nous faut ; vous avez les compétences et le caractère nécessaires à tout leader. »

Peut-être mes amis avaient-ils raison, mais il était hors de question que je m'enfuie à l'étranger.

La course aux signatures

Mon nouveau projet était pour le moins ambitieux. Je me lançai dans la construction d'un centre commercial et d'un immeuble adjacent pour y loger mes employés. Jusqu'à présent, aucune personne privée n'avait obtenu l'autorisation de construire un immeuble de deux étages ou plus. Ce privilège était réservé au gouvernement. Il s'agissait donc là d'une idée révolutionnaire. Je n'en dis pas un mot à Sidik, sachant pertinemment qu'il s'inquiéterait pour moi.

J'invitai deux cents hommes d'affaires à mon bazar et leur tins un bref discours. « Ensemble, nous pourrons gagner énormément d'argent. J'ai l'intention de fonder un centre commercial dans lequel un millier de commerçants pourront venir travailler. »

Un homme venu de Kachgar prit la parole. « Vous avez un don incontestable pour les affaires. Votre bazar est un succès, mais ne croyez pas pour autant que vous réussirez tout ce que vous entreprenez. Le gouvernement ne vous autorisera jamais à construire un immeuble de sept étages. Pour ma part, je refuse de participer à ce nouveau projet. »

Aucune des personnes présentes n'accepta de s'associer avec moi. De retour à la maison, je préparai tous les papiers nécessaires puis me rendis chez Jiang Gewir, le gouverneur chinois de la ville. Son bureau se trouvait sur un carrefour aux dimensions comparables à celles de la place Tian'anmen à Pékin. La simple Ouïghoure que j'étais n'aurait jamais réussi à obtenir un rendez-vous par la voie officielle.

À l'entrée, j'expliquai au gardien que je venais voir une de mes amies qui travaillait là comme secrétaire. Celle-ci, déjà très surprise de me voir, le fut encore plus lorsqu'elle apprit la véritable raison de ma présence. Elle finit par accepter de m'accompagner jusqu'au bureau de Jiang Gewir, à l'étage supérieur.

Je fus reçue par son secrétaire. Après que je lui eus brièvement expliqué mon projet de centre commercial, il transmit le message au gouverneur. Celui-ci, curieux de rencontrer une femme aussi extravagante, me fit immédiatement entrer dans son bureau.

« Avez-vous la moindre idée de ce que c'est qu'un building ? Pensez-vous sérieusement que vous y arriverez seule ? Visiblement, les compliments que vous avez reçus pour votre bazar vous sont montés à la tête. Vous êtes ouïghoure, n'est-ce pas ? Eh bien, en tant que telle, vous feriez bien mieux de retourner travailler aux champs.

— Vous avez raison, répliquai-je. Qui sait manier la faux est tout aussi capable de construire un tel immeuble. Seuls les paysans ont la force nécessaire. Voilà ce qui vous énerve. »

Furieux, il donna l'ordre à son secrétaire de me faire sortir.

Je me rendis directement au siège du gouvernement central pour y rencontrer Wang Lequan, le vice-président, également responsable de l'aménagement urbain. Mais deux gardiens m'empêchèrent d'entrer. Après m'être heurtée à ces deux armoires à glace durant toute une semaine, je décidai d'aborder le vice-président dans la rue. Il finirait bien par sortir à un moment ou à un autre.

Je finis par voir un homme massif s'extirper d'une limousine noire. Alors que je m'approchais, Wang Lequan m'ordonna de m'arrêter. « Vous êtes le vice-président de notre région. Pourquoi refusez-vous de vous entretenir avec une Ouïghoure ? », lui demandai-je. Alors, il me reconnut. « Mais oui, je vous ai vue à la télévision ! » Je lui tendis le descriptif de mon projet.

« Je vous en prie, signez-le. Je ne vous laisserai pas une minute de tranquillité tant que je n'aurai pas votre autorisation.

— Mais que voulez-vous, au juste ?

— Je souhaite acheter un terrain pour y construire une maison. »

Il s'empara des papiers, écrivit « Rebiya Kadeer a mon approbation » et signa. Il devait croire que je ne voulais construire qu'une petite bâtisse.

Je rencontrai ensuite le vice-gouverneur de la ville, un Ouïghour appelé Yusuf Eysa, et lui rapportai ma conversation avec Wang Lequan. « Il m'a délivré un permis de construire, mais il me faut aussi votre signature. » Il s'exécuta.

Le soir même, je fis part de mes projets à Sidik, dont la réaction ne me surprit guère. « Tu n'y arriveras jamais. » Jusqu'à la pose de la première pierre, il tenta de me faire renoncer et invitait régulièrement ses amis dans l'espoir qu'ils me fassent entendre raison.

Quand Jiang Gewir vit que les deux hommes les plus importants de la ville m'avaient donné leur accord, il murmura : « Mais ils sont fous… » Cependant, il se vit obligé de signer à son tour.

Le lendemain, je frappai à la porte d'Ablait Abdurexit, le président de la région autonome du Xinjiang. En théorie, c'était lui qui dirigeait notre province. Mais en pratique, il n'était qu'une marionnette entre les mains de Wang Lequan, qui travaillait en relation étroite avec Pékin.

Ablait Abdurexit éclata de rire à la vue de toutes les signatures. « Il est évident que vous ne pourrez jamais construire un immeuble pareil. Mais comme les autres ont déjà tous accepté, c'est à mon tour de vous donner mon autorisation. »

Je déposai ensuite les documents au bureau du cadastre. Enfin, je m'entretins avec les commerçants qui me louaient des magasins au bazar et leur proposai de travailler dans mon futur centre commercial. Ils se montrèrent tous très enthousiastes.

Une corruption omniprésente

Un véritable parcours du combattant m'attendait. Il me restait encore à convaincre toute une foule d'employés de bureau de tamponner mes documents. Comme j'étais à nouveau enceinte, j'aurais largement préféré déléguer cette tâche. Malheureusement, je dus m'en charger moi-même. En tout, je me rendis dans les mêmes bureaux une bonne cinquantaine de fois.

Au bureau du cadastre, un Ouïghour me donna un conseil déterminant : « Si vous continuez à venir les mains vides, ça ne plaira pas au chef. »

La fois suivante, j'apportai de l'argent. Certes, je prenais le risque qu'on me dénonce pour tentative de corruption, mais j'étais prête à tout pour accélérer les choses. La construction de cet immeuble m'importait plus que tout au monde. Après le départ des autres employés, je m'approchai du bureau du Ouïghour.

« J'ai apporté 5 000 yuans. Je vous en prie, aidez-moi à me débarrasser de toutes ces formalités. » Il ouvrit un tiroir, me dit d'y déposer l'argent et le referma immédiatement. « Donnez-moi vos documents. » J'obtempérai et il signa tout.

Il fallait maintenant que le responsable de l'aménagement urbain trace sur une carte les limites de mon futur terrain. Je me présentai au moins vingt fois devant leur bureau, mais on me disait toujours de revenir le lendemain.

Cette fois, je demandai franchement au responsable quelle somme d'argent il attendait de moi. « 100 000 yuans », répondit celui-ci en esquissant une légère grimace. J'avais plutôt tablé sur 10 000 yuans. Nous finîmes par tomber d'accord sur 30 000 yuans, que je lui apportai le lendemain matin.

Il convoqua alors trois de ses employés. Après leur avoir dit de tracer ces fameuses lignes vertes, il s'éclipsa.

Or, les trois hommes se contentèrent de jouer aux cartes jusqu'à midi, sans daigner regarder mes documents. À bout de patience, je finis par leur demander d'y jeter un coup d'œil. « Mais comment voulez-vous qu'on travaille le ventre vide ? me rétorqua l'un d'eux. Invitez-nous d'abord à déjeuner. » Je les accompagnai donc au restaurant et leur payai des cigarettes et de l'alcool, comme ils l'avaient exigé. De retour au bureau, ils ne tracèrent qu'un seul des traits. « On s'occupera du reste demain, après un autre déjeuner dans ce délicieux restaurant. »

Le lendemain, ils dessinèrent une autre ligne. Je dus leur payer à boire et à manger pendant plusieurs jours. Malgré mes supplications, ils me laissaient rarement rentrer chez moi, préférant que j'assiste à leurs beuveries. Bien évidemment, je devais m'asseoir à une table à part. Tandis qu'ils se régalaient de vin, de viande et de friandises, je me contentais d'une simple soupe. J'essayais de toutes mes forces de cacher ma colère. Vaincre une mauvaise volonté pareille relevait de l'épreuve de force. C'était une véritable guerre psychologique.

Mais il fallait que je tienne bon, sous peine de devoir renoncer à mes projets. De plus, le fait qu'on m'ait confisqué par deux fois toutes mes marchandises et mon argent à Canton m'avait rendue particulièrement coriace.

Le dixième jour, les trois types tracèrent enfin la dernière ligne verte. Le terrain était délimité. Maintenant, c'était au tour des lignes rouges, qui devaient indiquer les fondations du futur immeuble.

Pour cela, je devais m'adresser à trois autres fonctionnaires haut placés. Mais plus le bureau concerné avait de l'importance, plus le montant des pots-de-vin augmentait. Finalement, je dépensai presque autant pour financer la construction du bâtiment que pour satisfaire le moindre caprice de ces messieurs.

Les fonctionnaires à qui je m'adressai me réclamèrent des vestes en cuir à 4 000 yuans pièce pour leurs amis et leur famille. De plus, chacune de leurs femmes souhaitait renouveler entièrement sa garde-robe et gâter ses enfants.

Je finis par craquer. Jusqu'à présent, j'avais enduré toutes ces humiliations sans broncher. Mais un soir, à peine rentrée à la maison, j'éclatai en sanglots.

Mon mari voulut me réconforter. « Regarde tout ce que tu as déjà accompli. Prends ton mal en patience jusqu'au début des travaux. »

Durant cette période de ma vie, j'appris à faire fi des obstacles qui se dressaient sur ma route. Certains hommes d'affaires, devenus très riches grâce au Bazar des femmes, m'apportèrent leur soutien. D'autres investisseurs ouïghours qui s'étaient intéressés à mon nouveau projet perdirent patience et reprirent leur mise de fonds. Mais dès que l'un d'eux quittait le navire, un autre me contactait pour prendre sa place.

L'appartement près de l'université

La vie dans le minuscule logement de fonction de Sidik commençait sérieusement à nous peser. Pour pouvoir travailler en paix, je m'aménageai un petit bureau au bazar que j'utilisais parfois comme chambre à coucher. Un assistant et une secrétaire travaillaient pour moi.

Compte tenu de la proximité des toilettes publiques, l'été, l'atmosphère dans l'appartement était irrespirable. La perspective d'avoir bientôt un nouveau logement nous aida à tenir le coup. Mais une fois la construction des nouveaux bâtiments achevée, quelle ne fut pas notre déception lorsqu'on nous informa qu'il n'y avait finalement plus d'appartement libre pour nous.

Aucun des responsables de l'université n'était ouïghour. Le directeur de l'université était ouzbek. J'allai me plaindre auprès de son adjoint, un Tatare nommé Rawup Ewsi :

« Mon mari a accepté de vivre dans ces conditions épouvantables uniquement par amour de son métier. Donnez-nous n'importe quel appartement. Ça nous est complètement égal, du moment que nous ne vivons pas à côté des toilettes.

— Vous n'êtes qu'une simple femme au foyer qui joue à la marchande. »

Pour ces intellectuels, les commerçants étaient des êtres encore plus abjects que les voleurs. Quand il ajouta que je devais garder en mémoire le passé carcéral de mon mari, j'explosai.

« Pourquoi vous amusez-vous à rabaisser les Ouïghours, tout comme le font les Chinois ? Si vous étiez ouïghour, vous ne seriez pas assis là. Vous n'avez pas été nommé à ce poste pour vos compétences, mais parce que les Chinois l'ont bien voulu. Qui êtes-vous pour oser me parler ainsi ?

— Je refuse de vous écouter plus longtemps. Sortez. »

Quand mon mari apprit ce que j'avais fait, il s'énerva contre moi. « De quel droit t'es-tu rendue sur mon lieu de travail ? Tu m'as mis dans une situation impossible ! »

Quelques jours plus tard, le directeur adjoint nous accordait un appartement de 48 mètres carrés au deuxième étage de l'immeuble flambant neuf, non sans avertir Sidik. « Si vous avez besoin de quoi que ce soit, venez me voir vous-même. Votre femme devrait faire attention à ce qu'elle dit, surtout devant les Chinois, ou elle finira en prison. »

Rebiya Kadeer le 6 décembre 2009, à Paris
(ph. J de Macedo/Amnesty International)

Kadir Kenchi, le père bien aimé, aux alentours de sa centième année.

En 1994, au côté d'Abdurrahim Ötkür (1923-1995), un des plus grands écrivains et intellectuels ouïghours.

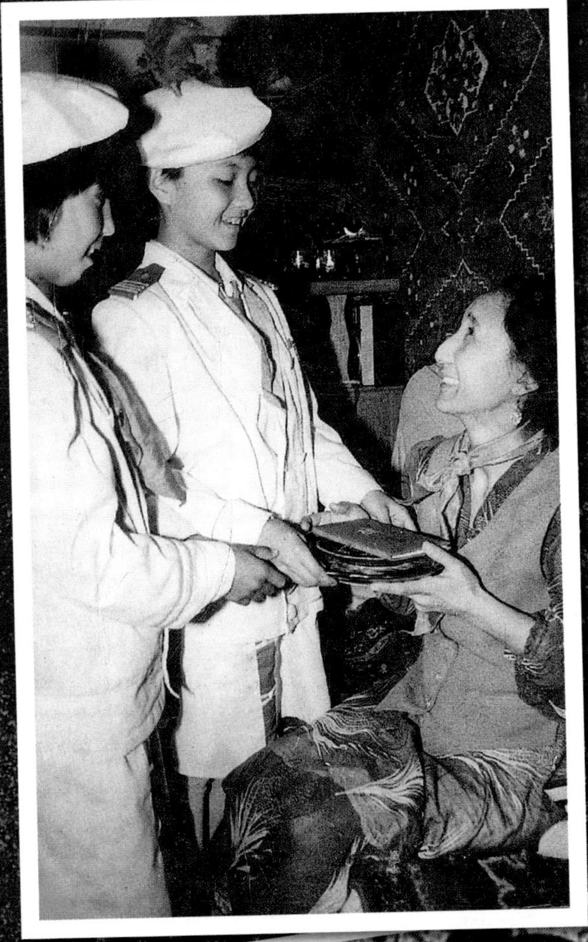

Le 1er juin 1987, dans l'orphelinat qu'elle a fondé, Rebiya Kadeer reçoit une récompense symbolique à l'occasion de la Journée internationale de l'Enfant.

À l'occasion d'un voyage en Chine en 1995, Bill Gates est reçu dans les bureaux de Rebiya Kadeer à Ürümqi.

En 1996, aux États-Unis, Sidik reçoit la *huta* des mains du dalaï-lama, avant d'évoquer la situation des Tibétains et des Ouïghours.

En 1995, à Ürümqi, coiffée de son *tomak* blanc, Rebiya Kadeer s'apprête à assister à la 4e Conférence mondiale sur les Femmes, organisée à Pékin par les Nations unies

Avec Sidik, en 1996, dans un hôtel new-yorkais. Ils ne se reverront qu'après la libération de Rebiya en 2005.

Sidik entouré des siens, à Washington DC, en 2007. À ses côtés : Mustafa et Honzohre. Au premier rang : Akida, Kekenos et son fils, Iliyar.

Ablikim, Rushengül, Kahar et Alim posent devant la photo de Sidik, peu après la libération de leur mère en mars 2005.

Épuisée mais heureuse, peu après son arrivée aux États-Unis, au côté de son mari dans les locaux d'Amnesty International.

En compagnie de Madeleine Albright, ancienne secrétaire d'État américaine aux Affaires étrangères, qui soutient son combat en faveur des droits de l'homme.

« Ensemble pour la paix dans le monde » : Rebiya et le dalaï-lama, à Washington, le 13 novembre 2005.

À l'occasion de la visite du président Hu Jintao aux États-Unis, le 19 mai 2005, Rebiya manifeste avec d'autres défenseurs des droits de l'homme devant le siège des Nations unies.

Entourée de MM. Idris, Isa, Can et Seytoff, membres du Congrès mondial ouïghour, lors de la réunion de la Commission des droits de l'homme des Nations unies, à Genève, en 2007.

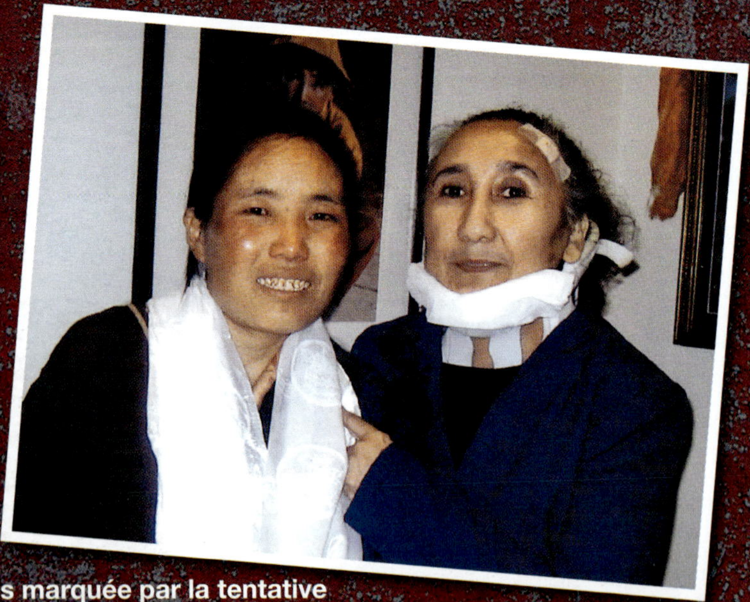

Encore très marquée par la tentative d'assassinat du 15 novembre 2005, à côté d'une Tibétaine détenue pendant quinze ans en Chine.

9

QUI NE FLÉCHIT JAMAIS APPREND À MARCHER DROIT

Manifestation à Ürümqi

Une grande manifestation eut lieu à Ürümqi le 19 mai 1989. Elle fut déclenchée par la parution d'un livre à Shanghai sur la sexualité des musulmans, jugé choquant par bon nombre d'entre nous. Des Dounganes et des Ouïghours se postèrent devant plusieurs bâtiments administratifs. D'un point de vue strictement historique, ces deux peuples étaient ennemis. Mais ils faisaient front commun dès qu'il s'agissait de défendre leur religion.

Des écoliers aux étudiants en passant par les fonctionnaires, tout le monde était extrêmement tendu et descendit dans la rue. Sidik était en train de faire cours quand plusieurs de ses élèves sortirent rejoindre le cortège. Il n'y avait plus qu'un jeune homme dans la salle de classe. Lorsqu'il voulut partir lui aussi, mon mari lui demanda de rester, afin de témoigner qu'il n'avait pas pris part à la manifestation.

Deux heures plus tard, je vins le chercher à l'université en taxi. Trois cent mille personnes défilaient dans la rue pour réclamer la fin de la dictature communiste. Quand je voulus me joindre à elles, Sidik m'en empêcha et ordonna au chauffeur de nous conduire jusqu'à mon bureau. Lorsque nous fûmes arrivés, je descendis du taxi en trombe, furieuse et déçue que Sidik se soit montré aussi peureux.

Comme les dirigeants ignoraient les revendications des manifestants, ces derniers se dirigèrent vers le siège du Parti communiste. Le gouvernement leur répondit par la violence. Parmi les nombreuses personnes interpellées, certaines furent torturées, d'autres déportées dans des camps de travail. Ces événements marquèrent le début d'une nouvelle période de répression.

Les policiers demandèrent au directeur de l'université si Sidik était allé défiler. Alors, je compris combien mon mari avait eu raison de rester à l'écart de la manifestation.

Un mois plus tard, le 4 juin, surexcités, nous suivîmes à la télévision les manifestations de la place Tian'anmen, à Pékin. Les étudiants chinois avaient les mêmes revendications que nous en matière de droits de l'homme et de liberté d'opinion. Nous ne pouvions imaginer un seul instant que les dirigeants chinois abattraient leurs propres enfants de sang-froid. J'étais convaincue qu'il s'agissait là de la fin du communisme et que nous avions gagné. Sidik, quant à lui, se montra beaucoup plus prudent : « Ne te réjouis pas trop vite. Tu ne sais pas ce qui se passe exactement là-bas. »

Alors que nous voyions peu d'images des chars, les journalistes nous racontaient qu'un soldat avait été pendu et brûlé par des étudiants. Le bilan officiel faisait état de cent quatre-vingt-six morts, mais aujourd'hui encore, on ne connaît pas les véritables chiffres. Je ne devais apprendre les détails de la répression que bien des années plus tard, lors de mon exil.

Malgré toute cette violence, nous sentions qu'un nouveau mouvement était en marche. Il régnait une atmosphère de révolte. Cinq mois après ce bain de sang, Deng Xiaoping démissionna de son poste de président de la Commission militaire centrale et fut remplacé par Jiang Zemin.

Capitaux et confiance

Quand on a de grandes ambitions, il faut savoir sauter à pieds joints dans l'inconnu. Les vieux bâtiments situés derrière le Bazar des femmes devaient être détruits pour être remplacés par de nouvelles constructions. Le gouvernement relogea donc les résidents chinois ailleurs, y compris les employés de l'épicerie. Mais leur patron refusa de déménager et ordonna à ses hommes de bloquer l'accès au chantier.

J'en informai les autorités. Mais comme personne ne se décidait à intervenir, je fus obligée d'aller voir moi-même le gérant du magasin. Pour étayer mes arguments, je me munis d'un grand panier rempli de nourriture, ainsi que d'une enveloppe contenant 2 000 yuans. Cependant, comme ce commerçant occupait une place importante au sein du Parti communiste, j'étais un peu angoissée à l'idée de lui verser un pot-de-vin. Finalement, mes craintes étaient injustifiées. Non seulement il s'empara de l'argent sans hésiter un seul instant, mais en plus il exigea 3 000 yuans supplémentaires. Ensuite, il fit dégager ses employés.

Une fois le terrain prêt à être construit, j'invitai deux cents hommes d'affaires à venir visiter le chantier. Je leur montrai une maquette de mon futur centre commercial, dans lequel je leur proposai d'investir.

Ils m'apportèrent l'argent dès le lendemain matin. Ils déposèrent tout simplement leurs billets sur mon bureau, sans exiger de facture. Je parvins ainsi à collecter 4 millions de yuans, soit 25 % des dépenses prévues. Comme la banque avait refusé de m'octroyer un prêt, mon entreprise serait principalement fondée sur les capitaux et la confiance de mes amis ouïghours. Certains d'entre eux m'avaient prêté leur argent sans réclamer aucun intérêt.

Je me mis d'accord avec l'entreprise de construction pour verser 8 millions de yuans sur-le-champ ; les versements suivants seraient échelonnés sur les cinq années à venir. J'avais estimé le coût total des travaux à 16 millions de yuans. Finalement, en comptant les dessous-de-table, j'en dépensai 19 millions.

Le contrôle des naissances à la chinoise

La course aux tampons et les querelles quotidiennes avec des bureaucrates sans scrupules avaient eu raison de mes forces. Or, je n'étais pas au bout de mes peines. À présent, les responsables du contrôle des naissances m'avaient en ligne de mire. Jusque-là, le régime n'avait pas encore appliqué trop sévèrement sa politique d'avortements forcés. Mais alors que j'attendais mon neuvième enfant, j'étais directement concernée par ces nouvelles mesures.

Officiellement, les non-Chinois avaient droit à deux enfants par couple, trois s'ils vivaient à la campagne. Dans chaque commune se trouvaient cinq ou six femmes, le plus souvent chinoises mais parfois ouïghoures, en qui les autorités avaient confiance et qui gardaient un œil vigilant sur les futures mères. Rien qu'à Ürümqi, il y avait une quinzaine de bureaux de contrôle des naissances, où étaient régulièrement pratiqués des avortements forcés.

Désormais, il fallait une autorisation d'accoucher pour être admise à l'hôpital. Les femmes qui tombaient malades au cours de leur grossesse n'osaient pas se rendre chez le médecin, de peur que cette autorisation ne leur soit retirée. Bon nombre de femmes enceintes prenaient donc la fuite pour d'autres villes. Mais où qu'elles aillent, elles trouvaient des bureaux de contrôle des naissances. De plus, le régime refusait d'accorder la citoyenneté aux bébés nés en cachette, qui n'auraient donc jamais d'existence aux yeux de la loi, et ce, durant toute leur vie. Quant aux parents, ils seraient bien souvent punis et perdraient leur emploi.

Au cours de mon septième mois de grossesse, les autorités se mirent à me surveiller de plus en plus. Un soir, lorsque je rentrai à la maison après une dure journée de travail, Sidik m'annonça que les femmes du contrôle des naissances étaient encore passées. Elles me suivaient partout comme mon ombre. Puisqu'elles ne portaient pas d'uniforme, je ne les distinguais pas tout de suite parmi les autres passants. Je parvenais à les éviter en me cachant sous une porte cochère, en tournant brusquement dans une ruelle ou en entrant dans un magasin pour en ressortir par-derrière. Mais dès qu'elles m'attrapaient pour m'« éduquer idéologiquement », une dispute éclatait.

« Au Turkestan oriental, nous n'avons jamais eu besoin de contrôler les naissances, leur répondais-je chaque fois. C'est à cause de l'émigration planifiée des Chinois, décidée par le gouvernement, que nous souffrons de pression démographique. C'est votre faute, mais c'est nous qui devons payer les pots cassés. »

Un jour, elles firent même le guet devant la porte de mon bureau. Je ne me risquai à sortir que deux heures plus tard, après leur départ. Le lendemain, je reçus la visite de quatre femmes escortées par des policiers. Elles m'ordonnèrent de les suivre à l'hôpital. « Je suis enceinte de neuf mois. Vous voudriez assassiner cet enfant qui est sur le point de naître ? »

Les fonctionnaires me traitèrent avec un peu plus de ménagement que les autres Ouïghoures, mais elles ne devaient faire aucune exception, encore moins s'agissant de moi. Si elles parvenaient à me faire avorter, elles me citeraient en exemple aux autres femmes à qui elles s'en prendraient. Elles m'accordèrent un jour de délai.

Le lendemain, alors que je me trouvais au bureau du cadastre pour régler quelques formalités administratives, les contrôleuses m'arrêtèrent et m'emmenèrent dans leur bureau. Elles m'annoncèrent qu'elles allaient m'ouvrir le ventre le lendemain.

C'est alors que je ressentis les premières contractions. Je mis au monde ma quatrième fille le 25 décembre 1989. Le lendemain, une jeune infirmière ouïghoure apparut à mon chevet et s'exclama : « Mon Dieu, Rebiya ! Vous avez le lit numéro 18 ! Enfuyez-vous avec votre fille si vous voulez la sauver. »

Elle tenait un plateau sur lequel se trouvaient cinq seringues, dont l'une portait une étiquette avec le numéro 18. Cela signifiait qu'en tout cinq bébés seraient tués, et que la seringue numéro 18 était destinée à ma petite fille.

Sans réfléchir davantage, je me précipitai dans le couloir, où se trouvaient d'autres patientes. Je pris de l'argent dans mon sac, le fourrai dans la main d'un visiteur et le suppliai d'aller chercher mon mari.

Puis j'entrai dans la nursery et énumérai à voix haute les chiffres indiqués sur les seringues, expliquant que les bébés qui portaient ce numéro étaient sur le point de se faire assassiner. Leurs mères, épouvantées, firent irruption dans la pièce et sortirent les bébés de leurs berceaux.

Quelques instants plus tard, le directeur de la clinique fit irruption dans la pièce et me tordit le bras. Heureusement, Sidik arriva au même moment, accompagné de nombreux autres hommes.

Pour le punir de cette naissance et de l'incident survenu à l'hôpital, les autorités revirent le salaire de Sidik à la baisse et lui infligèrent une amende de 2 000 yuans. La mienne s'élevait à 50 000 yuans.

Nous appelâmes notre fille Kekenos, du nom d'un oiseau de la mythologie persane. D'après la légende, il avait vécu cinq cents ans.

À cette époque, l'autorisation du mari était encore nécessaire pour pratiquer un avortement forcé. Mais au fil des ans, le pouvoir des bureaux de contrôle des naissances se vit renforcé : aujourd'hui, ceux-ci ont le droit de faire avorter une femme sans le consentement de qui que ce soit. Certains médecins pratiquent également des stérilisations forcées sur les hommes comme sur les femmes. Et lorsqu'une grossesse est menée à terme en dépit des règles imposées par le contrôle des naissances, le médecin a le droit de tuer le nouveau-né.

« Entends-tu le chant du coq ? »

L'immeuble où devaient vivre mes employés et mes associés était achevé. Mon centre commercial, qui n'existait encore que sur le papier, sortirait bientôt de terre. Nous avions vendu une partie des cinquante-six appartements et loué le reste pour notre personnel. C'était l'immeuble le plus moderne d'Ürümqi. J'avais réservé le deuxième étage, soit 250 mètres carrés, pour y vivre avec ma famille. Nous disposions de cinq chambres, d'un salon, d'une cuisine, d'une salle de bains et de toilettes séparées.

Mes invités furent très impressionnés par la superficie des différentes pièces. Même Rawup Ewsi, le directeur adjoint de l'université, vint visiter notre appartement. Après en avoir fait le tour, il chanta mes louanges auprès de ses collègues. « Nous avons tous quelque chose à apprendre de cette femme. À soixante-six ans, c'est bien la première fois que je vois quelqu'un réaliser son rêve. Autrefois, elle me faisait peur. Mais aujourd'hui, je suis fière d'elle. Je suis également très heureux de travailler avec son mari. » Par la suite, Rawup Ewsi et moi devînmes bons amis.

Sidik avait du mal à croire qu'il possédait enfin son propre bureau ainsi qu'une immense bibliothèque. « Tu m'as offert tout ce que je désirais : tu m'as donné des enfants, tu m'as trouvé un emploi et tu as fait construire cet immeuble. Malgré tout, j'ai l'impression que nous nous éloignons de plus en plus. Si tu vivais ici avec moi, nous formerions la famille la plus heureuse de la ville. Je m'inquiète beaucoup pour toi. Il est peut-être temps que tu arrêtes de travailler. Tu ne veux pas ? »

Mais Sidik se doutait de ma réponse et aucun de nous deux n'osa insister. Cependant, je sentais combien il était content, tout comme ma famille et mes proches. Kahar, Rushengül et Reyila emménagèrent avec nous. Les autres enfants venaient nous rendre visite dès qu'ils le pouvaient.

En 1990, Yusuf Eysa, le vice-gouverneur ouïghour de la ville, coupa le ruban à l'entrée de l'immeuble et prononça un discours. « Je vois que vous êtes venus en nombre. Je comprends la joie de notre peuple. Sa fille vient de faire son apparition sur la scène mondiale. Tous ses rêves, tous ses espoirs, tout son avenir reposent sur les épaules de cette femme. Je tirerai moi aussi les enseignements de la force, du courage et de l'intelligence dont fait preuve Rebiya Kadeer. Ce bâtiment représente la première grande construction de notre histoire et nous montre combien le Parti, le gouvernement central, le peuple et la région autonome ont su évoluer main dans la main. »

Son discours se mua ensuite en un cortège de louanges au Parti communiste. Il n'avait vraisemblablement pas le choix. « Rebiya Kadeer a apporté son soutien aux réformes du gouvernement. C'est maintenant au tour du peuple de soutenir Rebiya Kadeer. La politique actuelle est parfaite et permet à tout un chacun de s'enrichir. À vous de profiter de l'occasion qui vous est donnée. »

La foule applaudit. Portée par tous ces sourires, je pris la parole. « Aujourd'hui, mon rêve est devenu réalité. Au début, personne ne croyait que j'y arriverais. Tout le monde s'est trompé. J'ai accompli quelque chose de difficile, mais ce n'est qu'un début. J'ai deux choses importantes à vous dire. Tout d'abord, chacun doit choisir la mort la plus digne qui soit, c'est-à-dire mourir au combat. Comprenez-moi bien. Je ne parle pas d'une lutte qu'on mènerait les armes à la main. Autrefois, nous étions un peuple très cultivé. Aujourd'hui, nous avons tout perdu. Cependant, nous ne devons pas rejeter la faute sur les autres. La responsabilité n'en incombe à nul autre que nous. Pour changer les choses, il faut faire preuve d'initiative et travailler main dans la main. De plus, peu importe que vous soyez pauvres ou affaiblis. Il est de votre devoir d'envoyer vos enfants à l'école. Prenez votre rôle de parents au sérieux. Ce sont nos enfants qui déterminent l'avenir de notre peuple. »

J'avais tout d'abord eu l'intention d'inviter mes amis haut placés, comme le vice-gouverneur, dans un grand restaurant. Or, toutes les tables étaient déjà réservées. De plus, qu'adviendrait-il des cinq mille personnes qui scandaient mon nom ? Yusuf Eysa suggéra alors de dîner en plein air, en compagnie du peuple. On procéda au sacrifice des moutons et on servit la viande fumante sur de longues tables. Le pilaf, notre plat national, parfumait l'atmosphère.

Mes proches, mes enfants et mon père étaient tous assis à la même table. Tout le monde avait fait le déplacement, même les fonctionnaires à qui j'avais dû verser des pots-de-vin. Évidemment, ils auraient préféré dîner au restaurant. Mais quand ils virent que Yusuf Eysa et ses amis restaient là, ils purent difficilement insister. Ils se contentèrent donc de sourire, comme toujours, et de masquer leurs véritables sentiments.

Certains convives dansaient et chantaient au son du tambour, du violon et de la flûte. Autour de moi, des hommes, des femmes et des enfants me saluaient depuis les toits et les balcons. Nous étions si nombreux qu'ils n'avaient pu descendre faire la fête avec nous.

« Tu as gagné la confiance du peuple, me chuchota Sidik.

— Pourtant, tu m'avais dit que ce serait difficile. »

Nous éclatâmes de rire tous les deux. Ce jour-là, j'eus vraiment le sentiment que la douleur de notre peuple trouvait un exutoire dans la danse, la joie et le chant. Yusuf Eysa serra la main de mon père.

« Vous pouvez être fier de votre fille.

— Oui, c'est quelqu'un d'exceptionnel, répondit papa. Avec elle, on passe sans arrêt du rire aux larmes. Elle ne laissera jamais les Ouïghours tranquilles ! »

Le poète Osmanjan Sawut, qui était assis à notre table, déclama un extrait d'une de ses œuvres. « Entends-tu le chant du coq ? Réveille-toi, le jour s'est levé. »

Des bombes sur Baren

Notre peuple luttait désespérément pour sa survie. Il suffisait d'une étincelle pour que la situation dégénère. En 1990, le refus des autorités de faire construire une nouvelle mosquée à Baren, au sud de Kachgar, mit le feu aux poudres. Une insurrection éclata le 5 avril 1990. Il s'agissait là du soulèvement le plus important depuis la fin de la Révolution culturelle. J'espérais sincèrement qu'il nous mènerait à la victoire.

Le sud de la région n'était pas encore dominé par les Han. À cet égard, il constituait le centre névralgique de la lutte pour l'indépendance. Devant le Congrès, le président de la Commission militaire se montra très clair : « Nous réprimerons cette insurrection par les armes. Nous devons agir immédiatement, sous peine de perdre le Xinjiang. Nous sommes même prêts à bombarder la ville. Sachez que les rebelles bénéficient de soutiens à l'étranger. »

Je fus saisie d'indignation en entendant ces mots. Les insurgés n'étaient soutenus ni par l'Union soviétique ni par l'Occident. Il s'agissait en réalité de petites gens, principalement de paysans.

Finalement, le régime envoya des troupes dans la région de Baren. À Ürümqi, en l'espace de quelques jours, on vit également quelques personnes brandir des drapeaux islamiques et réclamer l'indépendance. À la télévision, on évoquait le « projet pernicieux d'une poignée de nationalistes marginaux » qui visait à « détruire l'unité de notre grande patrie ». On accusait ces séparatistes de fomenter un complot depuis des décennies avec l'aide de l'étranger, de diffuser de la propagande panislamique et de publier de la littérature réactionnaire.

Un soir, après le travail, j'avais organisé une réunion secrète dans le bureau de Sidik. Mes amis et moi nous concertions pour déterminer le mode d'action le plus habile. Il fallait que tous les villages, et non un seul, se soulèvent simultanément. Nous en arrivâmes à la conclusion qu'un tel projet était irréalisable. Même si nous admirions le courage des habitants de Baren, nous craignions que le bilan ne fût très lourd.

Heureusement, Baren ne fut pas bombardé. Pékin y envoya tout de même deux cent mille soldats pour mater la révolte. On déplora environ un millier de victimes. La tension était palpable dans tout le pays. En effet, le régime redoutait que les Ouïghours ne prennent exemple sur les pays voisins, sur le point d'accéder à l'indépendance.

Après l'instauration de mesures drastiques pour « lutter contre la grande criminalité », le nombre d'arrestations au Turkestan oriental augmenta considérablement. Des centaines d'écoles coraniques furent fermées. Des dizaines de milliers de religieux firent l'objet d'une étroite surveillance. Les fonctionnaires et les jeunes de moins de dix-huit ans n'eurent plus le droit de prier. Le contrôle des naissances fut renforcé. Pour un Ouïghour, trouver un emploi était encore plus difficile qu'avant. Dans les usines, sur soixante employés, seuls dix étaient ouïghours. Le gouvernement nous accusait sans cesse de chercher à détruire la belle harmonie régnant entre les Chinois et les autres ethnies.

L'effondrement de l'Union soviétique

Après les réformes timides initiées par la Perestroïka (« restructuration ») et la Glasnost (« transparence »), sous l'impulsion de Mikhaïl Gorbatchev, secrétaire général du Parti communiste de l'Union soviétique, la dissolution de l'URSS fut officiellement déclarée le 21 décembre 1991 à Almaty. Elle fut remplacée par la Communauté des États indépendants (CEI), qui regroupait toutes les républiques d'Asie centrale.

Les Kazakhs, les Ouzbeks ou encore les Turkmènes avaient retrouvé leur indépendance. Et les Ouïghours se prirent eux aussi à espérer.

Afin d'étouffer toute velléité d'indépendance, des formations furent dispensées dans les entreprises du Xinjiang. On y enseignait aux Ouïghours que leur destin était lié à celui des Chinois, et réciproquement, et qu'il ne fallait pas considérer les peuples voisins comme des amis. Dans les médias, on ne cessait de nous démontrer l'erreur qu'ils avaient commise en réclamant leur indépendance. Les gens qui s'opposaient à cette vision des choses se retrouvaient au chômage. Même les instituteurs inculquaient cette façon de penser à leurs élèves.

Malgré ces intimidations, j'étais convaincue qu'un jour viendrait où nous serions libres, nous aussi. Nos voisins et nous constituions une entité culturelle à part entière. Nous avions, et c'est toujours le cas, une histoire, une langue et une architecture communes.

Pour moi, l'effondrement de l'Union soviétique fut également synonyme de nouvelles perspectives économiques. Dès qu'un homme d'affaires arrivait au Xinjiang, c'était à moi qu'il s'adressait en premier. Les Ouïghours aimaient maintenant porter des vêtements d'Asie centrale et d'Occident. Nos voisins, eux, s'intéressaient surtout à la porcelaine chinoise et aux tissus bon marché. Mon réseau professionnel connut donc une nouvelle expansion. Mon projet consistait à commander du tissu pour l'exporter en Asie centrale. Je n'attendais moi-même qu'une seule chose :

pouvoir me rendre dans les États frontaliers. Mais alors que les commerçants chinois n'avaient aucune difficulté à obtenir les papiers nécessaires, les Ouïghours se voyaient souvent obligés d'attendre jusqu'à deux ans, hormis ceux qui travaillaient comme interprètes pour les Chinois. De plus, dans ma position, il eût été inutile de corrompre qui que ce soit, le gouvernement de Wang Lequan ayant décidé que, de toute façon, je n'aurais jamais de passeport.

Chaque fois que je demandais pourquoi je n'avais toujours pas le droit de sortir du pays, on me répondait la même chose : je devais faire preuve de patience.

Un rêve devient réalité

Mon centre commercial ouvrit ses portes en 1992. Parmi le millier de commerçants et d'employés à qui je fis visiter l'immeuble de sept étages, nombreux étaient ceux qui ne connaissaient rien au commerce. Je prodiguai d'abord mes conseils aux femmes et aux personnes démunies.

Au sixième étage, je m'aménageai un nouveau bureau, plus grand. Ce magasin, un des lieux les plus en vue d'Ürümqi, allait changer ma vie. Il avait d'ailleurs vu le jour grâce au soutien financier et à la confiance de mes compatriotes, la majeure partie de ma fortune ayant été dépensée en pots-de-vin. Je venais de construire le premier centre commercial du Turkestan oriental. Certains hommes d'affaires ouïghours qui, auparavant, n'auraient jamais investi 10 000 yuans dans une boutique, se pressaient autour de moi pour que je leur fasse une petite place moyennant 50 000 yuans.

Les vendeurs qui me louaient déjà un emplacement redoutaient que je n'augmente mes prix. Je les réunis pour dissiper les rumeurs. « Votre aide compte bien plus que vous ne pouvez l'imaginer. C'est vous qui déciderez de la somme que vous voulez verser pour conserver un point de vente dans mon magasin. » Les commerçants annoncèrent leur prix les uns après les autres. Le plus bas se situait à 5 000 yuans. « Très bien, je vous propose de me verser

300 yuans par boutique, et l'année prochaine, je ne vous réclamerai rien. Tout ce que je vous demande en échange, c'est de ne pas dire du mal de moi. »

Je demandai également aux hommes de s'habiller correctement et aux femmes de revêtir des costumes traditionnels. Puis, je fis ouvrir les portes. Des milliers de clients envahirent le centre commercial, telle une grande vague déferlante.

De la signification d'un simple centre commercial

J'étais persuadée que mon centre commercial jouerait un rôle important dans l'histoire des Ouïghours. Il incarnait ma force et ma résistance face à l'oppresseur. C'était le symbole de mon existence tout entière.

Au beau milieu de la capitale du Xinjiang, ce bâtiment était la preuve même qu'une femme pouvait réussir là où tant d'hommes avaient échoué. Peu importe ce que les dirigeants pensent aujourd'hui de ce centre commercial. Peu importe qu'ils le détruisent. Pour l'heure, il est toujours là.

Aucun des bâtiments que j'ai fait construire par la suite n'a eu la même importance que ce premier grand magasin. Mes compatriotes en ont construit, eux aussi. Mais dans la rue, on continue à parler du mien et des obstacles que j'ai dû surmonter pour arriver à mes fins.

Plus tard, le régime investit à son tour plusieurs millions de yuans dans la construction d'un bazar moderne à la turque. On fit même venir des commerçants de Kachgar et de tout le Xinjiang. Les stands regorgeaient d'objets ouïghours et de costumes traditionnels. Mais le peuple me témoigna un soutien indéfectible.

Aujourd'hui, vu de l'extérieur, mon magasin semble quelque peu défraîchi, le gouvernement ayant interdit de le faire rénover. Malgré tout, les clients continuent d'y affluer, toujours aussi nombreux. Ils s'y sentent chez eux, alors qu'ils sont devenus une minorité dans leur propre pays.

Mon centre commercial est le point névralgique de la vie commerciale à Ürümqi. De nombreux commerçants chinois ont tenté eux aussi de s'y installer ; ils ont vite renoncé. Si je ne l'avais pas construit, je n'aurais pas fait autant de rencontres, du simple paysan au président chinois. Mais j'aurais peut-être échappé à la prison.

10

MAFIA, ASSASSINATS ET AUTRES DÉCONVENUES

Morts soudaines

Je dus patienter deux ans avant d'obtenir le passeport qui me permettrait de me rendre en Asie centrale. Pourquoi l'administration me mettait-elle des bâtons dans les roues, alors que j'étais une femme d'affaires reconnue ? Cette inégalité de traitement exaspérait les fonctionnaires ouïghours, et c'est pourquoi le régime finit par céder.

Avec l'aide de Rehmutulla, mon chauffeur, j'acheminai des vêtements de sport jusqu'au Kazakhstan. Les Kazakhs ne pouvant pas se payer de marques comme Adidas ou Puma, les contrefaçons fabriquées en Chine étaient très convoitées.

De nombreux Ouïghours firent ainsi fortune. Mais lorsque les Chinois remarquèrent à quelle vitesse ils s'enrichissaient, ils leur interdirent d'importer et d'exporter. Le régime nous autorisa à traiter avec des entreprises appartenant aux gouvernements d'Asie centrale à une seule condition : que nous lui reversions 10 % de nos bénéfices.

Les autorités continuèrent à freiner notre élan en instaurant toutes sortes de lois. Non seulement nous devions prévenir l'administration quand nous partions pour l'Asie centrale, mais aussi lorsque nous y restions plus longtemps que prévu. De plus, les fonctionnaires chinois déterminaient le montant des taxes selon la quantité de marchandises que nous rapportions au pays, quel que fût le bénéfice que nous en tirions. Un homme d'affaires me raconta qu'il avait dû payer 1 500 yuans de taxes sur des marchandises qu'il avait vendues 480 yuans. Il avait été obligé de fermer boutique.

De tous les commerçants, c'était moi la plus ingénieuse. J'observais très attentivement les bazars des républiques voisines. Je repérais les vêtements qui avaient le plus de succès. Je les faisais ensuite confectionner par des usines chinoises et les réexportais en grande quantité. Je disposais d'un camion et d'un chauffeur dans chaque pays.

Je devins ainsi la femme d'affaires la plus importante d'Asie centrale. Je ne fraudais jamais et m'acquittais de toutes les taxes qu'on exigeait de moi. Alors que la plupart de mes concitoyens s'étaient spécialisés dans un seul domaine, pour moi, le prêt-à-porter n'était qu'une possibilité parmi d'autres.

Lorsque j'appris qu'en Chine la demande de ferraille était très forte, je signai plusieurs contrats avec des usines kazakhes. Celles-ci me fournissaient en fer sous toutes ses formes : vieilles voitures, chars d'assaut, bicyclettes. Je le revendais ensuite à la Chine, qui m'en donnait 4 000 yuans la tonne. Grâce à mes bonnes relations avec le gouvernement kazakh, je pus importer plusieurs milliers de tonnes.

L'année suivant l'ouverture des frontières, tout se déroula sans problème particulier, mais cette tranquillité fut de courte durée. Des bandes organisées parcouraient les routes d'Asie centrale et dépouillaient les Ouïghours de leurs chargements. Tandis que l'ambassade chinoise intervenait dès qu'on s'en prenait à ses ressortissants, les Ouïghours ne pouvaient se tourner vers personne, puisqu'ils n'avaient même pas de pays.

Au Kazakhstan, ces voleurs de grand chemin assassinèrent deux Ouïghours extrêmement fortunés. Tursun Sakal, une de mes connaissances, se fit voler son argent, puis on le décapita. Sa tête fut présentée sur un plateau avec ce message : « Voici ce qui arrive à ceux qui refusent de nous donner leur argent. » Un autre de mes amis fut découpé en morceaux.

Au Kirghizistan, la situation était similaire. Ces bandits se faisaient appeler *rekit*, un mot arabe signifiant « mafia ». Dès qu'ils repéraient quelqu'un avec une montre au poignet, ils la lui arrachaient. Et lorsque la victime allait déclarer ce vol au commissariat, c'était elle qui se retrouvait sous les verrous.

Il était indispensable de connaître un parrain qui puisse ordonner à ses sous-fifres de nous laisser travailler en paix. Je contactai donc un certain nombre de mafieux kazakhs. Un jour, je demandai à l'un d'eux pourquoi il faisait partie de la mafia. Il éclata de rire et m'expliqua qu'il se faisait passer pour un parrain afin de pouvoir travailler en toute sécurité...

Rêve prémonitoire

J'avais donné une grosse somme d'argent ainsi que des vêtements à une association ouzbèke qui s'occupait d'enfants défavorisés et je souhaitais à présent en rencontrer les responsables. C'était la première fois que je me rendais en Ouzbékistan. Je garai mon camion chargé de vêtements contrefaits dans une grande cour, qui appartenait à une famille ouïghoure et où d'autres personnes vendaient leurs marchandises. Après le déjeuner, alors que je m'étais assoupie le temps d'une courte sieste, huit hommes cagoulés firent irruption dans la cour. Ils frappèrent les Ouïghours, dont l'un eut même le nez coupé.

Je me réveillai en hurlant. Tout ceci n'était qu'un cauchemar. Mais pour moi, il s'agissait là d'un avertissement. Persuadée que la mafia allait débarquer d'un moment à l'autre, je chargeai mes affaires dans le camion. Avant de partir, je racontai mon rêve à un jeune homme originaire d'Artush. Il ne me prit pas au sérieux.

Dans la cour, je croisai une femme prénommée Ayscherhan, qui venait de Kunul. Je lui dis de venir avec moi, sous peine de perdre tout ce qu'elle possédait. Elle se contenta de me regarder d'un air étonné. « Je devrais partir d'ici à cause d'un simple rêve ? »

Je me rendis finalement chez Farida, une autre Ouïghoure. Le lendemain, alors que nous prenions le petit déjeuner, Ayscherhan frappa à la porte. Elle était couverte de sang. Comme dans mon rêve, plusieurs mafieux avaient envahi la cour, roué de coups les commerçants et volé toutes leurs marchandises. Alors que le jeune homme d'Artush était allongé par terre, sans défense, ils lui avaient coupé le nez avec un canif.

Ayscherhan voulait éviter que les brigands n'apprennent où je séjournais. Elle était donc venue me prévenir, seule. Les autres commerçants pensaient que j'étais de mèche avec la mafia, puisque tout s'était déroulé exactement comme dans mon cauchemar.

Les policiers m'interrogèrent. Quand je leur expliquai que j'avais rêvé de l'incident, ils ne me crurent pas. Ils m'accusèrent de complicité avec les bandits.

« Je suis arrivée hier soir, et c'est la première fois de ma vie que je mets les pieds dans ce pays, déclarai-je en leur montrant mon passeport. Je ne connais personne ici, ni mafieux ni commerçants. » Mais la police était convaincue de mon implication.

L'interrogatoire dura tout l'après-midi. Le soir, après que Farida eut versé une caution élevée, on me libéra enfin. De retour chez elle, je lui conseillai d'écouler le maximum d'articles contrefaits. Les bénéfices de cette vente me permettraient d'échapper à la prison. Le lendemain matin, le commissaire me convoqua dans son bureau.

« Alors, me dit-il, il paraît que tu es voyante ? Si tu réponds correctement à mes questions, tu seras définitivement blanchie. Serai-je promu ?

— Non, répondis-je au hasard.

— À quoi ressemble ma femme ? »

Comme il avait du ventre, j'en déduisis qu'il aimait la bonne chère.

« Ta femme a de l'embonpoint.

— C'est exact, répondit-il, troublé. Tout ce que tu m'as dit est vrai. On cherche effectivement à m'évincer. Le ministre cherche à me renvoyer au profit d'un membre de sa famille. »

Avant de partir, j'informai le commissaire qu'il bénéficierait de tout mon soutien et de celui des commerçants durant son enquête. Craignant pour ma sécurité, il m'hébergea chez lui. Avec sa femme et ses enfants, nous formions une véritable famille. Par la suite, ils devaient me commander de grandes quantités de vêtements.

Les voleurs furent interpellés un mois plus tard. Comme ils venaient d'une famille d'hommes politiques très respectés, l'affaire fut classée sans suite. Au moins, tout le monde sut que je n'étais pas impliquée dans cette agression.

Une vie de reine

J'étais devenue non seulement riche, mais aussi très influente, et le gouvernement chinois comptait bien profiter du respect que j'inspirais à la population. Mon visage apparaissait environ tous les deux jours sur les écrans de télévision. « Grâce au soutien du Parti communiste, cette femme a réussi tout ce qu'elle a entrepris », disaient les journalistes pour flatter le régime.

Je menais une vie de reine. J'employais une esthéticienne à temps complet. Quand j'étais invitée à une réception, elle m'aidait à me préparer. Elle me massait dès que j'étais tendue.

Nous avions également une cuisinière et une femme de ménage. Une autre employée s'occupait des courses et du repassage. Enfin, j'avais deux secrétaires. L'un gérait mon emploi du temps et me servait également de garde du corps. L'autre, une femme, faisait les magasins à la recherche de vêtements à la mode pour les enfants et moi.

Dès qu'une personnalité d'Ürümqi organisait une réception, j'étais reçue avec un faste auquel même le président de la région autonome, Ablait Abdurexit, n'avait pas droit. Chez moi, je recevais de nombreuses personnalités, acteurs, scientifiques ou écrivains.

Les réunions importantes n'avaient jamais lieu sans moi. Quand je ne passais pas à la télévision pendant trois ou quatre jours d'affilée, les gens commençaient à s'inquiéter.

Les journalistes voulaient que je prenne position sur tous les sujets, quels qu'ils soient.

Mais j'étais parfois scandalisée par la dépravation de certains de mes confrères fortunés. Un jour, le patron d'une entreprise chinoise m'invita à déjeuner dans un restaurant près de Shanghai. Mon voisin me confia d'un ton très mystérieux qu'on allait me servir un mets de choix réservé à de rares privilégiés. Un serveur s'approcha en poussant un chariot surmonté d'une cloche en argent. Lorsqu'il la souleva de ses gants blancs, l'horreur me coupa le souffle. Je me retrouvais nez à nez avec un singe auquel on avait ouvert le crâne, et dont j'étais censée déguster la cervelle à la petite cuillère. L'animal, toujours vivant, tremblait de tous ses membres. Je dus sortir vomir. J'informai ensuite mes hôtes que nous ne travaillerions plus jamais ensemble. Lors de la session parlementaire suivante, je proposai de lutter contre les traitements cruels infligés aux animaux. Les députés chinois se contentèrent de me rire au nez.

La richesse me donnait de nouvelles responsabilités. J'avais enfin l'occasion d'apprendre à mon peuple ce que signifiait vivre en démocratie. Il est plus facile de réfléchir à la liberté quand on a le ventre plein.

J'avais beau être privilégiée, je me sentais très nerveuse. Quand je croisais des mendiants dans la rue, j'avais honte de moi. Je me rendais au centre commercial dans ma limousine avec chauffeur et j'avais l'impression de faire preuve d'arrogance. Il fallait que je sorte mon peuple de la pauvreté. Il fallait que je donne les moyens aux parents d'envoyer leurs enfants à l'école. Il fallait que j'aide les Ouïghours à s'épanouir dans leur vie professionnelle.

Corruption et pots-de-vin

Un jour, de la fenêtre de mon bureau, j'observais l'un de mes hommes d'affaires négocier avec un Chinois, à qui il avait acheté vingt sacs de marchandises. Deux percepteurs surgirent et réclamèrent au Ouïghour 500 yuans de taxes par sac.

L'homme leur expliqua que ses articles étaient très bon marché, et qu'un seul de ces sacs ne lui rapporterait jamais 500 yuans. Le Chinois récupéra donc ses biens, que le Ouïghour avait pourtant déjà payés. Les lois variaient sans arrêt d'un bureau à l'autre. Les gens qui avaient les moyens de verser des pots-de-vin payaient finalement beaucoup moins d'impôts.

Les autorités se montraient bien plus compréhensives à l'égard des commerçants chinois. Les Ouïghours, quant à eux, se mettaient à trembler dès qu'ils voyaient arriver les inspecteurs des impôts, reconnaissables à leurs chaînes en or et à leurs grosses bagues.

À la suite de nombreuses plaintes, le régime mit en place un bureau de lutte contre la corruption. Mais quand un commerçant s'y rendait pour dénoncer les pratiques des percepteurs, son magasin était fermé le lendemain. On voyait très souvent les contrôleurs des impôts et les employés du bureau de lutte contre la corruption jouer aux cartes et manger ensemble dans les meilleurs restaurants de la ville. Parmi eux, se trouvaient également des Ouïghours qui avaient définitivement renoncé à leur dignité.

Les deux bureaux convenaient à l'avance quel serait leur prochaine cible. Il s'agissait de pratiques mafieuses, ni plus ni moins.

En tant que députée, j'étais responsable du département « Commerce et communication ». Chaque fois que je décrivais les conditions de travail des Ouïghours, exemples à l'appui, mes collègues chinois me promettaient d'y remédier sur-le-champ. Mais ce n'était que des paroles en l'air.

Les députés ouïghours, eux, préféraient garder le silence, très étonnés qu'on ne m'eût pas déjà relevée de mes fonctions. Ils me conseillèrent même plusieurs fois de me taire, de peur qu'on me jette en prison. De toute façon, on ne constatait aucune amélioration. Mais en privé, ils me tapaient sur l'épaule et me félicitaient d'avoir osé protester.

Lors de mon intervention suivante, plusieurs députés exigèrent que je fournisse les preuves de ce que j'avançais. Je citai donc les noms de plusieurs commerçants et racontai ce qu'ils avaient subi. Les personnes que j'avais mentionnées furent ruinées peu de temps après. Je compris que la corruption était présente même dans les plus hautes sphères de l'État. Quant aux hommes d'affaires que j'avais tenté de protéger, ils ne m'accordèrent plus un seul regard.

Bientôt, plus aucun député du Congrès ne voulut entendre parler des problèmes rencontrés par les commerçants. Mais j'avais bien l'intention de secouer cette assemblée paresseuse et repris la parole au cours d'une de nos réunions. « Des millions de personnes nous font confiance et n'attendent de nous qu'une chose : qu'on les aide. Or, j'ai beau vous décrire les difficultés que rencontre la population, vous refusez de voir la réalité en face. On se contente de dire au peuple de suivre les lois édictées par le Parti, et tout ira bien. Mais nous lui mentons ! Je suis ouïghoure. Je ne parle pas bien chinois. Tout ce que je connais, ce sont les conditions de vie de nos concitoyens. Mais à chaque fois que je les évoque, vous niez leur existence même. La raison en est simple. Je sais que vous êtes corrompus, comme tous les autres. Et le peuple sait, lui aussi, que vous lui mentez. Peu importe que vous ne me preniez pas au sérieux. Je refuse de me taire. »

Puis nous sortîmes manger au restaurant. En chemin, quelques-uns des députés se montrèrent un peu plus conciliants. « Vous avez été formidable », me dit même l'un d'eux. Ils jouaient des coudes pour être placés à la même table que moi.

« Comment se fait-il que nous vous apprécions tous ? me demanda-t-on.

— Ne vous mettez pas en colère si je vous parle franchement, répondis-je. Vous tous ici présents, vous ressemblez beaucoup à ces criminels. Mais contrairement à eux, vous détenez le pouvoir, puisque vous décidez des lois. Et si elles étaient justes, vous aussi, vous seriez punis. »

Un député pouffa, comme si je venais de raconter une histoire drôle :

« Vous pensez vraiment que nous aussi, nous sommes des voleurs et des meurtriers ?

— Vous en êtes même les chefs ! »

Alors, ils se mirent tous à rire comme une bande d'ivrognes.

À la Conférence consultative politique du Peuple chinois

Jusqu'à présent, mes responsabilités politiques se cantonnaient au Xinjiang. En 1992, je fus nommée à la Conférence consultative politique du Peuple chinois. À présent, je déjeunais à la table du président Jiang Zemin, ainsi que d'autres dirigeants, et nous discutions ensemble des affaires courantes.

Nous nous réunissions tous les six mois, soit à Pékin, soit à Ürümqi. Environ trois cents députés de toutes les provinces du pays, des cadres du Parti ou des magnats de la finance, comme moi, se retrouvaient dans le Grand Palais du Peuple, sur la place Tian'anmen. Officiellement, durant deux semaines, nous adoptions les nouvelles lois. En réalité, il était impossible de discuter dans ce parlement de pacotille. Nous nous contentions d'écouter les cadres du Parti nous faire part de leurs décisions.

Un jour, un fonctionnaire chinois m'informa que le président souhaitait s'entretenir avec moi. Je jubilais, bien que mes sentiments vis-à-vis de cet homme fussent mitigés. Après la première session, Jiang Zemin ne m'avait pas fait forte impression. Il avait un regard assez antipathique et son rire sonnait faux. D'après moi, il n'était pas fait pour diriger un pays.

Une partie du Grand Palais du Peuple était réservée au Xinjiang. C'était là que m'attendait mon hôte. La pièce était décorée de moulures typiquement ouïghoures. Des tapisseries ornaient les murs, ainsi qu'un grand tableau représentant des arbres fruitiers en fleur.

Dès qu'il me vit, Jiang Zemin se leva et me salua chaleureusement. « Bienvenue, Rebiya. Entrez. » Sur le moment, je regrettai d'avoir pensé du mal de lui. Je ne me sentais pas très à l'aise mais tâchai de me montrer enjouée. « Je suis très honorée d'être reçue par le président de la République. »

Nous étions huit en tout. J'étais entourée de l'interprète et des trois hommes qui m'avaient accompagnée jusque-là. Aux côtés de Jiang Zemin se trouvaient trois de ses assistants. Les journalistes n'avaient pas été autorisés à entrer. Probablement m'avait-on convoquée pour m'offrir une promotion, mais on souhaitait d'abord me mettre à l'épreuve.

Après un bref échange de politesses, le président m'interrogea. « Quelles sont les lois que vous trouvez mauvaises au Xinjiang ? À quels problèmes votre région est-elle confrontée ? Y a-t-il des injustices à déplorer parmi les hauts fonctionnaires ? »

Je voulus croire que le gouvernement chinois cherchait une solution adaptée aux difficultés que nous rencontrions. Au cours des vingt minutes qu'on me donna pour répondre, je m'efforçai de décrire le plus précisément possible les problèmes auxquels nous étions confrontés. Je critiquai les pratiques des cadres tels que Wang Lequan, le vice-président de la région autonome. Je n'hésitai pas non plus à parler de la corruption, de la pression fiscale et du chômage. À formation égale, les Chinois du Xinjiang avaient beaucoup plus de facilités que les Ouïghours à trouver un emploi. « Si vous voulez que tout le monde ait accès à l'instruction, dis-je, il faut revoir les frais de scolarité à la baisse. Pour l'instant, ils sont beaucoup trop chers. »

Puis j'abordai un autre sujet : « Les colons chinois détruisent nos terres. Ils arrachent nos arbres. Ils assèchent nos rivières, de sorte que nos champs ne sont plus irrigués. Je vous en prie, révisez votre politique de colonisation. N'envoyez pas tant de Chinois chez nous. De plus, les paysans pauvres devraient bénéficier de frais d'hospitalisation gratuits. »

Jiang Zemin me fit signe de continuer.

« Vous prélevez d'énormes quantités de pétrole et de gaz et qualifiez même nos inestimables réserves de "seconde Arabie Saoudite". Pourtant, un grand nombre de nos villages ne sont même pas alimentés en eau courante. Quant aux recettes générées par l'exploitation de nos ressources naturelles, elles devraient servir à envoyer un millier de Ouïghours étudier à l'étranger.

— Vous m'avez donné des informations intéressantes, me répondit Jiang Zemin. L'amélioration du niveau de vie des Ouïghours fait partie de nos priorités. Nous allons nous atteler sur-le-champ à la résolution des problèmes dont vous venez de nous faire part. Nous venons de mettre en place une nouvelle politique de réformes, et vous pouvez d'ores et déjà constater quelques avancées. Au moindre souci, adressez-vous directement au gouvernement central. »

Je le remerciai. Cette fois, le président chinois m'avait paru bien plus sympathique. De retour à Ürümqi, je rapportai cette conversation à Sidik.

« C'est très bien que tu aies évoqué autant de problèmes, me dit-il, mais tu en as aussi oublié un certain nombre. Pourquoi ne t'es-tu pas montrée plus dure avec lui ?

— On ne m'a accordé que vingt minutes, me justifiai-je. C'est loin d'être suffisant. Mais j'espère qu'il prendra en compte ce que je lui ai dit et qu'il aidera notre peuple. »

Sidik se prit la tête entre les mains :

« Cet entretien t'est monté à la tête. Ne te prends pas trop au sérieux. Ils cherchaient juste à endormir ta vigilance. »

Les événements allaient donner raison à mon mari. Immédiatement après mon entrevue avec Jiang Zemin, je fus convoquée par Wang Lequan.

« Votre avenir s'arrête ici ! »

Dans son bureau, Wang Lequan m'abreuva de reproches. Deux interprètes me traduisaient ses propos car, bien qu'étant le représentant du Parti communiste au Xinjiang, il ne maîtrisait pas le ouïghour. Il avait même des difficultés à parler le mandarin.

« Vous parlez toujours de "votre peuple", mais n'oubliez pas que c'est nous qui vous avons introduite au sein du gouvernement central, ce qui fut d'ailleurs une grossière erreur. Si vous continuez à nous calomnier, vous aurez de gros ennuis. Vous n'êtes qu'une simple femme d'affaires. Nous vous avons apporté notre soutien. Mais sachez que, quand une personne fait preuve d'obstination, nous sommes prêts à prendre les mesures qui s'imposent. Et si vous n'apprenez pas à vous contrôler, vous risquez d'en faire bientôt l'expérience. De plus, il paraît que votre mari est un homme néfaste. »

Jusqu'à présent, le nom de Sidik n'avait jamais été mentionné par quelque dirigeant que ce fût.

« Quand vous vous adressez à moi, répondis-je, de quel droit évoquez-vous ma vie privée, et à plus forte raison mon mari ?

— Il a fait de la prison, déclara nonchalamment Wang Lequan, comme s'il parlait de la pluie et du beau temps. Vous subissez son influence. Nous cherchons seulement à vous protéger. Pensez à votre avenir et agissez en conséquence. »

En fait, il me suggérait de divorcer.

« Ai-je accepté des pots-de-vin, tué des gens, distribué des tracts contre vous ? répondis-je. Je me suis contentée d'informer le président de nos conditions de vie. Si nous voulons garantir la stabilité de la région, il faut d'abord améliorer le niveau de vie de la population. Tout ce que je souhaite, c'est que le régime agisse enfin pour et non contre les gens. Mais si vous continuez à jeter tous les jours des innocents en prison, vous ne tarderez pas à essuyer la colère du peuple. La discussion que j'ai eue avec le président représente un grand pas en avant pour le Xinjiang. Le seul moyen de ramener la paix dans la région, c'est de dénoncer les injustices. »

Son visage se durcissait à mesure que l'interprète traduisait.

« Vous nous avez trahis, répondit-il froidement. Vous ne tarderez pas à subir les conséquences de vos actes.

— Vous venez de perdre la partie, l'interrompis-je. Selon un proverbe chinois, quand on ne trouve plus les mots, on brandit le poing. Il est de mon devoir de vous avertir. Si vous continuez à maltraiter ainsi les Ouïghours, vous serez puni.

— Votre avenir s'arrête ici.

— Seul Dieu en décidera. »

Sur ce, on m'accompagna jusqu'au bureau d'Ablait Abdurexit, qui souhaitait lui aussi me parler. Nous nous connaissions bien. « Je suis content de vous voir, me dit-il. Comment allez-vous ? Votre mari et vos enfants se portent-ils bien ? » Les deux hommes qui m'avaient accompagnée buvaient nos paroles. Après m'avoir demandé comment allaient les affaires, il finit par aborder un sujet plus délicat :

« À nous deux, nous ne résoudrons jamais toutes les difficultés auxquelles se heurte notre peuple. Évitez de vous attirer des ennuis à cause de broutilles. Vous avez bien fait d'évoquer tous ces problèmes à Pékin. Les dirigeants s'en occupent. D'ailleurs, vous devez bien admettre que notre niveau de vie s'est amélioré au cours des dernières années.

— Je crois que vous avez oublié d'où vous venez. Vous souvenez-vous du village de votre enfance ? Vous souvenez-vous de l'époque où nous mangions à notre faim ? Nous étions heureux et nous faisions la fête tous ensemble. Autrefois, les gens ne se mentaient guère. Pouvez-vous m'expliquer pourquoi ces mêmes personnes sont devenues si querelleuses ? Vous me répétez sans cesse que les choses s'améliorent, pourquoi ne parlez-vous pas de ce qui ne va pas ? »

Ablait Abdurexit semblait étouffer et défit son nœud de cravate. « Je vous en prie, parlons d'autre chose. Qu'est-ce que vous vendez en ce moment ? » Il était inutile de discuter avec lui. Nous échangeâmes quelques banalités, puis je décidai de prendre congé. Mais il me retint et m'invita à dîner chez lui. J'aurais préféré décliner son invitation, mais en le voyant s'aplatir ainsi devant moi, je me sentis obligée d'accepter.

Depuis la porte, les deux Chinois nous observaient, perplexes. Ils s'attendaient sans doute à ce qu'une dispute éclate, comme avec Wang Lequan.

Ablait Abdurexit avait une réputation d'homme politique accommodant. En effet, même s'il supportait très mal la façon dont Wang Lequan traitait nos concitoyens, il ne s'en plaignait jamais officiellement. Il attendait d'être chez lui pour dire combien il se sentait humilié par cet homme.

De plus, il s'était habitué à ce nouveau mode de vie. Le régime avait même autorisé sa femme à se rendre en

Allemagne. Elle parlait de ce pays démocratique avec un tel enthousiasme qu'on ne pouvait l'arrêter.

Quant à Wang Lequan, depuis ce jour, il ne manqua pas une seule occasion de me mettre des bâtons dans les roues.

Ramila, ma nouvelle assistante

D'après ses propres étudiants, Sidik était le seul à leur enseigner des choses qui leur serviraient toute la vie. Ramila, une de ses anciennes élèves, insista auprès de lui pour me rencontrer.

Un jour, je la reçus dans mon bureau. Elle avait le visage rond, la peau claire et un caractère bien trempé. Elle me parla avec enthousiasme des cours de Sidik. « Nous étions si attentifs qu'on aurait entendu une mouche voler. Nous avions l'impression qu'il remplissait une faille dans notre cœur, comme s'il nous avait donné à boire alors que nous mourions de soif. Grâce à lui, nous avons compris quel est le plus grand besoin du peuple : la liberté. »

Nous fîmes plus ample connaissance autour d'une tasse de thé. « Je suis au courant de votre mission, me déclara-t-elle. Laissez-moi vous aider. Je suis prête à travailler comme une acharnée. Une fois, Sidik nous a dit que le pays avait besoin d'une femme courageuse à sa tête. Il nous a également affirmé qu'elle existait, qu'elle était convaincue qu'un jour le pays retrouverait son indépendance et qu'elle se consacrerait tout entière à cette mission. Depuis, je n'ai cessé de la chercher, et je pense l'avoir enfin trouvée. »

Cette jeune institutrice de trente ans me relata les difficultés rencontrées par sa famille depuis le début de l'occupation chinoise et me confia son souhait de devenir mon « premier soldat ». Très vite, elle abandonna son poste d'enseignante, ouvrit une boutique dans mon centre commercial et devint mon assistante.

Le pouvoir de la drogue

Un soir, Honzohre prit place à côté de moi. Tair, son frère, maintenant âgé de seize ans, lui manquait vraiment beaucoup. Je le retirai donc du foyer où il était hébergé et lui aménageai une petite chambre dans mon magasin.

Peu de temps après, Turdschan me téléphona pour la première fois depuis un an. À l'époque, il avait emmené sa sœur au bazar pour lui acheter une robe et lui avait donné un peu d'argent. Je suivis discrètement Honzohre jusqu'au lieu du rendez-vous.

Turdschan était devenu un beau jeune homme. Lorsqu'il me vit, il me serra fort dans ses bras. Au cours du repas, je lui proposai un emploi dans mon entreprise, mais il refusa.

« Pour que Honzohre soit en sécurité, me dit-il, je dois rester avec les Dounganes. Ils ont cessé de me maltraiter.

— En quoi consiste ton travail ?

— Je gagne ma vie.

— Et comment ?

— Je ne peux pas te le dire.

— Vous êtes combien ?

— Parfois cinq, parfois dix.

— Tu reviendras nous voir ?

— En ce moment, c'est compliqué. Il faut que j'aille en Chine. »

Il était vraisemblablement impliqué dans un trafic de drogue. Dernièrement, de plus en plus de parents dont les enfants étaient devenus toxicomanes me demandaient de l'aide. Lors des descentes de police, tout le monde était interpellé, mais les dealers étaient relâchés peu de temps après, à condition de reverser une partie de leurs bénéfices aux forces de l'ordre. Ainsi, les policiers touchaient une double récompense : l'État les primait pour les arrestations, et les dealers les payaient pour être libérés. Consommateurs et revendeurs étaient surnommés « les enfants de la police ».

Les policiers qui arrêtaient trente dealers en un mois se voyaient proposer soit un logement plus grand, soit une promotion. Ils se retrouvaient souvent propriétaires de quatre ou cinq maisons en ville. Dans chaque famille, on espérait que le fils ferait carrière dans les forces de l'ordre.

J'avais déjà exhorté plusieurs fois le Congrès à instaurer des lois contre le trafic de drogue. Je proposai également de financer une campagne de prévention. Mais d'après les cadres, les spots diffusés à la télévision et à la radio suffisaient amplement.

Je créai donc ma propre patrouille, chargée de dénoncer à la police les dealers qui sévissaient dans mon centre commercial. Un deuxième groupe informait mes clients sur les dangers de la drogue. Mais très vite, le chef de la police m'ordonna d'arrêter, prétextant que c'était au gouvernement de s'en occuper.

De moins en moins de possibilités s'offraient à moi. Finalement, je profitai de la réunion mensuelle sur la conduite à tenir en cas d'incendie pour évoquer le problème de la drogue.

La frontière entre économie légale et économie souterraine était de plus en plus floue. En effet, de nombreux fonctionnaires et même des hommes politiques faisaient partie des clients les plus fidèles des trafiquants de drogue.

Sidik jette l'éponge

Comme j'étais tout le temps en voyage d'affaires, principalement en Asie centrale, je devais me contenter de visites éclairs à Ürümqi. Mon mari était toujours inquiet quand la porte se refermait derrière moi pour plusieurs semaines. Son seul souhait était de continuer à enseigner à l'université, à écrire et à se cultiver. Pour lui, tous ces millions que je gagnais n'avaient aucune valeur. À ses yeux, éduquer la jeunesse ouïghoure comptait plus que tout.

Depuis les grandes manifestations de la place Tian'anmen et le soulèvement d'Ürümqi, les professeurs faisaient l'objet d'une surveillance accrue. Les sujets abordés en classe étaient soumis à la censure. Parmi les quarante-cinq étudiants de Sidik, au moins cinq appartenaient aux services secrets. Il lui était formellement interdit d'évoquer la

« nationalité ouïghoure ». Les cadres décortiquaient la moindre de ses paroles.

Un jour, un Chinois et un Kazakh, tous deux membres du Parti communiste, l'accusèrent d'avoir dit que Marx était dépassé. Pourtant, Sidik n'avait jamais rien prétendu de tel. Par prudence, mon mari allait jusqu'à communiquer aux autorités concernées les questions que ses élèves lui posaient en cours.

Dès qu'il disait quelque chose de positif sur les Ouïghours, certains étudiants montaient sur leurs grands chevaux. Il ne pouvait parler ni d'histoire ni de démocratie. Il fut convoqué pour avoir évoqué le livre d'un écrivain iranien. Selon cet auteur, il était tout à fait normal que les femmes n'eussent aucun droit. Sidik avait expliqué qu'il ne fallait pas laisser les fanatiques pervertir nos traditions. Quand il expliqua à ses supérieurs que le livre avait été condamné par le Parti communiste, on le laissa immédiatement regagner sa salle de classe.

Mon mari devait constamment ânonner des phrases telles que : « Mao Zedong était un grand homme. » Un penseur qui n'a plus le droit de penser, quoi de plus absurde ? Tous ses collègues vivaient eux aussi très mal ces pressions constantes.

« Je ne supporte plus de devoir sans cesse mentir à mes étudiants, me dit-il un jour. J'ai tant de choses sur le cœur dont je voudrais leur faire part, mais je n'en ai pas le droit. On m'interdit même de parler des grands philosophes. » Sidik se résigna à démissionner de son poste et à quitter l'université.

Je savais combien cette décision lui était pénible, mais je ne voyais pas non plus d'autre issue. À terme, cette situation l'aurait rongé de l'intérieur. Par la suite, Sidik devint taciturne. Il ne se détendait qu'en compagnie de ses amis, tel l'écrivain Abdurrahim Ötkür. Il passait le plus clair de son temps dans son bureau, mais dès que j'avais besoin d'aide, il accourait sur-le-champ. Désormais, il se mit à m'accompagner bien plus souvent dans mes voyages en Asie centrale.

Plus tard, le régime fit courir une rumeur selon laquelle mon mari n'avait pas démissionné de l'université, mais en avait été renvoyé.

La femme la plus riche de Chine

En 1993, je devins la septième personne la plus riche de Chine, et la première femme. Mon centre commercial ne constituait qu'une petite partie de mon empire. Je possédais également une agence immobilière et une usine d'agroalimentaire. Au Kazakhstan se trouvaient, entre autres, mon usine de production spécialisée dans le cuir et un centre commercial de deux étages. J'avais également plusieurs entreprises d'import-export au Kirghizistan et en Ouzbékistan, essentiellement gérées par de jeunes Ouïghours doués pour les affaires.

Comme j'avais fondé cet empire moi-même, je devais aussi prendre toutes les décisions seule. Toutefois, j'étais entourée de plusieurs conseillers, dont Kahar, mon fils aîné, Mehmet, mon frère, Rehmutulla, mon chauffeur, et bien évidemment mon mari. J'avais aussi un directeur adjoint. Deux de mes collègues du pôle financier me tenaient au courant de l'actualité économique mondiale. Nous étions dix à superviser mes sept entreprises, et je travaillais au moins dix heures par jour.

Lors de mes voyages d'affaires, j'avais pour habitude d'approfondir mes connaissances sur le mode de vie de la population ouïghoure. À présent, je connaissais mon pays et ses monuments dans les moindres détails.

Un jour, je visitais des pipelines et des derricks situés dans le bassin du Tarim, surnommé « mer de l'Espoir ». De la piscine à la clinique privée, les magnats chinois du pétrole ne manquaient de rien, alors que les Ouïghours se retrouvaient parqués dans des bidonvilles.

Comme j'avais déjà lu de nombreux rapports sur les conséquences catastrophiques de la trentaine d'essais nucléaires effectuée dans la région, je décidai de me rendre également à Lop Nor. On estimait à deux cent mille le nombre de victimes des radiations. Une fois sur place, j'eus l'impression d'être dans un film d'horreur. Environ 80 % des personnes que je croisai étaient handicapées. Certaines présentaient des lésions autour de la bouche, d'autres avaient un bras en moins. Certains nouveau-nés n'avaient ni yeux ni oreilles. Beaucoup de gens étaient chauves. Tous ignoraient la cause de leur maladie.

À mon retour, je demandai au Congrès d'indemniser les victimes des radiations, en vain.

Les angoisses de Sidik

Fatiguée d'être exploitée par les dirigeants de mon pays, je m'évadais pendant plusieurs mois d'affilée en Asie centrale. Mais même là-bas, les Chinois se servaient allègrement.

En février 1994, Rehmutulla et moi acheminâmes des marchandises jusqu'à Korgas, au Kazakhstan. Sidik était resté de l'autre côté de la frontière. Chaque fois que nos chemins se séparaient, il redoutait qu'il ne m'arrive quelque chose de grave et ses angoisses étaient contagieuses. À peine avais-je passé la frontière que je me mis à penser à lui, me demandant comment il se débrouillerait si je n'étais plus là. Sitôt mes affaires réglées, je pressai Rehmutulla de rentrer le plus vite possible à la maison. Mais à la frontière, les officiers nous informèrent que le passage était fermé pour une durée de six mois. Le gouvernement kazakh, en accord avec la Chine, avait décidé de miner la frontière afin de décourager les contrebandiers.

Je courus d'un douanier à l'autre. Je leur aurais versé n'importe quelle somme, pourvu qu'ils me laissent passer. J'étais même prête à leur céder mes quarante camions chargés de ferraille. Tous me répondirent sèchement que la frontière resterait fermée. Je passai mes journées à essayer de joindre Sidik. Je lui avais offert un portable, mais il ne s'en servait jamais.

Au bout du dixième jour, je réussis à joindre un de ses collègues. Quand je lui demandai s'il avait vu mon mari, il répliqua :

« Comment osez-vous demander de ses nouvelles ? Combien d'argent comptez-vous encore gagner ? Vous n'avez aucune idée de ce que votre mari traverse à cause de vous. Vous allez le rendre fou.

— Je vous en supplie, dites-lui que je vais bien.

— Vous avez épousé l'homme le plus généreux qui existe. Maintenant, vous l'écartez du droit chemin. Et tout ça, pour l'argent. »

Ensuite, j'appelai plusieurs députés kazakhs, ainsi que des ministres. Je tentai même de joindre le président de la République. Mon obstination finit par porter ses fruits : les Kazakhs acceptèrent de contacter les Chinois. Les deux pays se mirent d'accord pour ouvrir la frontière pendant une heure. La Chine avait accepté parce qu'un certain nombre de ses ressortissants, des fonctionnaires, se trouvaient parmi les soixante-dix personnes bloquées.

Je revins donc deux semaines après la date convenue. Quand je revis mon mari, il avait le visage émacié et couvert de poussière. Par la suite, j'appris qu'il avait passé ses journées à me guetter au poste de frontière, de l'aube jusqu'au milieu de la nuit.

Tout le monde a droit à l'instruction

J'avais perdu tout espoir de faire changer les choses grâce à mon mandat de députée.

Je perdais mon temps. Le monde ne saurait jamais dans quelles conditions notre peuple était exterminé, jeté en prison et torturé à mort. Aucune loi du Xinjiang ne nous protégeait.

Mon mari tentait de mobiliser la population par le biais des journaux. Lorsque les médias officiels affirmaient sans vergogne que les chants et la poésie ouïghours puisaient leurs sources dans la culture chinoise, Sidik leur répondait dans le journal du soir : « Vos propos constituent un affront à notre culture ancestrale. » De telles mystifications historiques étaient intolérables.

Dans l'un de ses articles, Sidik s'en prit également au gouvernement qui prétendait que le Xinjiang, d'un point de vue historique, faisait partie de la Chine. De 745 à 840, les Ouïghours avaient dominé une grande partie de l'Asie centrale. Au cours des siècles suivants, les khans d'origine turque et mongole avaient pris le contrôle des villes marchandes situées le long de la route de la Soie. En réalité, la Chine n'avait jamais eu beaucoup d'influence dans cette région.

Un intellectuel reconnu appela le rédacteur en chef et le remercia d'avoir eu le courage de publier ce texte. Les éditeurs travaillaient pour les Chinois, mais ils demeuraient ouïghours, et l'histoire de leur peuple leur tenait à cœur. Mais le rédacteur en chef dut payer 3 000 yuans d'amende pour avoir publié l'article de Sidik. D'habitude, pour ce genre de délit, la contravention ne s'élevait qu'à 100 yuans. Mon mari insista pour s'en acquitter lui-même, mais le rédacteur en chef refusa. Après tout, l'article ne reflétait pas seulement l'opinion de Sidik, mais celle de tous les Ouïghours. Il fut finalement suspendu en 1996.

De mon côté, je m'efforçais d'aider la population avec les moyens dont je disposais. Mais à chaque nouvelle initiative, je me heurtais au refus des autorités. À cause de ma fortune, de nombreux Ouïghours me surnommaient « la Sauveuse ». Mais comme j'étais consciente des souffrances endurées par mon peuple, je ne profitais guère de mon argent.

Un jour, de la fenêtre de mon bureau, je remarquai des enfants abandonnés qui auraient dû être en cours. Je pris alors la décision de fonder une école pour les enfants des rues au cinquième étage de mon centre commercial. Bien entendu, il ne s'agissait pas d'une véritable salle de classe avec une cour de récréation, mais les enfants pouvaient au moins y apprendre à lire et à écrire.

Alors que j'avais prévu d'accueillir une cinquantaine d'enfants, j'eus bientôt cinq cents élèves. Les cours avaient lieu à tour de rôle : un groupe le matin, un deuxième le midi, etc. Les élèves venaient avec leurs amis, qui eux-mêmes relayaient l'information. Ils étaient de plus en plus nombreux. Leurs parents étaient ravis que leurs enfants puissent enfin apprendre quelque chose.

Dès que des Chinois ouvraient une école, la télévision s'en faisait l'écho. Or, les médias ne dirent pas un mot sur mon établissement. Quant au gouvernement, il tenta dès le début de saborder ce nouveau projet, prétextant que la circulation rendait trop dangereux le trajet quotidien des élèves.

Mon combat contre la fermeture dura dix-huit mois, au cours desquels les portes furent condamnées six fois par les autorités. Le régime prétendait que nous exercions une mauvaise influence sur les enfants, qui feraient bien mieux d'aller dans leur établissement de quartier.

La fermeture définitive de mon école me brisa le cœur.

Mes voyages en Asie centrale m'avaient fait prendre conscience de l'importance des langues étrangères. Jusqu'en 1987, il y était interdit d'en parler une autre que le russe. Je mis donc en place une école de langues gratuite dans mon centre commercial, où l'on pouvait apprendre l'anglais. Très vite, on y enseigna également l'allemand, le japonais et l'arabe. Cette fois, le régime n'intervint pas. Deux cents jeunes gens étaient répartis dans plusieurs classes. Plus tard, à l'étranger, j'eus l'occasion de rencontrer plusieurs de ces anciens élèves.

Comme je connaissais bien le mode de fonctionnement de mes concitoyens, je savais que je n'allais pas tarder à être imitée, comme lorsque je vendais des peaux de mouton, du bois ou des vestes à pois. En effet, peu de temps après, d'autres écoles de langues virent le jour à Kachgar, Khotan et Aksou. Mais le gouvernement fit fermer celle de Kachgar. Quant à la mienne, elle continua d'exister jusqu'à mon incarcération. Le directeur de l'école, un Ouïghour, fut lui aussi arrêté.

Pour le régime, « l'ignorance garantissait l'obéissance ». Contrairement aux enfants chinois, les Ouïghours devaient payer des frais de scolarité exorbitants. Comme la plupart des familles ne disposaient pas de l'argent nécessaire, une grande partie de la population était analphabète.

De nos jours, les enfants ouïghours qui ne parlent pas chinois sont exclus de l'enseignement. Et comme il n'y a plus d'écoles ouïghoures, l'analphabétisme ne cesse de gagner du terrain.

La traite des jolies filles

Presque tous les jours, des spots publicitaires diffusés à la radio ou à la télévision incitaient les jeunes Ouïghours à partir travailler en Chine. Quant aux Chinois, on les encourageait à quitter les provinces surpeuplées du pays pour s'installer au Xinjiang et y gagner leur vie. On essayait surtout d'attirer les jeunes filles ouïghoures dans les hôtels et les restaurants chinois avec des annonces de ce type : « Vous devez mesurer 1,70 mètre et avoir fière allure. » Le régime entendait ainsi lutter contre le chômage. Plusieurs milliers de jeunes filles, dont la plupart venaient de la campagne, montaient dans des bus arborant le slogan : « Acquérir une expérience professionnelle. »

À Pékin, des hommes d'affaires et des étudiants me firent part de leur étonnement face à l'afflux soudain de jeunes Ouïghoures dans les maisons closes de la capitale. Certaines d'entre elles étaient ensuite envoyées à Hong Kong. Je contactai immédiatement quelques-unes de ces victimes.

On leur avait promis un salaire mensuel de 1 000 yuans si elles partaient travailler en Chine, alors que les Chinois qui émigraient au Turkestan oriental gagnaient 2 000 yuans par mois. On ne forçait pas ces Ouïghoures à se prostituer, mais on faisait en sorte qu'elles n'aient pas d'autre choix. Bon nombre d'entre elles étaient trop fières pour accepter leur destinée. Certaines essayaient donc de prendre la fuite, tandis que d'autres mouraient sous les coups de leur proxénète.

Bouleversée, je racontai tout à Sidik et lui demandai d'écrire à ce sujet. Son article, intitulé « Prière à nos filles et à nos mères », fit beaucoup de bruit. Il y expliquait que les jeunes filles étaient traitées comme de la viande. Il y dénonçait également le rôle de l'agence de l'emploi et comparait même les responsables du recrutement à des marchands d'esclaves. À Ili, des parents barrèrent la route à deux cars avec soixante-dix jeunes Ouïghoures à leur bord. À Kachgar, on avait déjà parqué vingt-trois jeunes filles dans un hôtel. Leurs mères vinrent les chercher et déchirèrent en mille morceaux les contrats que leurs filles avaient signés.

Pour apaiser la population, le gouvernement fit revenir des jeunes filles parties travailler dans d'autres provinces. La diffusion des spots publicitaires à la radio et à la télévision fut suspendue. Mais l'éditeur du journal dans lequel était paru l'article de Sidik fut puni.

En 2006, la mairie de Kachgar annonça fièrement sur son site Internet que quarante-deux mille jeunes filles du Yarkand avaient été envoyées en Chine.

L'oreille coupée

Au cours des années 1980, suite aux émigrations forcées, la proportion de Chinois vivant au Turkestan oriental s'éleva à 81 % de la population totale de la province. Le paysage urbain avait connu de profondes modifications. En périphérie des grandes villes, on vit de plus en plus de zones industrielles et de barres d'immeubles, comme dans les autres provinces chinoises. Les vieux quartiers ouïghours, les salons de thé, les cours ombragées et les maisonnettes en torchis cédèrent la place à des immeubles de bureaux.

La population me respectait de plus en plus, malgré quelques différends avec des commerçants ouïghours au Kazakhstan. Ce jeune État comptait d'ailleurs instaurer une nouvelle monnaie, le *tenge*. Au même moment, les Kazakhs dévaluèrent le rouble, la devise jusqu'alors en circulation. Comme le changement de monnaie devait prendre effet dans un délai de cinq jours, les banques kazakhes commencèrent à refuser les grosses sommes en roubles. Alors, mes compatriotes me pressèrent de les aider à changer leur argent et me donnèrent toutes leurs économies en roubles, soit vingt-trois sacs que je dus transporter par camion. J'utilisai cet argent pour conclure de nouveaux marchés. Par exemple, je payai en roubles une livraison de ferraille qui n'aurait lieu qu'un ou deux ans plus tard. Mais quelqu'un colporta une rumeur selon laquelle je n'étais pas solvable.

Les commerçants que j'avais accepté d'aider réclamèrent sur-le-champ que je les rembourse et que je change leurs roubles en yuans. La colère est un mot trop faible pour désigner ce que je ressentis. Pour la première fois de ma vie, je doutais de mes propres concitoyens. Je mis dix-huit mois à rembourser mes dettes.

Entre-temps, au Congrès, le fossé se creusait entre les autres députés et moi. Des imams soutenus par l'État, comme Harunhan, prêchaient au sein même de la mosquée qu'il était essentiel d'obéir aux lois du gouvernement, l'idéologie du Parti communiste et l'islam étant parfaitement complémentaires.

Lorsqu'on informait Harunhan des besoins du peuple ouïghour, il répétait inlassablement qu'au Xinjiang toutes les ethnies étaient traitées à égalité. Les gens mangeaient à leur faim et vivaient dans de jolies maisons. Il se demandait même de quoi la population se plaignait. Bien entendu, les dirigeants chinois l'adoraient. Dès qu'une délégation étrangère venait au Xinjiang, on le présentait comme le chef religieux des Ouïghours. Il est vrai qu'avec son turban blanc, sa longue barbe et son grand manteau, il était très impressionnant. Auprès de nos invités musulmans, il n'hésitait pas à faire passer ses concitoyens pour des radicaux et des ignorants, ce qui n'était pas pour déplaire aux dirigeants chinois.

Lorsque je le revis au Congrès lors de la réunion suivante, il avait une oreille en moins. Un homme l'avait supplié d'empêcher le bureau de contrôle des naissances de faire avorter sa femme. Mais comme l'imam approuvait la décision des autorités, l'homme et ses amis lui avaient coupé l'oreille en le menaçant de lui arracher la langue. L'un des coupables fut condamné à la peine capitale, un autre écopa de la prison à perpétuité. Leurs complices passèrent eux aussi de longs mois en détention.

La Conférence mondiale sur les Femmes

En 1995, les apparatchiks m'envoyèrent à la quatrième Conférence mondiale sur les Femmes, organisée par les

Nations unies à Pékin. Pour la première fois, j'allais rencontrer des femmes politiques occidentales, comme Hillary Clinton.

Pour l'occasion, le gouvernement m'avait placée sous la surveillance de trois Chinoises ; impossible de m'exprimer librement. Le régime justifia leur présence par le fait que je ne parlais aucune langue étrangère. Elles étaient donc censées me servir d'interprètes. Mais comme elles ne traduisaient aucun de mes propos, nos relations s'apparentaient plus à celles d'un otage avec ses ravisseurs. D'un autre côté, leur présence même m'indiquait combien les autorités avaient peur de moi.

Devant le bâtiment où se tenait le sommet, trois Tibétaines s'étaient menotté les pieds et les mains en signe de protestation contre l'oppression chinoise. Fascinée, je les écoutai décrire sans aucune crainte la situation de leur pays. Tous les journalistes écoutaient leur histoire en détail, mais aucun d'entre eux n'évoqua le sort des Ouïghours au Xinjiang. N'avais-je pas moi aussi le droit de parler des souffrances de mon peuple ?

Dans le monde entier, des hommes politiques et des organisations de défense des libertés fondamentales exprimaient leur soutien au Tibet. Or, la situation au Xinjiang était tout à fait comparable. La différence résidait dans le fait que les Tibétains étaient représentés avec succès par le dalaï-lama, alors que les Ouïghours n'avaient pas de leader charismatique. La communauté internationale ne se doutait pas des souffrances que nous endurions.

Alors que je souhaitais écouter le discours des Tibétaines jusqu'à la fin, mes trois Chinoises m'obligèrent à m'éloigner. Ce jour-là, je compris que je ne pourrais m'exprimer librement et représenter les intérêts de mon pays que depuis l'étranger.

11

LA SITUATION S'ENVENIME

« Autant nous abattre sur-le-champ »

Sidik avait été très étonné que le gouvernement ne réagisse pas plus violemment à la parution de ses articles.

En décembre 1995, soit un an après, les autorités organisèrent un colloque sur l'histoire et la littérature. Les discussions ne portèrent pas tant sur les auteurs classiques que sur les articles de Sidik, mais personne ne s'en prit à lui personnellement. Des Ouïghours participaient eux aussi à cette conférence, dont une grande femme blonde dont je ne puis révéler l'identité. Elle travaillait pour les services secrets. Sa mission : gagner notre confiance en défendant Sidik avec véhémence. Mais nous savions pertinemment à quoi nous en tenir. Mon mari était en danger.

En 1996, le lancement de la grande campagne de propagande intitulée « Frapper fort » me fit réellement prendre conscience de la gravité de la situation. Elle ne visait pas tant les délinquants que les intellectuels et les dissidents. Dès que quelqu'un cherchait à faire valoir ses droits, on lui collait l'étiquette de « nationaliste musulman » et on le poursuivait en justice lors de simulacres de procès bafouant les droits les plus élémentaires. « Nous n'hésiterons pas à condamner à mort cent personnes, pourvu qu'une seule soit coupable. Quatre-vingt-dix-neuf innocents mourront pour elle », aurait même déclaré Wang Lequan.

Le régime en appelait au « combat sans merci contre toutes les formes de séparatisme et de complots religieux ». L'enseignement religieux fut supprimé pour une durée indéterminée, y compris au sein du foyer. Les réunions dans les appartements étaient également interdites. Les livres et les cassettes religieux furent confisqués, et les ouvrages traitant de l'histoire et de la culture ouïghoures soumis à la censure. De nombreux livres de chercheurs allemands et suédois consacrés à notre peuple furent interdits.

Turyhun Almus, un de nos amis proches, était l'auteur de trois ouvrages dont le premier portait sur les traditions ouïghoures, le deuxième sur les Huns et le troisième sur notre peuple. Ils furent tous les trois censurés. Mais comme il s'était fondé sur des sources chinoises, il échappa à la prison.

Aussi bien les ouvriers et les fonctionnaires que les paysans et les mendiants furent convoqués à des réunions. On leur expliqua que quiconque importerait de l'étranger des ouvrages sur le passé des Ouïghours s'exposait à une lourde peine de prison. Celle-ci dépendait du contenu incriminé et s'échelonnait de trois ans de détention à la perpétuité.

Au fil des ans, Sidik s'était constitué une immense bibliothèque. Nous veillions désormais à ce que les livres interdits par le régime n'apparaissent plus sur les étagères. Mon mari en confia également une partie à Mehmet, un de nos collaborateurs.

La volonté du gouvernement de contrôler notre vie privée ne connaissait plus de limites. Un décret interdisait même d'aborder des sujets politiques au cours des mariages ou des enterrements.

Entre les différents quartiers, les autorités avaient mis en place des points de contrôle où les Ouïghours étaient soumis à des fouilles, alors que les Chinois passaient sans aucun problème. La discrimination à notre égard était de plus en plus flagrante.

Les bureaux des Ouïghours étaient perquisitionnés. Le matin, on contrôlait les sacs des employés à leur arrivée au travail, et le soir, lorsqu'ils rentraient chez eux.

De plus en plus de Chinois préféraient partir étudier à l'étranger. Pour les Ouïghours, obtenir une place dans une université du Xinjiang relevait déjà du défi. Même les jeunes diplômés ne trouvaient pas de travail et finissaient le plus souvent serveurs ou agriculteurs.

Au Congrès, j'interpellai Wang Lequan. « Pourquoi adoptez-vous de telles lois ? Autant nous abattre sur-le-champ. Les législateurs n'ont-ils ni fierté ni honneur ? Ne poussez pas le peuple à se soulever, à moins que vous ne souhaitiez un bain de sang. »

Humiliations constantes

Au Xinjiang, des procès-spectacles avaient lieu quotidiennement. Des camions parcouraient les rues constamment, quatre ou cinq prisonniers à leur bord, les mains attachées dans le dos. Autour du cou, ils portaient une pancarte avec le mot « séparatiste ».

Les autorités organisaient ces procès dans de grandes salles ou en plein air. Quant aux exécutions proprement dites, elles avaient lieu non loin des prisons Baijiahu et Liudaowan, dans la banlieue d'Ürümqi. Là-bas, les condamnés étaient fusillés dans un fossé. Ensuite, leurs familles devaient non seulement payer pour récupérer le corps, mais aussi rembourser le transport, le peloton d'exécution et les munitions.

En avril 1996, la Chine, la Russie, le Kazakhstan, le Tadjikistan et le Kirghizistan signèrent à Shanghai un traité de sécurité régionale visant à renforcer la présence militaire dans les régions frontalières. Ils voulaient ainsi lutter contre les séparatistes, les fondamentalistes, les dealers de drogue et les trafiquants d'armes. Un réseau de patrouilles armées fut mis en place, les contrôles aux frontières furent renforcés et les manifestations de Ouïghours contre Pékin interdites au Kazakhstan comme au Kirghizistan.

À long terme, le commerce en Asie centrale n'avait plus aucun avenir. Pour ma part, j'avais déjà cessé de faire de l'import-export avec l'Asie centrale avant le traité de Shanghai.

Quand Wang Lequan me retira ma licence, je commençai à liquider mes entreprises là-bas.

À Ürümqi, les forces de l'ordre saisirent toutes les marchandises importées depuis les États signataires. Parfois, les commerçants devaient aussi s'acquitter d'une amende. La taxe sur les importations passa de 10 % à 50 %. Aux frontières, les commerçants ouïghours subissaient de nombreux contrôles, alors que les ressortissants d'autres pays passaient sans aucun problème.

Afin d'échapper à l'oppression chinoise, de nombreux Ouïghours prirent la fuite pour le Kazakhstan. Mais même là-bas, ils vivaient dans l'insécurité.

Bientôt, il devint très difficile pour les Ouïghours de se rendre en Turquie. Alors que les Chinois obtenaient très rapidement leur visa auprès de l'ambassade turque, les Ouïghours devaient remplir d'innombrables formulaires et patienter au moins trois mois. La Turquie n'avait pas signé le traité de Shanghai, mais elle avait conclu un accord avec la Chine. Si celle-ci n'interférait pas dans le problème kurde, la Turquie ferait de même concernant les souffrances endurées par ses frères ouïghours.

Toujours en 1996, les Chinois contaminés par le virus du sida furent envoyés vers le Xinjiang. De nombreux malades se mirent à se prostituer. Depuis, notre région a battu un nouveau record, celui du nombre de séropositifs.

Une proposition alléchante

En 1996, le ministère de l'Intérieur m'invita à rencontrer trois hauts fonctionnaires chinois.

« Vous avez réussi à accomplir le rêve de plusieurs millions de personnes, me dit en préambule l'un de ces messieurs. Comme vous jouez un rôle-clé dans la stabilité du Xinjiang, le gouvernement voudrait vous nommer à un poste encore plus important. Mais pour cela, vous devrez vous montrer plus docile. Si vous acceptez, nous vous enverrons à Pékin pour y suivre une formation de trois à six mois. »

« Qu'en pensez-vous ? me demanda le deuxième Chinois. Souhaitez-vous étudier à l'École centrale du Parti communiste chinois ? Nous plaçons de grands espoirs en vous et souhaitons annoncer dès aujourd'hui votre promotion à la population. Vous comprenez sans doute que ce privilège est réservé à une élite. Vous devriez vous sentir honorée de cette proposition. »

Je me redressai sur ma chaise et plissai le front. « Puisque vous faites partie du ministère de l'Intérieur, expliquez-moi pourquoi, dans la région autonome du Xinjiang, les Chinois accaparent tous les postes les plus importants de l'administration. »

Mon premier interlocuteur en avala son thé de travers. « Vous êtes vraiment têtue. Ce n'est pas en fourrant votre nez partout que vous changerez les choses. Vous ne semblez pas capable de tirer les leçons de vos propres erreurs, et c'est bien dommage. Vous êtes une personne charmante, comme nous avons pu le constater. Le gouvernement central croit en vous. Mais à vous seule, vous ne résoudrez jamais les problèmes de toute une population. Si vous continuez ainsi, vous vous isolerez de vous-même. »

Le troisième homme prit la parole. « Nous vous offrons la chance de mettre votre pouvoir au service de votre peuple. Une telle occasion ne se présentera qu'une seule fois. Sachez que les gens qui refusent de collaborer avec nous finissent par s'attirer de gros ennuis. Enfin, je tiens à souligner une dernière chose : la région autonome du Xinjiang appartient à la Chine. Ces deux pays sont inséparables. »

Je me levai. Mais avant de sortir, je me retournai une dernière fois :

« Je vous invite à venir à Khotan avec moi. Nous y verrons un lac asséché par la faute des colons chinois.

— Si vous étiez mieux renseignée sur votre propre histoire, vous sauriez que tous les leaders ouïghours ont échoué dans leur mission », répliqua l'un des Chinois.

Le lendemain, lors d'une grande réception au Palais des congrès, je surpris Ablait Abdurexit, Wang Lequan et d'autres hommes politiques du Xinjiang trinquer avec trois

Chinois, ceux-là mêmes avec qui je m'étais entretenue la veille.

Sidik part en exil

Le régime avait déjà envoyé en prison de nombreux intellectuels, en particulier des historiens. Comme Sidik avait déjà collecté et archivé de nombreux documents sur l'occupation chinoise, je sentais que son tour ne tarderait plus. Quoi qu'il advienne de moi, le moment était venu qu'il parte vivre à l'étranger, d'où il alerterait le monde sur la situation de notre pays. Je l'avais déjà supplié plusieurs fois de s'exiler. Nous savions tous deux que commencer une nouvelle vie à cinquante-deux ans dans un pays étranger ne serait pas chose facile. Même en Turquie, en Ouzbékistan ou dans les autres républiques voisines, il risquait d'être inquiété. En fait, il était fasciné par les démocraties occidentales et rêvait de se rendre un jour en Amérique.

Je préparai ce voyage dans le plus grand secret, avec l'aide de mes fils Kahar et Ablikim. Lorsque j'informai Sidik de notre prochain départ pour les États-Unis, il se montra très enthousiaste à l'idée de prendre quelques brèves vacances. Mais à peine étions-nous descendus de l'avion que je mis mon mari devant le fait accompli.

« Tu resteras ici. Je ne supporterai pas que tu finisses ta vie en prison.

— Tu te prends pour le gouvernement ? me rétorqua-t-il, anéanti. De quel droit me fais-tu ça ? »

Une fois dans la maison de vacances que j'avais louée en Virginie, je lui expliquai comment venir en aide à notre peuple depuis les États-Unis. « La perspective de vivre séparée de toi ne m'enchante pas non plus. Mais si tu ne restes pas ici, ils te jetteront en prison et nous ne nous reverrons plus jamais. »

Nous passâmes en tout un mois aux États-Unis. Au cours de la semaine précédant mon départ, Sidik se montra de plus en plus renfermé. Il aurait voulu revoir Kachgar, Ili et Khotan une dernière fois avant de quitter son pays.

« Qui me connaît, ici ?

— Si tu m'aimes, continue à te battre ici pour la liberté de notre peuple, lui répondis-je. J'ai encore de nombreux documents à rassembler au Xinjiang. Ensuite, je te rejoindrai. »

Après mon départ, Sidik loua un petit appartement en Virginie. « Ma prison a pris une autre apparence, me dit-il un jour au téléphone. Je n'ai pas d'amis ici. Je ne sais pas parler anglais. Je me contente de regarder par la fenêtre. Ma femme adorée n'est pas à mes côtés. »

Nous ne nous doutions pas que nous serions séparés pendant neuf ans.

Le grand tremblement de terre

Durant l'hiver 1997, Payziwat, une ville proche de Kachgar, fut secouée par un violent séisme. Des milliers d'habitations furent réduites en poussière. Il s'agissait de la plus grande catastrophe naturelle de l'histoire du Xinjiang. Personne, à part la direction du Parti, n'avait d'informations sur le nombre exact de victimes.

Le régime ayant refusé l'aide internationale, les hauts fonctionnaires peinèrent à lever les fonds nécessaires pour la reconstruction et me demandèrent de l'aide. Les amis que je contactai à mon tour firent preuve d'une grande générosité. Certains commerçants m'autorisèrent même à puiser dans leurs stocks, à une seule condition : que je ne donne rien au gouvernement et que j'achemine tout sur place moi-même.

Nous ne pûmes nous rendre à Payziwat que seize jours après, une fois les décombres déblayées et les cadavres enterrés. Inutile de préciser que nous étions surveillés de près.

Après que nous eûmes réussi à distribuer tous les dons, les villageois furent rassemblés sur la place pour nous dire au revoir. Je les vis enfin sourire. Mais une femme cria : « Longue vie à Mao ! », et tous les autres l'imitèrent. « Mao est mort depuis longtemps ! rétorquai-je. Ces vêtements vous ont été donnés par des commerçants d'Ürümqi. Ils m'ont chargée de vous transmettre tous leurs vœux de bonheur. Sur les vingt camions, seuls douze m'appartiennent.

Une petite remarque pour finir : vous devriez parfois lire les journaux et vous tenir informés de ce qui se passe dans votre pays. »

Un jeune homme s'approcha de moi. « Ici, les journaux sont interdits », me confia-t-il.

Avant de partir, nous voulûmes nous faire prendre en photo avec les habitants, mais les autorités nous l'interdirent.

Danse devant la mosquée de Kachgar

Les habitants de Kachgar savaient que je me rendrais à la mosquée Id Kah pour y célébrer le début du ramadan. Sur la place, plus de dix mille personnes s'étaient rassemblées en mon honneur. Sur les toits, les tireurs d'élite, arme au poing, se tenaient prêts à intervenir. Des camions militaires occupés par des soldats lourdement armés stationnaient des deux côtés de la rue. Un soldat sur deux tenait un chien en laisse. L'atmosphère était explosive. Un soulèvement risquait d'avoir lieu d'un instant à l'autre.

La population ne prêtait pas attention à ces soldats. Lorsque je fis mon entrée sur la place, des gens commencèrent à danser au son des tambours et des flûtes. Normalement, chez nous, on danse en silence. Or, de temps en temps, les danseurs faisaient entendre un « ho ! » menaçant, tout en tendant leurs bras vers le ciel. Ce geste me saisit jusqu'au plus profond de mon être.

Puis, lorsque j'apparus au sommet d'un des deux minarets qui flanquaient la mosquée, l'assemblée s'écria : « Ho ! ho ! ho ! », et quelqu'un me tendit un micro.

« *Salaam Aleikoum !* Je vous félicite pour cette fête. Mais regardez autour de vous. Vous êtes cernés par l'armée. Je refuse que ce lieu soit taché de sang. Après la danse, vous rentrerez tranquillement chez vous. De mon côté, je m'efforcerai de résoudre vos problèmes sans recourir à la violence. »

Comme convenu, l'assistance se dispersa dans le calme. Par la suite, j'appris que la veille, le 5 février 1997, une révolte avait été réprimée dans le sang à Ili. Je compris alors la raison de ce déploiement de force. De Kachgar, je m'envolai sans plus attendre pour Ili en compagnie de Ramila, mon assistante.

Le soulèvement d'Ili

Nous atterrîmes à Ili deux jours après le début des troubles. À l'aéroport, je brandis ma carte de députée pour qu'on me laisse passer. M'informer de la situation faisait partie de mes fonctions.

Depuis le taxi qui nous emmenait en ville, je ne vis pas un seul Ouïghour dans la rue. Nous ne croisâmes que des soldats en treillis, arme au poing et casque sur la tête. Tout était déjà rentré dans l'ordre. Plus aucune trace d'affrontement. Les boutiques ouïghoures et dounganes étaient fermées, alors que les commerçants chinois continuaient à vaquer à leurs occupations. Nous nous rendîmes tout d'abord chez le frère de Ramila. D'après lui, mieux valait attendre chez lui quelques jours, le temps que le calme revienne. Nous voulûmes en profiter pour passer quelques coups de téléphone et enquêter sur les conditions de vie des riverains. « Mauvaise idée, nous répondit-il. Les téléphones sont sur écoute. Nous risquerions d'être arrêtés. »

L'armée effectuait des perquisitions. Un couvre-feu avait été instauré. Être l'objet du moindre soupçon suffisait pour être conduit devant le peloton d'exécution.

Au bout de trois jours, nous nous mîmes à la recherche de Ouïghours et de Dounganes ayant assisté à la tragédie. Le frère de Ramila et ses amis rassemblèrent eux aussi de nombreux témoignages.

À la suite des manifestations, huit mille personnes furent déportées. Celles qui revenaient faisaient état de graves sévices. Certaines s'étaient fait arracher les dents une par une. De nombreux Ouïghours furent exécutés. D'autres croupissent toujours en prison sans avoir eu droit à un procès.

Les raisons de ce soulèvement étaient multiples. Alors qu'un grand nombre de femmes et d'enfants s'étaient réunis pour fêter le début du ramadan, des policiers armés de matraques avaient fait irruption chez eux et arrêté tous les fidèles. De plus, les autorités avaient interdit le *meshrep* : selon la tradition, nous nous réunissions une fois par mois pour jouer, chanter, rire et passer du temps tous ensemble. Mais pour le régime, tout rassemblement de Ouïghours était susceptible de porter atteinte à l'ordre public. Les cadres avaient également annulé un tournoi de football organisé par les jeunes d'Ili.

Les dirigeants, en privant les Ouïghours de leurs droits fondamentaux, les avaient poussés à la révolte. Les jeunes s'étaient tous réunis pour demander le départ des Chinois et réclamer l'indépendance de la région.

Pour prouver à l'opinion publique que les manifestants ouïghours n'hésiteraient pas à faire usage de la force, des membres des services secrets poussèrent une poignée de toxicomanes à incendier un taxi. Je tenais cette information d'un Ouïghour, lui-même agent secret. Comme j'avais déjà travaillé avec lui au Kazakhstan, je lui faisais confiance.

Afin de réprimer ces mouvements de protestation, le gouvernement avait fait venir environ cinq cent mille soldats. Les manifestants du premier rang furent abattus. Les soldats tirèrent ensuite sur les personnes âgées, les femmes et les enfants qui se trouvaient sur le trottoir et lâchèrent leurs chiens sur les blessés.

Une femme qui avait eu la vie sauve en se cachant sous une voiture nous rapporta que les manifestants n'étaient pas armés. Ils s'étaient contentés de défiler dans le calme.

Tous ceux qui eurent le malheur de croiser des soldats eurent les rotules brisées à coups de matraque, avant d'être jetés dans des camions. Ils furent ensuite acheminés dans les prisons. Dans la cour, les policiers les jetèrent par terre et les aspergèrent. Comme il faisait -20 °C, plus de quatre cents personnes moururent de froid.

Plus tard, j'ai pu voir des vidéos de ces événements. La police avait tout filmé. Certains gardiens de prison témoignèrent eux aussi, sous couvert de l'anonymat.

Le lendemain, l'armée avait poursuivi la répression. Cinq enfants, âgés de deux à quinze ans, vivaient dans une ferme. Ils s'étaient enfermés, le temps que les choses se calment. Alors qu'ils attendaient le retour de leurs parents, des soldats chinois frappèrent à la porte. Les enfants ouvrirent et furent abattus de sang-froid. Une femme qui avait assisté à ces meurtres était allée se cacher dans un immense four à pain. Indignée, elle raconta à ses voisins ce qu'elle avait vu, avant de disparaître à son tour. Une autre femme et son enfant de cinq ans furent eux aussi exécutés de sang-froid.

Le régime chargea Hamudun Niyaz, un homme politique ouïghour très respecté, d'enquêter sur ces exactions. Nous étions encore amis. On lui montra les mêmes films qu'à moi, ainsi que les photos prises par l'armée. Mais en voyant ces images, il eut un infarctus et dut être transporté d'urgence à Ürümqi.

À sa sortie de l'hôpital, il fut invité à une émission télévisée en direct. Il accusa les manifestants du pire et les traita de séparatistes, déclarant que personne n'avait subi de mauvais traitements. Puis la liaison fut interrompue : Hamudun Niyaz venait de faire une deuxième crise cardiaque sur le plateau de télévision. Une fois guéri, il fut promu premier secrétaire général du Parti communiste du Xinjiang.

Mon assistante et moi avions en notre possession de nombreuses photos et vidéos datées du jour du soulèvement. Je distribuai 60 000 yuans aux personnes qui avaient perdu un mari, une épouse, des parents ou des enfants. Certaines veuves avaient elles aussi assisté à la manifestation. La plupart d'entre elles avaient été violées.

Mon sac de voyage était rempli de films, de photos et de témoignages écrits. J'avais également dressé la liste des victimes et des disparus. Je voulais maintenant me rendre à Pékin pour montrer tous ces documents au Congrès, afin que mes collègues voient cet enfant se cramponner à la main de sa mère alors que deux soldats l'emmenaient pour l'exécuter. Ils verraient les quatre chiens lui dévorer le ventre.

Mais les policiers avaient reçu l'ordre de m'arrêter sur le chemin de l'aéroport. Ils me fouillèrent et confisquèrent tous mes documents.

« En tant que députée, je bénéficie de l'immunité parlementaire, me défendis-je.

— Même Ablait Abdurexit n'a pas le droit de faire sortir des documents d'Ili, me répondit un policier d'un ton lapidaire. Ordre du gouvernement central. »

Ramila et moi repartîmes les mains vides, mais la tête remplie des images, des témoignages et de la liste des victimes. Ce jour-là, je pris la décision d'alerter la communauté internationale à propos du martyre enduré par notre peuple.

Plus tard, les médias prétendirent que le soulèvement avait été provoqué par des criminels ouïghours, et que ceux-ci avaient été mis hors d'état de nuire. D'après le gouvernement, le bilan s'élevait à une dizaine de morts, pas plus.

Ili était réputée pour ses intellectuels, ses poètes et ses écrivains. Elle abritait également de nombreux vétérans de la révolution des Trois Provinces. Mais après ce soulèvement, la ville devint aussi morne qu'un cimetière. Un décret interdit même à la population de mentionner les événements du 5 février 1997, sous peine de sévères représailles.

Après que j'eus raconté à Sidik ce qui s'était passé à Ili, celui-ci organisa une manifestation à Washington le 15 février 1997. Un mois après, alors que le pays se recueillait en mémoire de Deng Xiaoping, trois bus piégés explosèrent à Ürümqi.

L'exécution de Turdschan

Un jour, Turdschan nous appela de la prison de Liudaowan. Honzohre et moi allâmes le voir immédiatement. Lorsque la jeune fille aperçut son frère au parloir, elle courut vers lui et posa la paume de ses mains sur les siennes, à travers la vitre de séparation. Quand les gardiens tentèrent de la tirer en arrière, elle se mit à hurler jusqu'à en perdre connaissance.

Cinq Dounganes avaient battu Turdschan. Je ne sais pas pourquoi. Peut-être parce qu'il avait refusé de leur obéir. Toujours est-il qu'il poignarda leur chef. Il avait ensuite été arrêté et condamné à la peine de mort pour meurtre.

Je demandai à trois avocats d'examiner son cas. Turdschan confia à l'un d'eux que les Dounganes lui avaient appris à voler depuis qu'il était tout petit, et qu'il avait tué leur chef afin d'éviter à d'autres orphelins de connaître le même sort que lui.

Turdschan n'obtint pas d'appel. Bien que la police, les trafiquants et même les juges eussent profité de ses délits, le gouvernement refusa de lever la condamnation à mort prononcée à son encontre. Peu avant l'exécution, les gardiens lui demandèrent quelles étaient ses dernières volontés ; il répondit qu'il souhaitait serrer sa sœur dans ses bras une dernière fois.

Turdschan avait l'air si heureux de nous voir au parloir. « Ne pleure pas, dit-il à Honzohre. Je pars pour un monde meilleur, dans lequel je serai libéré de tous ces soucis. Je regrette d'avoir vécu dans le mensonge. En tout cas, sache que je t'aime. C'est la vérité. » Puis il se tourna vers moi : « Je suis persuadé que ce sont eux qui ont tué notre mère. »

Mehmet, un de mes employés, récupéra le corps de Turdschan après l'exécution. Lors de la toilette funèbre, nous remarquâmes des traces de ligatures sur la peau de ce jeune homme de vingt-deux ans. Une technique d'exécution très répandue dans l'Empire du Milieu consistait à déshabiller les condamnés et à les ligoter avec des liens mouillés afin d'empêcher le sang de circuler. Le prisonnier était ensuite rhabillé, apparemment sans dommage. Mais à mesure que les cordes séchaient, elles rétrécissaient et le condamné étouffait dans d'atroces souffrances.

À Ürümqi, les exécutions avaient lieu à l'abri des regards. Et pour peu que le condamné fût en bonne santé, la famille pouvait craindre de ne jamais récupérer le corps, car les organes étaient revendus au marché noir.

Le grand maître et ses disciples

Quiconque étudiait la religion ou s'intéressait à l'islam était considéré comme un « élément séditieux » par les autorités. Les premiers concernés étaient les élèves d'Ablikim

Muhsum Hajim. Ce grand intellectuel n'enseignait pas seulement la religion, mais aussi des matières fondamentales telles que l'histoire, la géographie et les mathématiques. Au cours de sa longue vie, il avait eu des milliers d'élèves ouïghours. Si les Chinois s'en étaient pris à cet homme, le peuple se serait révolté sur-le-champ.

Les cadres avaient forcé Ablikim Muhsum Hajim à déménager de Khotan à Ürümqi, où il enseignait dans une école coranique. Il devait obéir à leurs instructions et ne pouvait faire cours qu'à des élèves préalablement sélectionnés par les autorités.

« J'entends sans cesse parler d'arrestations, me dit-il au cours d'un dîner. Je constate qu'il s'agit toujours de mes élèves. Pourquoi ne m'arrêtent-ils pas, au lieu de jeter mes étudiants en prison les uns après les autres ?

— Pourquoi le régime de Pékin a-t-il peur de vous ? lui demandai-je. Qu'est-ce qui vous différencie des autres professeurs ?

— C'est la première fois qu'on me pose cette question, me dit-il en riant. En fait, les gens auxquels j'enseigne deviennent professeurs à leur tour. Une personne qui a assisté à mes cours en éduquera des milliers d'autres. »

Ce *mufti* rejetait toute forme de radicalisme religieux. La majorité de ses élèves venaient en cours habillés d'un jean et d'un T-shirt. « Allah a créé le monde pour tous les êtres humains, leur disait-il souvent. Il n'a jamais prétendu que les femmes devaient être voilées et marcher les yeux baissés. L'ensemble de la population du monde, indépendamment de sa nationalité ou de sa religion, a été créée par Dieu. Personne ne doit considérer son prochain comme supérieur ou inférieur. »

Quelque temps plus tard, un décret ordonna l'arrestation de tous les élèves d'Ablikim Muhsum Hajim. Ceux-ci tentèrent de se cacher ou de fuir à l'étranger.

En Chine, on n'avait pas le droit d'exprimer une opinion différente de celle du gouvernement. L'exil était la seule solution, mais dès qu'un Ouïghour faisait une demande de passeport, il était interpellé. À la suite de la campagne

« Frapper fort », nombreux furent ceux qui rejoignirent clandestinement la Turquie, l'Europe ou l'Asie centrale. Mais après la signature du traité de Shanghai, les pays voisins entreprirent de traquer ces fugitifs et les livrèrent à la Chine. Les Ouïghours se tournèrent alors vers l'Afghanistan, le Pakistan et le Cachemire. On estime à environ un million le nombre de Ouïghours partis en exil.

Problèmes scolaires d'un autre ordre

Akida, Mustafa, Honzohre et Kekenos ne cessaient de me demander quand ils reverraient leur père. Pour les réconforter, je leur disais qu'il rentrerait bientôt. Un jour, lorsque Mustafa rentra de l'école, je compris mon erreur.

Dans la cour de récréation, le directeur de l'école avait publiquement accusé Sidik de n'être qu'un fauteur de troubles. Mustafa, l'un des meilleurs élèves de l'école, fut profondément heurté par ces propos. Bien qu'il m'eût demandé de ne pas intervenir, je pris immédiatement rendez-vous avec le principal.

Lorsque j'entrai dans la salle des professeurs, tout le monde se leva pour me saluer. On me respectait car je prenais en charge les frais de scolarité des enfants les plus défavorisés. Le directeur, quant à lui, était visiblement très mal à l'aise. Une fois dans son bureau, il me proposa une tasse de thé, que je refusai. À peine s'était-il assis que je pris la parole :

« Dites-moi donc quelle erreur a commise mon mari.

— Nous sommes fiers de Sidik. Je suis moi-même un de ses anciens élèves. Il est du devoir de chaque Ouïghour de protéger sa famille. J'ai beaucoup réfléchi à ce que j'ai dit à Mustafa, et j'ai compris que je m'étais trompé. Comme le régime soupçonne son père de diriger un mouvement séparatiste depuis l'étranger, il nous a intimé l'ordre de le surveiller de près. J'avais décidé de ne rien dire aux professeurs de Mustafa, mais les cadres nous ont convoqués pour communiquer ces instructions à tout le monde. De plus, certains professeurs sont membres des services secrets et font pression sur moi. »

Il avait très mauvaise conscience. « L'un des professeurs m'a dit que votre fils parlait beaucoup dans la cour et que je devais espionner ses conversations. C'est ce que j'ai fait. J'ai d'ailleurs constaté qu'en réalité Mustafa expliquait à ses camarades certaines notions apprises en classe. Je voulais l'en féliciter, mais j'ai fait exactement l'inverse. J'en suis vraiment navré. »

J'en déduisis qu'Akida, Honzohre et Kekenos faisaient elles aussi l'objet d'une étroite surveillance. À la suite de cette conversation, je décidai de préparer leur exil. Comme personne ne devait soupçonner quoi que ce soit, elles continuèrent à aller à l'école jusqu'à la veille de leur départ.

L'adieu à mes enfants

Bien qu'il me fût très pénible de me séparer de mes enfants, j'étais persuadée que je les rejoindrais très vite aux États-Unis. « Nous reviendrons ici, leur dis-je à l'aéroport pour les consoler. Le pays a besoin de vous. » Kekenos, huit ans, fut très surprise de voir ses frères et sœurs éclater en sanglots. Je lui expliquai qu'ils s'envolaient tous pour un autre continent. Une hôtesse de l'air les accompagna ensuite jusqu'au comptoir d'embarquement.

Je me hissai sur la pointe des pieds pour les voir le plus longtemps possible et leur criai : « Le jour viendra où nous vaincrons ! »

Ensuite, j'informai Sidik que les enfants le rejoindraient dans quelques heures. Il se mit à pleurer. Impossible de savoir si c'étaient des larmes de joie ou de tristesse.

« Mais quel genre de femme es-tu ? me dit-il ensuite. Tu viens de détruire l'unité de notre famille.

— Tu ne seras plus seul, lui répondis-je d'une voix douce. Et nos enfants ne seront plus surveillés constamment. En ce moment même, ils sont dans l'avion. Ce sera bientôt mon tour. »

Je tendis ensuite le combiné à Kahar et Ablikim. Tous deux rassurèrent mon mari et lui dirent qu'ils ne tarderaient pas non plus à le rejoindre. Mais Sidik n'aimait pas cette idée. « Non, ne quittez pas votre patrie. Restez-y et continuez à travailler. »

Ce soir-là, Kahar, Ablikim et moi parlâmes très peu. De retour à Ürümqi, je me sentais très seule dans mon grand appartement, sans mes enfants. Kahar et sa famille emménagèrent avec moi, ainsi qu'Ablikim. Rushengül me rendait visite régulièrement. Quant à Alim, vingt-deux ans, il étudiait la médecine dans la capitale.

Quelques semaines plus tard, huit policiers vinrent me voir à mon bureau. D'après eux, quelqu'un projetait de m'assassiner. Ils me firent enfiler un gilet pare-balles et m'escortèrent jusqu'à chez moi. Ils montèrent la garde devant mon domicile et m'interdirent de mettre le nez dehors.

Trois jours après, ils m'informèrent que mes assassins potentiels avaient disparu. J'appris plus tard que les responsables d'une organisation internationale de défense des droits de l'homme venaient de passer trois jours à Ürümqi.

12

QUAND LE COURAGE DONNE DES AILES

Protestations à Pékin

Entre soixante et soixante-dix députés assistèrent à la réunion suivante de la Conférence consultative. Mes collègues ouïghours demeuraient désespérément muets, tandis que je m'en prenais au gouvernement central. « Wang Lequan et vous avez les mains tachées du sang de notre peuple, déclarai-je. Le soulèvement d'Ili n'a pas été provoqué par des terroristes. Il s'agissait au contraire d'une manifestation pacifiste au cours de laquelle les gens ont défilé dans la rue pour réclamer plus de liberté. J'ai ici la liste de seize crimes commis par les forces de l'ordre. »

Après la réunion, je rencontrai Smeil Emet, un Ouïghour. Il voulait me ramener à la raison et m'expliquer qu'il fallait parfois savoir fermer les yeux.

« Personne ne peut se passer de dormir. Tu ne peux pas rester constamment éveillée.

— Quand je dors, je dors, répliquai-je vivement. Mais dès que je suis debout, rien ne m'échappe. Je ne passerai pas ma vie à dormir. Sachez que je vois très bien, même la nuit. »

Smeil Emet ne pensait qu'à lui et à sa famille. Il croyait que tous les Ouïghours pouvaient réussir à mener une vie aussi confortable que la sienne s'ils s'en donnaient un tant soit peu les moyens.

Le 8 mars 1997, plusieurs bus piégés explosèrent à Pékin. Je ne fus guère surprise par ces attentats. Que je discute avec des scientifiques, des médecins ou des intellectuels ouïghours, tous ne souhaitaient qu'une seule chose : que les autorités tiennent compte de leurs revendications. Contrairement aux mensonges que servait le régime à la communauté internationale, ces protestations n'avaient aucun lien avec Oussama Ben Laden et les islamistes radicaux. Il s'agissait de l'expression d'une détresse et d'une colère profondes face à la terreur instaurée par l'État chinois. Les coupables de ces attentats savaient qu'ils encouraient la peine de mort, mais ce risque ne les arrêtait pas. Pour eux, la vie même était une punition.

Discours devant l'Assemblée nationale populaire

Quand un député souhaitait s'adresser à l'Assemblée nationale populaire, il devait d'abord transmettre une copie de son discours aux cadres du Parti, qui le décortiquaient dans les moindres détails. Mais le manuscrit que je leur fis parvenir était un faux. Jamais ils ne m'auraient laissée lire le vrai texte. J'étais déterminée à confronter les députés chinois aux événements survenus dans mon pays.

Dans le faux discours, truffé d'hommages au communisme, je démontrais, statistiques à l'appui, combien la population de Khotan et de Kachgar s'était enrichie. J'affirmais également que, toujours grâce au Parti, les Ouïghours pouvaient exploiter les champs pétrolifères et construire des voies ferrées. « Autrefois, notre peuple vivait dans l'ignorance. Mais aujourd'hui, grâce aux Chinois, tous mes concitoyens savent lire et écrire. »

La veille de mon discours, je rencontrai dans le plus grand secret l'interprète chargé de me traduire en chinois devant l'Assemblée et lui montrai le vrai texte. « Vous ne serez pas inquiété, le rassurai-je. Contentez-vous de faire votre travail. »

C'était la première fois que je prenais la parole devant l'Assemblée nationale populaire. Les membres du Conseil des affaires de l'État se trouvaient derrière moi. Les trois mille représentants du peuple chinois étaient devant, répartis sur deux étages. Les journalistes avaient pris place dans les galeries supérieures.

Personne n'avait le droit d'interrompre ou d'évacuer l'orateur, ce qui me donna le courage de mener mon plan à exécution. Je tendis le vrai discours à mon interprète, qui se tenait à côté de moi. Il commença à lire d'une voix assurée, puis bredouilla quelques instants et continua : « Qui sommes-nous ? Qui étions-nous ? Est-ce notre faute si les Chinois occupent nos terres ? Si nos conditions de vie sont si précaires ? » Les mots se bousculaient dans sa bouche, tant il était pressé d'en finir. Quand il eut terminé, il s'épongea le front avec un mouchoir.

Je pris ensuite la parole pour commenter les points essentiels de mon discours. J'étais surexcitée ! Bien que je ne sache pas lire le chinois, avec un minimum de préparation j'étais capable de m'exprimer dans cette langue. J'abordai trois thèmes en particulier : la pauvreté des paysans, l'instruction et les prisonniers politiques.

Les députés n'avaient pas la moindre idée de la physionomie de notre région de 1,6 million de kilomètres carrés, un sixième de la superficie de la Chine. « Les paysans n'ont pas le droit de travailler dans un domaine autre que l'agriculture, par exemple l'industrie, déclarai-je. Quand le gouvernement exploite des richesses naturelles sur des terres arables, il refuse d'indemniser les fermiers à hauteur de 500 yuans et de leur trouver un emploi dans l'administration. »

J'évoquai également la pression fiscale qui étouffait les commerçants. « Nous versons de fortes sommes aux entreprises chinoises d'import-export. En échange, nous devrions avoir le droit de faire affaire avec les Ouïghours. »

Je m'efforçai d'aborder le maximum de problèmes en un minimum de temps. « Pourquoi le gouvernement fait-il émigrer les malades du sida de toute la Chine vers Khotan, Kachgar et Ili ? Les Ouïghours ne savent pas comment éviter la contamination. Quel est le but des autorités ? »

Je passai ensuite aux prisonniers politiques. « Tuer quelqu'un est devenu aussi fréquent que d'abattre un oiseau. »

Voyant certains députés s'essuyer les yeux, je me sentis pousser des ailes. C'était la première fois qu'ils assistaient à un discours aussi incendiaire.

« Je suis convaincue que le président et les députés ici présents ne sont pas correctement informés de la situation au Xinjiang. Dès que le droit à l'autodétermination se traduira dans les faits, la stabilité que Pékin et les Ouïghours appellent de leurs vœux sera possible. Nous avons tous besoin de la paix. »

En vingt-sept minutes, j'étais parvenue à aborder seize thèmes différents. Les députés m'applaudirent à tout rompre.

Après la réunion, mon interprète fut pris à partie par les cadres. Pourquoi n'avait-il pas interrompu sa lecture ? Face aux reproches, il tint bon. « C'est interdit par la loi. Personne n'a le droit d'interrompre. Cette femme est incroyable. Si je n'avais pas traduit son discours, elle m'aurait probablement arraché les feuilles des mains pour le faire elle-même, et elle aurait parlé encore plus longtemps. »

« Bien parlé, mais... »

D'habitude, une fois la réunion terminée, le chef de l'État et les membres du Conseil des affaires de l'État quittaient la salle par la porte de derrière. Cette fois, les choses se déroulèrent différemment. Tout de suite après mon discours, Jiang Zemin s'approcha de moi, ses ministres sur les talons. Il me prit les mains et me complimenta. « Vous vous êtes très bien exprimée. Vous devriez toujours parler ainsi. » Puis il me promit de se pencher sur les difficultés rencontrées par le Xinjiang, afin d'y remédier au plus vite. Li Peng me félicita, lui aussi. « Très bon discours, mais il faut discuter de ces problèmes directement avec nous. » Tous disparurent ensuite par la porte de derrière.

Les autres députés, qui avaient observé la scène, accoururent pour me faire part de leur indignation au sujet du Xinjiang. Certains exigèrent même la destitution de Wang Lequan. En réalité, cet attroupement avait pour objet de me dérober à la vue des journalistes.

Dans les articles qui parurent le lendemain, les journalistes ne retinrent que deux points de mon discours : la baisse des impôts pour les agriculteurs et la facilitation de l'accès à l'instruction.

Cet après-midi-là, le vice-président de la Conférence consultative me raccompagna en voiture jusqu'à mon hôtel. Il faisait partie des neuf hommes les plus puissants de Chine, qui décidaient du sort d'un milliard trois cent millions de personnes. Il s'était déjà rendu plusieurs fois au Xinjiang. « Votre discours nous a bien aiguillés. Nous enverrons des gens sur place étudier toutes ces problématiques. »

Mon sourire masquait le fait que je ne croyais plus un mot des instances dirigeantes.

« Je crois, lui dis-je, que c'est la dernière fois que nous nous voyons. Je sens qu'à mon retour au Xinjiang je vais me heurter à de nombreux obstacles.

— Ne vous inquiétez pas, vous avez fait ce qu'il fallait. Si j'avais été ouïghour, j'aurais aimé m'exprimer comme vous. Si quelqu'un cherche à vous causer du tort, j'interviendrai. Nous ne sommes pas tous aussi mauvais que vous le croyez. »

J'étais habituée à ces belles paroles vides de sens. On ne cessait de me promettre monts et merveilles, mais les actes ne suivaient jamais. Peut-être cet homme était-il honnête. Peut-être n'avait-t-il pas assez de pouvoir pour défendre ses positions. Souvent, même les ministres ne pesaient pas lourd face aux intérêts des entreprises.

De retour à l'hôtel, j'appelai Sidik :

« C'est un grand jour. Il faut fêter ça ensemble.

— Tu n'aurais pas dû agir de la sorte. Tu ferais mieux d'attendre d'être à mes côtés, en lieu sûr, pour prendre de telles initiatives. Je perds espoir de te revoir un jour. Comme tu es députée, ils ne s'en prendront pas à toi tout de suite. Mais un jour ou l'autre, ils te montreront à quel point tu les déranges.

— Je me fiche de ce qui peut m'arriver, du moment qu'ils aident notre peuple. Aujourd'hui, j'ai atteint mon but. Il faut fêter ça ! »

Si, parmi ces trois cents députés, seule une poignée d'entre eux avaient pris conscience des problèmes du Xinjiang, c'était déjà une victoire.

Sans passeport ni attributions publiques

Trois mois après mon retour de Pékin, je fus destituée de l'ensemble de mes fonctions et de mes titres. Ma suspension me fut signifiée en mai et devint effective en juin. Je ne fus même pas surprise.

Je fus convoquée par le Comité d'unité du Xinjiang, composé des personnalités les plus importantes et les plus respectées de la région. Sa mission : expliquer au peuple les nouvelles lois. Le président, un Chinois, me regarda d'un air triomphant. « En vertu des lois édictées par le Parti communiste, nous vous destituons de votre siège de députée à l'Assemblée nationale populaire et au Parlement du Xinjiang, ainsi que de votre titre de vice-présidente de la chambre de commerce du Xinjiang. » Il énuméra péniblement toutes mes attributions, dont certaines m'étaient inconnues. « À compter d'aujourd'hui, ajouta-t-il, vous redevenez une citoyenne ordinaire.

— Pourquoi ne me retirez-vous pas ma citoyenneté ? Vous pourriez alors m'expédier aux États-Unis.

— Si vous le souhaitez, vous pouvez faire appel de cette décision auprès de la Cour populaire suprême. »

Je me sentais soulagée, comme si j'avais recouvré mon statut d'être humain. Par moments, mes responsabilités m'avaient pesé. D'un côté, je souhaitais aider le peuple ; de l'autre, je me sentais responsable de l'attitude du régime. Associée au gouvernement, je m'étais retrouvée dans une position délicate. De toute façon, ces attributions ne m'avaient jamais permis d'influencer les décisions du régime. À présent, je savais que Wang Lequan ferait tout pour profiter de ma vulnérabilité.

D'un jour à l'autre, toutes mes sociétés furent paralysées. J'avais signé un contrat avec une Chinoise concernant une livraison de coton qui transiterait par le Tadjikistan. J'avais déjà versé 15 % de la somme due. Comme je ne faisais plus confiance à mes partenaires, je décidai alors d'aller chercher les deux cents premières tonnes moi-même. J'étais censée prendre l'avion d'Ürümqi jusqu'à Almaty, puis continuer jusqu'au Tadjikistan. À l'aéroport, les agents de sécurité me confisquèrent mon passeport, sous prétexte que mon mari avait, une fois de plus, enfreint les lois du Parti communiste. Les autorités désiraient que Sidik revienne sur les critiques qu'il avait formulées à l'égard du régime sur Radio Free Asia. Le gouvernement central avait également donné l'ordre de m'empêcher de partir pour l'étranger. À partir de maintenant, je faisais l'objet d'une étroite surveillance. L'avocate qui m'accompagnait ne put élever aucune objection.

Je ne m'attendais pas à ce qu'ils me prennent mon passeport. Il m'était désormais impossible de rejoindre mon mari et mes enfants. De retour chez moi, j'appelai immédiatement Sidik.

« Ils m'ont pris mon passeport.

— Oh non, c'est la fin ! Je t'avais dit qu'ils n'hésiteraient pas à bafouer la loi et la morale.

— Il ne faut pas désespérer. Je trouverai un autre moyen de te rejoindre. »

Après que j'eus raccroché, mes pensées se tournèrent de nouveau vers les affaires. Si je ne livrais pas le coton à la Chinoise dans les temps, le contrat stipulait que je devais rembourser à mes intermédiaires les frais dus au retard. J'envoyai mon avocate au Tadjikistan, mais mes partenaires refusèrent de lui donner le coton que j'avais déjà payé. Mes vingt-quatre camions et leur chargement se volatilisèrent en Asie centrale. La femme d'affaires chinoise porta plainte contre moi. Je dus lui verser 2,7 millions de yuans. En tout, les pertes que je subis s'élevèrent à 13 millions de yuans. Par la suite, mes enfants et mon père se firent eux aussi confisquer leurs papiers.

Voici comment le régime avait manœuvré : les autorités avaient commencé par me retirer mon passeport, puis avaient déterminé le montant de l'amende que je devrais payer par leur faute.

Je continuai tant bien que mal à travailler pour soutenir financièrement les Ouïghours dans le besoin. Je pouvais toujours compter sur mes amis. Même la femme d'Ablait Abdurexit continua à faire ses achats dans mes magasins.

Je ne pouvais plus me rendre d'un quartier de la ville à l'autre sans l'autorisation de la police. Où que j'aille, des hommes en noir me suivaient comme mon ombre. Si je regardais derrière moi, ils m'imitaient. Quand je dînais en ville, ils s'asseyaient à une table voisine.

Le mouvement des mille mères

Malgré tous les obstacles, soutenir la population me tenait toujours autant à cœur. Créer des écoles et venir en aide aux enfants défavorisés ne suffisait pas. Nous, les femmes ouïghoures, ne pouvions rien attendre du gouvernement. Nous ne pouvions compter que sur nous-mêmes pour avancer.

Traditionnellement, dans notre société, c'est l'homme qui doit nourrir sa famille. Bien que la plupart des mères de famille soient très pauvres et n'aient jamais mis les pieds à l'école, l'influence qu'elles exercent sur leurs enfants est déterminante pour l'avenir du pays. Il fallait que les Ouïghoures prennent confiance en elles.

Un jour, je reçus dans mon bureau trois femmes qui venaient d'être abandonnées par leur mari. Elles étaient persuadées que leur vie était fichue. « Cela signifie-t-il que votre bonheur dépend uniquement de votre époux ? », leur demandai-je.

Les Ouïghoures cultivées, quant à elles, portaient un regard critique sur la société, mais ne savaient pas comment changer les choses. Il était temps de redéfinir les rôles respectifs des femmes et des mères. Je décidai donc de fonder une entreprise afin de renforcer leur rôle économique.

Grâce à moi, elles mobiliseraient leurs forces. Mais pour entrer dans ma société, elles devraient faire preuve d'indépendance. J'appelai les femmes qui souhaitaient donner une meilleure éducation à leurs enfants, travailler avec moi et changer la société à se réunir dans le restaurant de mon centre commercial. Je m'attendais à en voir une centaine ; elles furent un millier. La majorité d'entre elles avaient apporté de l'argent qui m'était destiné, pensant que je me lancerai immédiatement dans une nouvelle activité grâce à leurs dons. J'avais plutôt prévu de parler de l'organisation de notre future entreprise.

Bien que je n'eusse pas préparé de discours, je passai trois heures à expliquer mes projets. Plus de 60 % des femmes présentes étaient diplômées ou mariées à des hommes d'affaires. Leurs mains et leur cou étaient couverts d'or. Quand je demandai qui souhaitait participer, d'abord dix mains se levèrent, puis vingt, puis mille. Les femmes qui avaient apporté de l'argent se mirent en rang. Je leur expliquai alors qu'il ne suffisait pas de donner des billets de banque. « Vous devez vous impliquer pour l'avenir de vos enfants ! Grâce à votre contribution, nous récolterons dix fois, cent fois plus d'argent. C'est ainsi que nous changerons la société. »

Ensuite, je mis en place une commission composée de vingt femmes, chargée de planifier nos actions en détail. L'une d'entre elles vivait au ban de la société car ses dix enfants étaient tous devenus des escrocs. Elle était également réputée pour son caractère difficile. Son mari possédait une petite boutique. Ce jour-là, elle avait apporté une caisse remplie d'argent avec laquelle elle me suivait partout.

« Je vous en prie, prenez-le tout de suite, me pressa-t-elle. Comme nous étions pauvres, aucun de mes enfants n'a pu aller à l'école. C'est pour ça qu'ils ont mal tourné. Je sais que les gens me trouvent mauvaise. À cause de ces histoires, je me brouille avec tout le monde. Voilà pourquoi j'aimerais venir en aide aux enfants des autres. Mon mari et moi avons gagné beaucoup d'argent récemment. Prenez-le.

— Très bien, lui répondis-je. Rentrez chez vous. Je vous recontacterai dans deux semaines. »

Je la revis plus tard, au cours de ma détention. Elle avait été condamnée à la prison à vie pour trafic de drogue.

Le premier projet de la commission était d'initier les participantes aux métiers de la vente. La somme qu'elles investiraient dans ma compagnie était fonction de la situation de chacune. Et si certaines n'avaient pas assez d'argent, j'étais là pour les aider à financer leur projet. Elles se répartissaient ensuite en plusieurs groupes différents et apprenaient à faire des affaires entre elles. Une fois qu'elles auraient acquis un peu d'expérience, nous les enverrions en Chine ou en Asie centrale.

Grâce aux recettes, nous comptions ouvrir une école et un supermarché dans chacun des quartiers de la ville. Nous comptions aussi subventionner des artistes représentatifs de la culture ouïghoure dans l'ensemble du territoire et commercialiser des spécialités locales comme la grenade de Kachgar ou le melon d'Hami. Nous avions même l'intention de mettre en place un groupe de lutte contre le trafic de femmes et d'enfants.

Consignes de Pékin

Le mouvement des Mille mères fut lancé avec l'accord de la région autonome. Lors de la fête d'ouverture, les participantes étaient encore plus nombreuses. Mes assistantes m'apportèrent trois caisses remplies de lettres venues de tout le Xinjiang. Nombre de femmes voulaient savoir si une antenne verrait bientôt le jour dans leur quartier.

La femme d'Ablait Abdurexit, notre président, l'épouse du maire d'Ürümqi et Mainor Kasim, la vice-présidente de l'Union des femmes de Chine, faisaient partie des invitées d'honneur. Hommes politiques, inspecteurs des impôts, banquiers, journalistes à la radio et à la télévision, policiers, toutes les figures importantes de la région avaient répondu présent.

Les journalistes nous filmèrent et nous interviewèrent. Même les cadres chinois reconnaissaient que la cause que nous défendions était juste. Le lendemain, je fus donc très surprise que ni la radio, ni la télévision ne mentionnent cette fête. J'appelai un journaliste et lui demandai pourquoi personne ne parlait du mouvement des Mille mères.

L'après-midi même, les rédactions avaient reçu l'ordre de ne piper mot de notre nouvelle association. D'après les autorités, soutenir le mouvement des Mille mères revenait à réclamer l'indépendance du Xinjiang. Les hauts fonctionnaires, les banquiers et les hommes politiques avaient honte car leurs femmes comptaient parmi les membres les plus enthousiastes de notre association.

La nouvelle selon laquelle le régime voulait museler le mouvement des Mille mères se répandit comme une traînée de poudre. On parla davantage de nous. Les femmes ouzbèkes, tatares, kazakhes, dounganes, kirghizes et mongoles se ralliaient à notre cause. Les Chinoises Han étaient les seules à garder leurs distances. Bien entendu, le gouvernement voyait d'un très mauvais œil le fait que d'autres minorités nous rejoignent.

Nous voulions devenir un modèle pour notre société. Nous ouvrîmes des antennes dans les grandes villes du Xinjiang. Nous mîmes en place des dispensaires et des structures d'accueil pour les femmes sans abri. C'était la première fois dans l'histoire de la Chine qu'un tel projet voyait le jour. 20 à 30 % de nos bénéfices étaient reversés aux enfants des rues et aux familles démunies. « Si nous réussissons à venir en aide aux orphelins, la communauté internationale nous soutiendra », affirmai-je lors d'une réunion. Mais les cadres auraient largement préféré que je parle de la « communauté chinoise ». Ils semblaient redouter que je recrute une armée composée de mères de famille.

Tel un disque rayé, je leur répétai que nous œuvrions en faveur de la stabilité du pays et que notre but n'était pas de faire de la politique. Mais j'aurais dû savoir que, pour le gouvernement chinois, tout était politique. Trois jours après cette déclaration et trois mois après nos débuts prometteurs, les forces de l'ordre scellèrent les portes de nos bureaux. Du jour au lendemain, les rêves de milliers de mères furent réduits à néant. Comme je craignais que le régime ne confisque l'argent que nous avions réussi à amasser, j'organisai une dernière réunion.

Le gouvernement central m'avait envoyé une lettre à l'encre rouge, synonyme de « mise en danger de la stabilité du pays ». Des femmes d'agents des services secrets

– lesquels craignaient de perdre leur emploi si leurs épouses continuaient à participer à notre mouvement – m'avaient expliqué qu'on n'utilisait cette couleur qu'en temps de guerre ou lors du vote d'une loi cruciale. Le gouvernement, de son côté, redoutait que notre influence ne devienne internationale.

Lors de la dernière assemblée, les femmes me confectionnèrent une couronne et me surnommèrent « la Mère des mères ». Ensuite, je plaçai au milieu du restaurant une grande caisse contenant tout l'argent que nous avions récolté. « Je suis désolée de vous avoir fait perdre votre temps », dis-je à chacune de mes donatrices.

Soudain, une institutrice prit la parole. « Les Ouïghoures n'oublieront jamais cette journée. Nous ne devons plus nous abaisser à faire des choses qui blessent notre fierté. Le mouvement des Mille mères n'est pas dissous. Il est éternel ! »

Je ne sens plus ma terre natale

Les murs de notre cellule semblaient se rapprocher un peu plus chaque jour. Si un jeune Ouïghour voulait apprendre la boxe par simple goût, on l'arrêtait pour séparatisme. Si un campagnard moustachu se présentait à un entretien d'embauche, on l'obligeait à se raser. Et si quelqu'un récitait un poème ouïghour, on l'accusait de fondamentalisme.

À cette époque, les dirigeants tombèrent les masques. Le Xinjiang faisait partie intégrante de la Chine et, à ce titre, devait accueillir encore plus de colons. Dans la rue, on voyait des Chinois chasser les Ouïghours des bus et des trottoirs à coups de bâton, en leur criant : « Dehors ! C'est chez nous, ici ! » Les femmes fonctionnaires n'avaient pas le droit de porter la jupe longue, considérée comme un signe religieux. Sur le marché du travail, certains emplois étaient réservés exclusivement aux Chinois : les annonces le stipulaient noir sur blanc.

La situation était devenue insupportable. Je décidai de rédiger un rapport et de l'envoyer aux États-Unis. Je parvins ainsi à combler la douleur provoquée par l'absence de mon mari et de mes enfants.

Où que j'aille, les gens me demandaient de prononcer quelques phrases de réconfort. Lors d'un mariage auquel assistaient un millier de personnes, je pris le micro. « J'ai beau me trouver sur ma terre natale, je ne la sens plus. Mes chers concitoyens, vous avez beau vous tenir devant moi, vous me manquez déjà. Je ne sais quel conseil vous donner pour que vous soyez heureux. Peut-être les Ouïghours n'ont-ils pas le droit de vivre en paix sur cette planète... Aujourd'hui, j'ai assisté à de belles danses et entendu de magnifiques chants, mais je me suis bouché les oreilles. Nos chants expriment notre douleur et notre souffrance. Devons-nous attendre d'être exterminés jusqu'au dernier ? »

Un jeune homme se leva et cria :

« Vous êtes notre seul espoir ! Dites-moi de vous rejoindre et j'obéirai sur-le-champ.

— Recommençons à chanter et à danser », répondis-je.

Comme la noce se transformait en meeting, je voulais éviter que la police ne vienne disperser les invités. Quant au jeune homme qui m'avait interpellée, il fut arrêté et emprisonné dès la fin des festivités.

Le centre commercial Akida

J'avais déjà mis la main à la poche pour obtenir le dernier tampon nécessaire au lancement des travaux du centre commercial Akida. Tous les documents nécessaires à sa construction étaient réunis depuis maintenant cinq ans. Mais comme j'avais été relevée de mes fonctions, les autorités annulèrent tous les permis qu'on m'avait accordés.

J'ordonnai tout de même au contremaître de commencer les travaux. On me laissa tranquille jusqu'à ce que le deuxième étage soit terminé. Puis un groupe de policiers débarqua sur le chantier et me demanda mon permis de construire. Bizarrement, on me l'avait confisqué quelque temps auparavant. Je dus payer 200 000 yuans d'amende et fermer le chantier.

En signe de protestation, l'entreprise de construction porta plainte contre le bureau du cadastre d'Ürümqi et fut finalement autorisée à reprendre les travaux, peut-être grâce à quelques pots-de-vin. Le chef de chantier me proposa de me rembourser les 200 000 yuans d'amende si ses ouvriers pouvaient terminer les travaux. J'acceptai, et la construction de l'immeuble de quinze étages progressa sans incident.

Mon père avait un mauvais pressentiment. « Je fais des cauchemars. J'ai l'impression que le gouvernement ne va pas tarder à s'en prendre à toi. » Mes frères et sœurs continuaient à m'encourager. J'appelais Sidik tous les jours.

Chaque fois que celui-ci tendait le combiné à Kekenos, elle fondait en larmes. « Pourquoi tu nous as fait venir ici ? me demandait Akida. Pourquoi tu ne nous rejoins pas ? » Honzohre et Mustafa me réclamaient, eux aussi.

Ces conversations me vidaient du peu de forces qui me restaient. Désormais, j'évitai de leur parler. Je ne désirais plus qu'une seule chose : partir. J'envisageai même de quitter le pays illégalement par le Pakistan, mais Sidik m'en dissuada. « Tu dois choisir un moyen légal. Ils surveillent le moindre de tes faits et gestes. »

Mon centre commercial Akida fut achevé en 1999. À cette date, j'étais sous les verrous.

13

DE LONGUES ANNÉES DERRIÈRE LES BARREAUX

Un rendez-vous lourd de conséquences

À Washington, Sidik témoigna de la situation au Xinjiang devant le Congrès mondial des Ouïghours. Pendant ce temps, à Ürümqi, je réunissais des documents sur les violations des droits de l'homme dans notre pays. Entre 1996 et 1999, les journaux avaient beaucoup parlé des changements provoqués par l'arrivée des Chinois. Je rassemblai ces articles, parus notamment dans les journaux d'Ili et de Kachgar. Mais lorsque je voulus les envoyer à Sidik par la poste, ils furent interceptés.

Un soir, j'appris par mon mari qu'une délégation américaine s'apprêtait à se rendre à Ürümqi. Ramila et moi tentâmes immédiatement de reconstituer la liste des victimes du massacre d'Ili.

Peu après, le 6 août 1999, un membre du Congrès américain me contacta. Après avoir rangé les photocopies des articles de journaux dans mon sac, je me mis en route, accompagnée de Ramila et d'Alim, mon photographe et interprète. Un chauffeur était censé nous conduire dans mon Audi jusqu'à l'hôtel où nous avions rendez-vous avec la délégation américaine, mais Kahar nous retint. « Maman, les services secrets surveillent ta voiture de près. »

Nous prîmes un taxi. Environ deux cents mètres avant l'hôtel, je vis une grosse voiture venue d'en face nous foncer dessus. Je compris tout de suite qu'on voulait me tuer lors d'un « accident ». Le chauffeur de taxi, vif comme l'éclair, déboîta à droite. La voiture heurta de plein fouet le véhicule qui nous suivait. Je jetai un rapide coup d'œil par-dessus mon épaule : il était pulvérisé. Une main inerte pendait par la fenêtre ouverte. Puis une voix nous ordonna de descendre. Des voitures noires conduites par des hommes en civil firent irruption de tous côtés. Nul ne prêtait attention aux victimes derrière nous. Les types agitaient leurs mitraillettes dans tous les sens pour faire fuir les passants.

Je sautai par-dessus le capot du véhicule de derrière et tentai de prendre la fuite. On m'attendait déjà de l'autre côté. « Je suis Rebiya Kadeer ! hurlai-je. Y a-t-il des Ouïghours par ici ? » Deux ou trois de mes compatriotes sortirent de leur voiture et furent immédiatement encerclés. Tous les témoins de la scène furent interpellés.

Du coin de l'œil, je vis un jeune garçon prendre la fuite en courant. « Je suis Rebiya Kadeer ! Dis à tout le monde qu'on est en train de m'arrêter ! » Il réussit à semer les policiers qui le pourchassaient.

On me poussa dans une voiture. Après un court trajet, je fus conduite à l'office de tourisme d'Ürümqi. Le bâtiment était complètement désert. On me fit entrer dans un bureau. Là, un des policiers m'accusa d'être à l'origine de l'accident. Un autre type brandit un sac rempli de poudre blanche. « Nous vous arrêtons également pour trafic de drogue. » Enfin, on m'arracha les sacs qui contenaient mes documents. Ramila et Alim furent conduits dans la pièce d'à côté. On les libéra trois jours après.

Par ce biais, les services secrets espéraient en apprendre plus sur moi. Ramila fut suivie et arrêtée de nouveau deux jours plus tard. Elle connaissait de nombreuses personnes impliquées dans la défense des droits de l'homme et de la liberté dans notre pays. J'espérais de tout cœur qu'elle parviendrait à garder le silence malgré la pénibilité des interrogatoires.

Je m'étais inquiétée pour rien. Ramila tint bon. Si elle avait parlé, au moins trois cents personnes auraient écopé de lourdes peines de prison. Quelques mois plus tard, elle partit pour l'étranger avec son mari. Leurs enfants de neuf et douze ans étaient censés les rejoindre, mais le régime décida de les garder en otages.

Alors que je me trouvais seule dans le bureau, une Chinoise surgit derrière moi et m'appliqua un chiffon sur la bouche. Je voulus me débattre, mais je n'en eus pas le temps et perdis connaissance.

« Baodao ! »

Tandis que j'étais évanouie, ils déboutonnèrent ma chemise, enroulèrent l'enveloppe qui contenait les articles de journaux et la dissimulèrent sous mon tricot de corps, le tout sous l'œil d'une caméra. On voulait ainsi donner l'impression que j'avais caché ces documents intentionnellement. Pour détruire ma réputation, des extraits de la scène furent diffusés à la télévision.

J'ignore combien de temps je restai inconsciente. Alors que j'étais encore à moitié endormie, des hommes en civil me conduisirent à un hôtel où ils me donnèrent l'ordre de signer des documents. « Je n'ai rien fait », protestai-je. L'un des policiers désigna les articles de journaux :

« Pourtant, vous vous déplaciez avec des secrets d'État sur vous.

— Ce sont des coupures de presse on ne peut plus ordinaires. J'ai seulement voulu alerter la communauté internationale sur les problèmes de mon peuple. Je n'ai jamais enfreint la loi de toute ma vie. Je ne signerai pas.

— De toute façon, que vous signiez ou non, ça ne change rien. »

Il faisait déjà nuit lorsqu'on me transféra de l'hôtel jusqu'à la prison. Notre voiture était précédée et suivie de deux camions militaires remplis de soldats lourdement armés. Trois voitures de police ouvraient et fermaient le cortège, gyrophares allumés et sirènes hurlantes. Sidik m'avait parlé de sa détention. J'étais convaincue que la mienne serait encore plus pénible, mais j'étais prête à l'affronter. Il fallait que j'y survive.

La prison de Liudaowan, où Turdschan avait lui aussi été incarcéré, était redoutée pour les tortures que les détenus y subissaient. Soit on en sortait les pieds devant, soit on y devenait fou.

Je descendis de la voiture. Un énorme portail noir en fer s'élevait devant moi, flanqué de deux gardiens. Quand il s'ouvrit en grinçant, j'avançai d'un pas. Alors, l'un des surveillants chinois me cria quelque chose d'incompréhensible. Effrayée, je reculai aussitôt, mais on me poussa dans le dos. Le Chinois recommença à hurler comme un fou.

Les soldats qui m'escortaient m'expliquèrent que je devais prononcer le mot « *baodao* » avant d'entrer. Il me fallait apprendre le langage de la prison. On devait dire « *baodao* » avant de prendre la parole ou d'entrer quelque part et attendre qu'on nous réponde « parle » ou « entre » avant de s'exécuter, les mains sur la tête.

Comme je refusai d'obtempérer, je restai trente bonnes minutes devant la porte. Le gardien gigotait dans tous les sens, mitraillette au poing. Sa voix stridente me vrillait les oreilles. Au-dessus de nous, deux autres surveillants se mirent également à crier. Je ne supportais plus ce vacarme, aussi je les imitai et leur ris au nez.

Le policier derrière moi aboya aux gardiens l'ordre de me laisser entrer, mais celui qui se trouvait à l'entrée campait sur ses positions. « Pas question ! Elle doit d'abord dire "*baodao*". Sinon, je l'abats ! »

Le chef de la sécurité, un Ouïghour, se fraya un chemin vers nous. Les gardiens le saluèrent en claquant les talons. À son tour, il me demanda poliment de dire « *baodao* ». « Vous pouvez le murmurer de façon à ce que je sois le seul à vous entendre.

— Je ne peux pas, rétorquai-je. Si vous ne pouvez pas me faire entrer, ramenez-moi à la maison. »

L'homme ordonna sèchement à ses hommes de me laisser passer. Ils obéirent, le visage crispé par la colère. Je passai une deuxième porte. Quelques mètres plus loin, on me fouilla.

Après mon interpellation, des fonctionnaires pénitenciers s'étaient rendus chez moi pour y prendre une couverture et quelques aliments. Mes enfants comprirent alors que j'avais été arrêtée, sans pour autant savoir dans quelle prison on m'avait emmenée.

À présent, mes affaires se trouvaient par terre, devant moi.

« Ramasse ! me dit une gardienne.

— Non.

— Tu vas voir comme on va te battre.

— Allez-y, frappez-moi si vous le souhaitez. »

Tout m'était égal, du moment qu'on ne portait pas atteinte à ma dignité. Une deuxième gardienne, prénommée Ye, accourut.

« Prends tes affaires, me grogna-t-elle.

— Non.

— Ramasse ! », hurla-t-elle si fort que mes tympans vibrèrent.

Je ne répondis pas. Elle leva la main pour me gifler, mais le chef de la sécurité la retint. Il s'entretint avec les deux gardiennes, puis celles-ci appelèrent une autre détenue.

La femme qui entra était ouïghoure. Elle me reconnut au premier coup d'œil et fondit en larmes. Je me penchai pour prendre une partie de son fardeau. « Non. Laissez, madame Kadeer », me murmura-t-elle.

Alors que je m'apprêtais à franchir la porte suivante, une femme en uniforme se jeta sur moi.

« Dis "*baodao*" !

— Non, je ne le dirai pas. »

Au même instant, Ye et le chef de la sécurité lui dirent de me laisser passer.

Les cinquante-huit règles des prisonniers

Sitôt la porte de la cellule refermée sur moi, la nouvelle de mon incarcération se répandit dans toute la prison comme une traînée de poudre. La pièce mesurait un peu plus de quinze mètres carrés. On l'avait évacuée exprès pour moi. D'habitude, on y entassait une vingtaine de détenus. Apparemment, on me considérait comme quelqu'un d'important.

Dans un coin, un trou faisait office de toilettes, avec un petit tuyau en guise de chasse d'eau. L'ampoule au plafond avait été dévissée. Les murs suintaient, verdâtres. Sur le côté se trouvait un petit muret en béton qui me servirait de lit. J'entendis des voix devant la porte. Une clé tourna dans la serrure et deux prisonnières, une Chinoise et une Ouïghoure, entrèrent.

J'étalai ma couverture sur le muret et m'allongeai. La Ouïghoure s'installa à côté de moi et me raconta sa vie de façon si détaillée qu'elle finit par me donner la migraine. Quant à la Chinoise, elle notait le moindre de mes faits et gestes dans un carnet. Je m'assoupis. À mon réveil, la Ouïghoure parlait toujours.

Le lendemain matin, un hurlement m'arracha à mon sommeil.

« Qu'est-ce que c'est que ça ?

— Ils frappent les détenus, me répondit la Ouïghoure en bâillant, la bouche grande ouverte.

— Mais pourquoi ?

— Parce qu'ils se sont pas assez obéissants.

— Ici, il y a cinquante-huit règles à respecter. Il faut les apprendre par cœur », intervint la Chinoise en me tendant le règlement traduit en ouïghour.

Je commençai à lire : « Je suis une détenue. Je reconnaîtrai mes erreurs. Mon comportement est répugnant. Je ne détacherai jamais mon regard du sol. J'obéirai à tous les ordres qu'on me donnera. Je ne prononcerai jamais le nom de Dieu. Je ne prierai pas. Durant mon sommeil, je ne me recouvrirai pas la tête avec la couverture. Je dénoncerai les détenus qui enfreignent le règlement. Tous les jours, je réciterai ces cinquante-huit règles aux gardiens. »

Accepter ce règlement, c'était renoncer à sa dignité. D'un autre côté, si je ne les apprenais pas par cœur, je serais privée de nourriture.

Des pas s'approchèrent. Ye et une autre de ses collègues entrèrent. Mes deux voisins bondirent et crièrent d'une seule voix : « *Baodao !* » Je restai assise.

« Debout ! glapit la deuxième gardienne.

— Qui es-tu pour me donner l'ordre de me lever ? Je suis libre de rester assise ou de me mettre debout. »

Le visage de Ye se déforma en une horrible grimace. « Tu vas la boucler ?

— Je ne me lèverai pas, mais tu peux toujours essayer de me faire taire si ça te chante. »

Elle sortit de la cellule, sa collègue sur les talons. Peu après, une gardienne plus âgée fit son apparition, accompagnée de deux hommes.

« Rebiya Kadeer, tu dois collaborer. À partir d'aujourd'hui, tu es notre prisonnière.

— Je ne me considérerai jamais comme telle. Peu importe qu'on me frappe ou qu'on me tue. Je n'obéirai à aucun ordre.

— Tu as entendu crier les prisonniers que l'on frappe ?

— Peu m'importe, je n'ai aucune envie de te parler. Sache que ce lieu te convient parfaitement. Tu resteras ici pour toujours, contrairement à moi. Un jour, je sortirai de cette prison. »

« Tu dois coopérer »

Ma codétenue chinoise s'était placée sur le pas de la porte et cria : « *Baodao !* » Je voulus sortir derrière elle, mais Ye m'ordonna de ne plus bouger.

« Qu'a dit la détenue avant de sortir ? Tu as du coton dans les oreilles ? Tu veux que je te le dise en quelle langue ? »

Ye croisa les bras. Je l'imitai.

« À présent, tu es entre mes mains ! hurla-t-elle. Tu es dans ma cage ! Dehors ! »

Ye et ma codétenue m'escortèrent jusqu'à un bureau dans lequel se trouvaient six membres des services secrets, y compris des Ouïghours. À peine avais-je passé le seuil de la porte que le « halte ! » habituel retentit. Ils étaient tous unis par le même souhait : que je dise enfin « *baodao* ».

« Recule ! », m'ordonna l'un des hommes. Je fis un pas en arrière. « Décroise les bras ! » Ces ordres stridents me résonnaient aux oreilles. Je m'exécutai, non par peur mais par respect. Ils échangèrent un regard triomphant.

« Maintenant, tu dois dire "*baodao*", me murmura un des hommes d'une voix mielleuse, comme s'il apprivoisait un animal sauvage.

— Je ne prononcerai jamais ce mot, quitte à rester plantée là toute la journée. Pourquoi tenez-vous tant à ce que je dise "*baodao*" ? »

Un Chinois en uniforme qui trônait au milieu, visiblement le chef du groupe, me dit poliment d'entrer. Ye me rappela à l'ordre :

« Tiens-toi droite, bon sang !

— Pourquoi passes-tu ta journée à beugler ? rétorquai-je, en colère. Je suis toujours un être humain. Ce n'est pas en criant que tu te feras obéir. Je te laisserai hurler jusqu'à ce que tu te brises les cordes vocales. »

Le Chinois intervint. « Très bien, très bien. Apportez-lui une chaise. » C'était une petite victoire sur Ye puisque, d'habitude, les détenus devaient rester debout.

Puis il se tourna vers moi. « Comment vas-tu, Rebiya ? As-tu bien dormi ? Je suis sûr qu'ensemble, nous ferons du bon travail. Tu nous connais. Tu sais bien que nous ne faisons qu'exécuter les ordres. Tu es quelqu'un de bien, et ça nous attriste de te voir ici. Nous espérons bientôt prouver ton innocence. »

Il n'arrêtait pas de parler. Ses phrases interminables avaient sur moi un effet quasi soporifique. « Si quelqu'un t'insulte, te frappe, porte atteinte à ton honneur ou à tes droits fondamentaux, n'hésite pas à nous le faire savoir. Si tu tombes malade, on t'amènera à l'hôpital. Certes, notre prison n'est pas très propre et on y manque de tout. Mais nous t'avons traitée avec respect. Quant à toi, tu n'es là que depuis un jour et une nuit, et tu sèmes déjà la zizanie. Sache que même un condamné à mort doit dire "*baodao*" aux surveillants. Tu dois coopérer.

— Je refuse de participer à ce jeu du "*baodao*". Depuis hier, je déteste ce mot. Je ne l'accepte pas car je suis persuadée que je ne devrais pas me trouver ici. Les gardiens doivent se comporter comme des êtres humains. Autrement, aucune communication ne sera possible. Tu prétends que tu ne fais qu'exécuter les ordres et que tu ne désires qu'une seule chose : prouver mon innocence. Très bien. À partir d'aujourd'hui, je me montrerai plus coopérative, à deux conditions. Premièrement, je veux qu'on me laisse tranquille avec ces cinquante-huit règles. Deuxièmement, les gardiens doivent cesser de frapper les détenus. »

Plus personne ne me demanda plus de dire « *baodao* ». Je sortais dans la cour une fois par semaine. Les autres prisonniers n'avaient pas le droit de me regarder ni de m'approcher. La détention préventive dura quarante-cinq jours, durant lesquels je fus interrogée quotidiennement.

Insomnie

Dans la salle d'interrogatoire se trouvaient une table en bois et une chaise, sur laquelle je dus rester assise sans dormir pendant trois jours. Deux Chinoises et deux Ouïghoures me surveillaient. Dès que je m'assoupissais, on me secouait et on me pressait de questions.

Quand on empêche un être humain de dormir, il se met à parler dans un demi-sommeil. Le rêve et la réalité s'entremêlent tant et si bien qu'il devient impossible de les distinguer. Le cerveau s'endort, on se replie sur soi-même et on s'engourdit. Les prisonniers privés de sommeil pendant quinze à vingt jours finissent par reconnaître tout ce dont on les accuse. C'est sur la foi de telles dépositions que de nombreux innocents sont condamnés à mort et exécutés.

La voix du policier m'hypnotisait. S'il m'avait demandé si j'avais déjà tué quelqu'un, peut-être la fatigue m'aurait-elle poussée à répondre par l'affirmative. Les questions me tombaient dessus à feu nourri. Il suffisait que je dise « oui » au mauvais moment pour que ma réponse soit retenue contre moi.

On me confrontait ensuite à mes propres dépositions : « Tu as avoué avoir fait ceci, tu as reconnu avoir fait cela... » Quand on me faisait écouter les enregistrements de mes témoignages, je ne me reconnaissais pas, comme si l'on m'avait droguée.

On m'accusa de tous les crimes possibles et imaginables. « Tu as trahi des secrets d'État. Tu as fait sortir des documents confidentiels du territoire. Ton mari est un séparatiste. » Cette énumération terminée, on me demandait si ces accusations étaient fondées. Dans mon sommeil, je laissais entendre un faible « oui ».

Des interrogatoires interminables

Tous les matins, on venait me chercher à 9 heures. Le soir, on me ramenait vers 20 heures dans ma cellule. Dans la salle d'interrogatoire, on m'attachait à une chaise, les pieds et les mains entravés par des menottes. Les murs étaient encore tachés de sang séché.

Devant moi, une rangée de chaises. Leur nombre variait de trois à huit. Des instruments de torture étaient soigneusement alignés sur une petite table, près des prises de courant. Les policiers commençaient l'interrogatoire en m'énumérant les différentes possibilités qui s'offraient à moi :

« Rebiya, tu es seule responsable de ce qui t'arrive. Tu es talentueuse, intelligente, respectée, expérimentée, courageuse. Pourquoi t'es-tu mêlée des affaires de l'État au lieu de t'occuper de ton centre commercial ? Tu ne penses donc pas à tes enfants ? Nous comptons sur toi pour prendre la bonne décision. Ensuite, tu pourras partir.

— Vous perdez votre temps. Il ne s'agit pas de moi, mais de millions de personnes.

— Tu es trop romantique. Sache que beaucoup de gens comme toi ont quitté cette prison les pieds devant. »

Ils me harcelèrent pendant des heures.

« Es-tu impliquée dans les mouvements de résistance existant à l'étranger ? Quel rôle joue ton mari ? Qui sont tes complices au Xinjiang ? Comment as-tu réuni tous les documents qu'on a trouvés sur toi lors de ton arrestation ? As-tu financé les mouvements de dissidence ?

— Je n'ai fondé aucun mouvement, répondis-je d'une voix lasse. Je n'ai jamais enfreint la loi. Sidik, mon mari, travaille à la radio. »

Ensuite, ils me montrèrent des notes, des lettres et des photographies trouvées chez moi.

« Pourquoi tenais-tu à envoyer ces articles de journaux à ton mari ?

— Parce que les journaux disent la vérité, répondis-je simplement. Je voulais que mon mari sache ce qui se passe ici. N'importe quel étranger peut acheter ces journaux et les ramener dans son pays. Ce n'est pas un secret d'État. »

Mon interlocuteur refusa d'admettre ce dernier point et reprit tout depuis le début.

« Pourquoi voulais-tu divulguer ces secrets d'État ? Quelles relations entretiens-tu avec les États-Unis ?

— Je ne suis pas en contact avec les Américains. »

Comme je méprisais les Chinois qui me questionnaient, ils furent remplacés par des Ouïghours. Les interrogatoires duraient souvent entre huit et quatorze heures.

La nuit, quand je regagnais ma cellule, j'entendais les gardiennes maltraiter les autres détenues. Dès qu'elles étaient de mauvaise humeur ou qu'elles s'ennuyaient, elles les frappaient au visage et les insultaient. Par le judas de ma cellule, je voyais fréquemment des membres de la secte Falun Gong se faire taper dessus à coups de matraques électriques.

Ma codétenue ouïghoure me raconta également que les surveillants, quand ils avaient trop bu, faisaient sortir les jeunes filles de leur cellule pour les violer. Les prisonniers subissaient une avalanche de mauvais traitements. On forçait certains à dormir accroupis. S'ils bougeaient, les coups pleuvaient. Un jour, j'entendis une femme crier qu'elle était journaliste et qu'elle porterait plainte contre la direction de la prison. Elle avait été interpellée sur la base d'un faux témoignage et fut libérée vingt jours plus tard.

Ye et Qing, une de ses collègues, s'en prenaient souvent à une Doungane. Celle-ci, dans un geste de désespoir, arracha un morceau de métal de sa chaussure et l'avala. Toutes les prisonnières furent convoquées dans le couloir pour assister à sa punition. Qing fourra une pâte laxative dans la bouche de la Doungane. Comme celle-ci régurgitait, Ye lui enfonça sa matraque dans la bouche, tandis que Ye la bourrait de coups de poings. Écœurées, certaines d'entre nous détournèrent le regard, mais Ye nous ordonna de relever la tête. Le lendemain, pieds et mains menottés, la Doungane dut passer de cellule en cellule et répéter : « J'ai commis une erreur et je le regrette. » Elle avait des marques rouges sur le cou.

Cris de bête

Selon un scénario éprouvé, l'un des policiers jouait le rôle du méchant et l'autre, celui du gentil. Lorsque le premier m'avait humiliée, son collègue adoptait un ton plus compréhensif. Mais le plus souvent, les deux montraient les dents.

Au bout de quelques jours, on me fit entrer dans une pièce d'environ vingt mètres carrés, où je pris place sur un bloc de béton. Cinq minutes plus tard, j'entendis des bruits inhabituels à travers la cloison. On aurait dit des cris de bête. Soudain, des cris perçants surgirent de ma gauche, alternant avec des gémissements provenant de ma droite. Puis, le silence. Au bout de quatre ou cinq minutes, j'entendis de nouveau des hurlements de douleur. J'avais l'impression que le bloc sur lequel j'étais assise vibrait. Cela dura deux heures.

« C'est la musique que nous entendons tous les jours, me dit l'un des Ouïghours qui m'interrogeait. Même les personnes saines d'esprit finissent par craquer. »

J'étais vidée de toute mon énergie, comme si j'étais devenue quelqu'un d'autre, comme si l'ancienne Rebiya m'avait abandonnée.

Dans le couloir, on me montra les deux hommes qui venaient d'être torturés. Âgés de vingt et vingt-cinq ans, ils avaient le crâne rasé. L'un d'eux saignait des parties génitales. Le sang gouttait des jambes de son pantalon. Sa tête pendait, inerte. L'autre garçon avait le visage complètement tuméfié.

« Rebiya Kadeer, regarde bien ces deux héros qui ont voulu libérer ton peuple, se moqua l'un des policiers. Maintenant, ils ne peuvent même plus sauver leur propre peau. »

En entendant mon nom, le jeune homme au visage bleui par les coups releva la tête. « *Salaam Aleikoum.* Que faites-vous ici, mère ? » Un gardien l'assomma à coups de poing sur l'arrière du crâne.

L'autre garçon ne réagissait plus. Il fut traîné jusqu'à sa cellule comme un paquet de linge sale, laissant une traînée de sang derrière lui. On lui avait vraisemblablement brisé les deux jambes.

Grève de la faim

C'était la première fois que je me sentais aussi impuissante depuis le début de ma détention. Même si je ne pouvais rien faire pour sauver ces deux garçons, je ne pouvais m'empêcher de me sentir responsable de la punition qu'on leur avait infligée.

Leurs cris retentirent dans ma tête durant toute une semaine. La nuit, je dormais d'un sommeil agité, entrecoupé de cauchemars. Je n'avalais plus rien, ni eau ni nourriture. Bien que j'eusse entamé une grève de la faim, on continua à m'interroger pendant trois jours. Le quatrième, je restai dans ma cellule. Le matin et le midi, on déposait des plats devant moi, mais je refusais d'y toucher.

Au cours de mon mandat de députée, j'avais déjà beaucoup appris sur les conditions de détention dans les prisons chinoises. J'avais rencontré un jeune garçon qui avait préféré s'arracher la langue plutôt que de trahir ses amis. Un autre prisonnier s'était vu ouvrir le ventre et prélever les intestins. Mais il y avait une grande différence entre entendre parler de ces choses et les vivre soi-même. Cette tristesse sourde s'infiltrait en moi comme une substance toxique.

Mon état de santé n'arrangeait pas vraiment les surveillantes, qui devaient m'aider à me lever. Lors des interrogatoires, j'avais le menton qui piquait sur la poitrine. Pendant trois ou quatre jours, je ne prononçai pas un seul mot. Je me contentais de regarder fixement le Ouïghour chargé de me questionner. Comme je ne clignais même plus des yeux, il agitait la main devant mon visage pour vérifier que mes réflexes étaient intacts. Puis il reprenait place devant moi et me disait d'arrêter de le regarder ainsi. Je ne répondais rien et continuais à l'observer.

La visite des services secrets

Le septième jour de ma grève de la faim, une vingtaine de membres ouïghours et chinois des services secrets pénétrèrent dans ma cellule et firent signe à mes deux codétenues de me soulever. Je repoussai leurs mains et me levai de moi-même.

« Bien que vous n'ayez rien mangé depuis une semaine, vous avez bonne mine, me dit l'un des Ouïghours. Vous avez déjà traversé de nombreuses épreuves. Peut-être avez-vous encore des rêves à réaliser. Peut-être souhaiteriez-vous assister au mariage de vos enfants. Peut-être voudriez-vous revoir votre cher mari et vos amis. Deux médecins se trouvent parmi nous. Ils vont vous faire une injection de glucose. Nous ne vous laisserons pas mourir car vous avez encore beaucoup de choses à accomplir. »

Lorsque je levai les yeux vers lui, hébétée, les autres hommes ricanèrent. Je les fusillai du regard. L'un des Chinois, dont les décorations indiquaient un grade élevé, leur ordonna de se taire. Le silence retomba. Je continuai à fixer le Ouïghour, qui reprit ses encouragements : « Nous voulons rattraper nos erreurs. Dites-nous quelles sont vos conditions. »

J'entrevis une lueur d'espoir. Peut-être avais-je encore le pouvoir de changer les choses. Je m'humectai les lèvres et pris la parole d'une voix rauque :

« Premièrement, ma codétenue chinoise doit partir. Deuxièmement, tous les jours, j'entends des jeunes filles de quinze ou vingt ans se faire torturer. Ceci doit cesser sur-le-champ. Troisièmement, je souhaite m'entretenir avec les deux hommes qui ont été si sévèrement punis. Mais d'abord, vous les emmènerez à l'hôpital. Je veux également savoir quels instruments de torture ont été utilisés. Quatrièmement, vous devez arrêter les interrogatoires. Cinquièmement, j'ignore si mes enfants savent que je suis emprisonnée ici.

Je voudrais qu'ils m'écrivent quelques lignes, dont cette phrase : "Nous savons que tu te trouves à Liudaowan." »

Cette lettre me prouverait que mes enfants étaient tous en vie. Deux personnes notèrent mes réclamations. Je réfléchis brièvement avant d'ajouter : « Une des détenues de ce couloir réclame de la soupe jour et nuit. Je veux qu'elle soit transférée dans ma cellule. Apportez-moi aussi du beurre et quelques paquets de nouilles. J'exige également qu'une commission d'enquête soit ouverte à mon sujet. Enfin, je souhaite parler à mon avocat. »

« Vos requêtes me paraissent tout à fait acceptables », dit le Ouïghour.

Une heure et demie plus tard, on m'amena dans une des salles d'interrogatoire. On m'annonça qu'Amina serait ma future codétenue et qu'on me fournirait plusieurs sachets de nouilles. Puis l'un des Chinois prit la parole. « Parlons maintenant de vos autres conditions. Sachez que nous ne frappons personne. Les gens crient de leur propre chef. Nous sommes des membres honorables du Parti communiste. »

Je crachai à ses pieds. Les autres Chinois rougirent de colère. Le Ouïghour s'avança. « Nous ne pouvons pas prendre de décision concernant la fin des interrogatoires. Nous devons nous adresser au gouvernement central pour le moindre détail, y compris la composition de vos repas. » Puis son voisin me tendit une lettre de mes enfants :

> *Chère maman,*
>
> *Nous t'avons cherchée partout, en vain. Nous avons fini par comprendre où tu étais le jour où on nous a demandé de t'envoyer de l'argent. Sidik est presque devenu fou d'inquiétude.*
>
> *Tu es non seulement notre mère, mais aussi la mère de notre peuple, qui t'aime et qui te rend si fière. Nous savons que tu tiendras bon. Prends bien soin de toi.*

C'était l'écriture de Rushengül. Mes autres enfants avaient tous signé. Quand j'eus fini de la lire, l'un des Chinois m'informa que mes enfants et petits-enfants se trouvaient devant le portail de la prison, que l'on pouvait apercevoir de la fenêtre. Lorsqu'il s'ouvrit, j'aperçus mes enfants, mais ils étaient trop loin pour que je distingue leurs visages. En tout, on nous accorda vingt secondes.

Le soir, deux surveillants amenèrent Amina dans ma cellule, sur un brancard. « Elle a un cancer de l'estomac et n'a plus longtemps à vivre », me dit l'un d'eux.

Ils n'avaient pas rempli toutes mes conditions, mais j'avais au moins obtenu quelque chose. La perspective d'être nourrie de force ne m'enchantait guère, aussi je recommençai à manger.

Amina

Amina, la cinquantaine, venait d'Ili. Elle était si pauvre qu'elle n'avait même pas pu marier ses enfants. Dans son village, les Dounganes s'étaient enrichis grâce à la drogue. On comptait deux à trois toxicomanes par famille. Trois des enfants d'Amina avaient d'ailleurs fini en prison pour trafic de stupéfiants.

Toutes les nuits, tandis que les policiers se soûlaient avec les voisins d'Amina, celle-ci montait sur le toit et hurlait : « Dieu, si tu es juste, rends-moi mes fils ! »

Comme elle était de plus en plus gênante, les Dounganes lui proposèrent de l'argent pour qu'elle garde le silence. Au lieu d'accepter, elle les dénonça pour trafic de drogue. Le soir même, la police vint l'arrêter. La détention préventive n'était pas censée excéder trois mois, or Amina attendait son procès depuis deux ans et demi.

Elle était squelettique et devait se traîner à quatre pattes jusqu'aux toilettes, parfois avec mon aide, tandis que mes deux codétenues consignaient le moindre de mes faits et gestes.

Les surveillants avaient apporté de l'eau chaude et des nouilles, qu'Amina avala goulûment. Au bout d'une semaine, elle avait repris assez de forces pour aller aux toilettes. Son visage avait retrouvé des couleurs. Cependant, elle continuait à pleurer tous les jours dès qu'elle évoquait son mari, ses filles et ses trois fils.

Un jour, j'évoquai son sort lors d'un interrogatoire. « Je sais ce que dit la loi. Quand un détenu souffre d'une maladie

incurable, il a le droit de passer ses derniers jours chez lui. »
J'offris également un chèque en échange de la libération d'Amina.

On vint la chercher trois jours plus tard. Paniquée, elle se cramponna à moi. Les gardiennes réussirent à la faire sortir après moult difficultés. L'une d'elles l'informa qu'une entreprise avait versé de l'argent pour la faire libérer. J'ignore combien de temps Amina survécut à sa sortie de prison.

Le dernier interrogatoire

Dorénavant, j'essayais de me concentrer sur moi. Comme je n'avais commis aucun crime, j'étais certaine qu'on me laisserait sortir une fois les interrogatoires terminés.

« C'est la dernière fois que nous nous voyons, m'annonça-t-on le quarante-cinquième jour. Tu as eu de la chance : nous ne t'avons ni frappée ni menacée. Il faut que tu l'attestes par écrit. »

Je pris un stylo et écrivis : « Certes, ils ne m'ont pas battue, mais ils m'ont torturée psychologiquement. Pour m'intimider, ils n'ont pas hésité à torturer à mort deux jeunes détenus. »

Un des hommes se mit en colère. « Ils sont encore en vie ! » Son collègue haussa les épaules. « Peu importe. Tu as reconnu qu'on ne t'avait pas maltraitée, c'est l'essentiel. D'ailleurs, nos méthodes de travail vont te manquer. Un interrogatoire bien plus pénible t'attend. »

L'isolement

Je me trouvais à présent dans le quartier de haute sécurité. Une surveillante m'échangea mon costume blanc contre un pantalon bleu foncé, un T-shirt blanc et une veste.

Ma nouvelle cellule mesurait environ dix mètres carrés. Sur le côté, un lit en fer et une couverture élimée. Devant moi, un trou en guise de toilettes, dans lequel les excréments macéraient parfois quatre jours d'affilée. L'odeur était pestilentielle. Je passais mes journées assise sur un tabouret minuscule, sans rien pour m'occuper. Je n'avais pas le droit de bouger d'un pouce.

En haut, dans un coin, une caméra était braquée sur moi. La plupart du temps, le judas était fermé. Je n'avais le droit de m'approcher de la porte que lorsqu'on me tendait mon repas. Au petit déjeuner, des boulettes dans de l'eau chaude. À midi, des boulettes dans de l'eau chaude et des légumes pourris. Et le soir, des boulettes dans de l'eau chaude. Je parvenais toujours à engloutir mon repas dans les cinq minutes imparties. Ensuite, je vomissais fréquemment.

Les premiers jours, je ne pus dormir. Puis je finis par m'habituer à ce nouvel environnement. Les surveillantes ouïghoures me faisaient sortir tous les quinze jours dans la cour. Je restais une demi-heure à l'air libre. Leurs collègues chinoises, quant à elles, ne me laissèrent sortir qu'une seule fois en quarante-cinq jours, cinq petites minutes, le temps d'inspirer et d'expirer.

La cour n'était pas très grande, environ quinze mètres de long sur sept mètres de large. Alors qu'autrefois j'étais une femme respectée, je devais à présent dire « *baodao* » avant d'adresser la parole à quiconque. Je me sentais terriblement humiliée.

Je ressentis soudain le contrecoup des interrogatoires. Mon passé défilait comme un film devant mes yeux : ma patrie, mes enfants, mon mari, mes amis… Je les voyais devant moi vingt-quatre heures sur vingt-quatre. Je m'inquiétais énormément pour Sidik. Le ciel de mon enfance me manquait. Notre musique me manquait. Le bazar grâce auquel j'étais devenue célèbre me manquait.

J'oscillais entre détresse et résignation. Dans la cour, les autres détenus ressemblaient à des robots. Quant aux surveillantes, leur bouche me faisait penser à un sombre tunnel. J'avais l'impression que leurs yeux m'irradiaient. Dans ces moments-là, j'avais peur de moi-même.

Dans ma cellule, dès que j'étais surprise à faire quelque chose d'interdit, une voix dans le haut-parleur me rappelait à l'ordre. Une nuit, alors que j'avais rabattu la couverture sur mon visage par mégarde, quelqu'un gronda : « Enlève ça ! » Je m'exécutai, ce qui ne signifiait aucunement que j'avais abandonné la partie. Je voulais simplement éviter toute querelle inutile.

Chaque seconde semblait durer une éternité. J'aurais tellement voulu bouger, mais je devais rester assise sur mon tabouret, jour après jour, semaine après semaine, mois après mois. Toutes les quatre semaines, on m'escortait jusqu'à la douche. J'avais trente minutes pour me laver et nettoyer mes vêtements. Je devais ensuite renfiler mes affaires mouillées, qui sécheraient sur moi. Pour me laver les dents et le visage, on me donnait une cuvette d'eau le matin.

Ma journée préférée était celle où j'avais le droit de sortir dans la cour. Dès que j'entendais des bruits étouffés dans le couloir, mon cœur battait à tout rompre. J'espérais que c'était moi qu'on venait chercher, le plus souvent en vain.

Au cours des premiers mois de ma détention, ma famille et mes amis me manquèrent atrocement. Je ressentais la douleur de la séparation dans chaque fibre de mon corps. Puis, le simple fait de ne jamais voir personne commença à me peser. J'en venais à espérer un interrogatoire.

Comment lutter contre la folie ?

Assise sur mon tabouret, je me murmurais à moi-même : « Je dois sortir vivante de cette prison. Je dois accepter cette situation. Je ne suis pas seule. Dieu est à mes côtés. »

Ainsi, je commençai à parler à Dieu. Je Lui posais des questions et Lui confiais mes désirs et mes rêves. J'avais même l'impression de distinguer une forme lumineuse devant moi, qui m'aidait à prendre les bonnes décisions. Même si ce n'était que le fruit de mon imagination, cela m'aidait énormément.

De temps en temps, j'inspectais mon visage à tâtons, comme pour vérifier que j'existais toujours. Étais-je en train de m'enfoncer dans un monde dont je ne reviendrais jamais ?

D'une voix sévère d'institutrice, je posais des questions auxquelles je répondais moi-même. Combien font 10 fois 10 ? 1 985 moins 17 ? Combien ai-je d'enfants ? Quel est le prénom de mon mari ? Chaque fois que je trouvais la réponse, je poussais un soupir de soulagement.

Au fil du temps, j'inventai d'autres exercices : ouvrir la main droite, la refermer. Ouvrir, refermer. Je décollais les talons du sol et les reposais. Je répétais ce geste mille cinq cents fois par jour. Puis je croisais les jambes et les étirais jusqu'aux orteils, cinq cents fois chacune.

Sans bouger de mon tabouret, je faisais de longues balades imaginaires dans les rues d'Ürümqi. Seul le haut de mon corps bougeait. Je balançais les bras tout en tournant la tête et les épaules.

Ma gymnastique terminée, il était déjà midi. Après le repas, je récitais à voix basse des sourates du Coran, avant d'entonner une prière ouïghoure d'origine chamanique, que je répétais trois cents fois.

Chaque journée était divisée ainsi. Au lieu de rester assise sur mon tabouret à regarder dans le vide, je me massais l'arrière des genoux pour faire circuler le sang. Je m'humectais les mains avec de la salive et tentais d'atténuer les cernes sous mes yeux. Ces gestes me permettaient de survivre aux treize heures de la journée.

La lumière s'allumait cinq minutes à l'heure des repas et quinze minutes avant le coucher. Mes yeux avaient fini par s'habituer à la pénombre. Toutefois, quand je rentrais dans ma cellule après être sortie dans la cour, j'avais l'impression qu'il y faisait noir comme dans un four. Je tâchais de garder la notion du temps en creusant des traits sur le mur avec une baguette, en cachette. On finit par me l'interdire et je perdis le fil des jours, des semaines, des mois et des années.

Le mur près de mon lit était couvert de graffitis en ouïghour, en chinois, en russe et en mandchou. « Cette cellule m'a volé ma vie. » « Ils m'ont condamné à mort. » « Aucun homme ne devrait vivre un tel enfer. » « Bande de fascistes ! » « Dieu, es-tu toujours là ? »

La détention aiguisait mes sens. Très vite, je parvins à reconnaître les surveillantes au bruit de leurs pas. J'étais aussi capable de distinguer les différentes voix qui s'exprimaient par le haut-parleur. L'un des gardes avait une voix stridente. Si c'était lui que j'entendais, la journée s'annonçait pénible. Je devrais rester immobile pendant vingt-quatre heures.

Après le procès

À mon procès, la peine de mort ne fut pas requise, mais je fus condamnée à huit années de détention. De retour à Liudaowan, je croisai le visage ébahi du directeur de la prison. Tout comme moi, il avait du mal à croire que j'eusse échappé à la peine capitale. L'ensemble du personnel pénitencier était également surpris qu'on ne m'eût pas menée directement devant le peloton d'exécution. « Mme Rebiya nous revient en bonne santé ! », s'écria même une surveillante ouïghoure.

On me donna de quoi écrire afin que je puisse faire appel auprès de la Cour populaire suprême. D'après la loi, j'étais assurée d'obtenir une réponse sous deux mois.

Je tentai plusieurs fois de soutirer aux gardiennes des nouvelles de mes enfants. Je ne savais même pas où ils vivaient. « Tu aurais pu dépenser ton argent tranquillement et vivre comme une reine, me reprocha l'une d'elles. As-tu seulement idée de ce que tes enfants traversent par ta faute ? »

Je tendis l'oreille. « Sais-tu quelque chose de précis à leur sujet ? » Elle se contenta de tourner les talons.

Je ne cessais de me demander si certains de mes enfants avaient été arrêtés à leur tour. Ils m'envoyaient beaucoup d'argent, mais j'ignorais qui s'en chargeait précisément. Les gardiennes se contentaient de me dire combien j'avais sur mon compte. Quand je les interrogeais sur la provenance de cet argent, elles refusaient de me répondre.

Un jour, alors que nous nous rendions à la douche, une détenue me souffla : « Votre fils est là. » Nous nous trouvions tout prêts du mur qui nous séparait du quartier des hommes. J'étais anéantie. Finalement, j'appris qu'Ablikim et Kahriman, mon secrétaire, avaient été condamnés à trois ans de « rééducation par le travail », sans aucune forme de procès.

Trois mois avaient déjà passé et toujours aucune réponse de la Cour populaire suprême. Cependant, je demeurais persuadée que je sortirais vivante de prison. Huit ans… J'y arriverais. Mais je redoutais aussi que le peuple ne finisse par m'oublier. Pour le régime, cette condamnation avait le mérite de sauver les apparences. Je craignais qu'un jour on ne m'administre une injection létale, afin d'annoncer à la population que j'avais succombé à une crise cardiaque.

En fait, ils avaient une autre idée en tête. Ils attendaient que je sombre dans la folie, tout simplement. Les rares fois où je sortais de mon trou, on me faisait un peu parler. Un jour, j'entendis une infirmière dire : « La pauvre, elle a encore toute sa tête. » Régulièrement, les surveillantes ouïghoures me demandaient si tout allait bien. Je compris qu'on ne me libérerait pas tant que je serais saine d'esprit.

J'aurais été maintenue à l'isolement encore plus longtemps si mon mari n'avait pas alerté plusieurs organisations internationales de défense des droits de l'homme. Il écrivit sans relâche au président et au Congrès américains, à l'Union européenne et à Amnesty International, entre autres. Comme j'avais été arrêtée alors que je m'apprêtais à rencontrer une délégation américaine, les États-Unis réclamèrent ma libération. En l'an 2000, Human Rights Watch me rendit hommage. À l'époque, j'étais loin de me douter de ces démarches.

Retrouvailles

J'avais contracté un ulcère à l'estomac et mes jambes étaient gonflées à cause de l'immobilité. Je demandai la permission d'acheter des médicaments. « Si tu dois mourir, tu mourras », me répondit-on froidement.

Avant d'entamer une deuxième grève de la faim, je communiquai mes revendications à l'une des gardiennes. « 1° J'exige de voir mes enfants. 2° Je veux discuter avec l'un de mes secrétaires. 3° Je souhaite m'entretenir avec mon avocat. 4° Je dois être hospitalisée. 5° La qualité de mes repas doit être améliorée. 6° J'ai fait appel il y a six mois et je veux une réponse. 7° J'exige de pouvoir marcher dans ma cellule deux heures par jour. Je ne recommencerai à me nourrir que lorsque ces conditions seront remplies. »

Au bout de neuf jours, les cadres s'exécutèrent. On me donna même la permission d'arpenter ma cellule deux heures par jour. Et maintenant que le jugement était définitif, mes enfants pourraient me rendre visite tous les trois mois. J'étais si nerveuse de les revoir que mes pieds ne semblaient plus toucher terre.

Le parloir était divisé en deux par une vitre, avec une table et un téléphone de chaque côté. On fit entrer Kahar, Rushengül et mon secrétaire. D'innombrables témoins assistaient à la scène.

J'avais reçu des consignes strictes : seules les questions d'ordre général sur la santé ou la qualité des repas étaient autorisées. Si je ne les respectais pas, je serais privée de visites.

Ce jour-là, la prison était en état d'alerte maximale. Mes jambes se dérobaient sous moi. Dès qu'ils me virent, mes enfants et mon secrétaire fondirent en larmes. J'avais dû beaucoup changer. Je décrochai le combiné.

« As-tu reconnu ta culpabilité ? me demanda Kahar. Il faut que tu coopères avec la police. Reconnais tes erreurs et suis les directives du régime et du Parti. Tu dois t'opposer au séparatisme. Cette région appartient à la Chine ; elle en est indissociable.

— Où sont tes frères et sœurs ?

— Ablikim est en prison. Alim a été arrêté, lui aussi, mais il est ressorti au bout de quinze jours. Tous ceux qui travaillent pour toi ont été détenus au moins dix jours. D'ailleurs, il faudrait que tu rédiges une dérogation pour qu'Alim dirige ta société. Sinon, tu risques la faillite. »

Je demandai des nouvelles de Sidik et de mes plus jeunes enfants exilés aux États-Unis. « Ils vont tous très bien. »

Les gardiens déposèrent de la viande et des légumes frais sur la table afin de donner l'illusion que j'étais traitée correctement. « Le temps est écoulé », nous dit-on au bout de dix minutes. Mon fils voulut négocier avec un policier, mais celui-ci demeura impassible.

De mon côté, un surveillant chinois enveloppa un quartier de pomme, un morceau de viande et trois grappes de raisin dans une serviette. Puis il me décocha un grand sourire : « Tu vois comme le Parti est juste ? Nous t'avons même apporté de la viande. »

Pour éviter que mes enfants ne s'inquiètent, je pris la serviette et repartis dans la direction opposée, sans me retourner. Je ne voulais pas qu'ils voient mon visage.

Transfert à Baijiahu

Quand Pékin eut vent de la mobilisation mondiale en faveur de ma libération, les dirigeants perdirent leur sang-froid. Ils décidèrent de me transférer à Baijiahu, dans le quartier de haute sécurité.

Après vingt minutes de trajet, nous atteignîmes la prison pour femmes, tristement célèbre pour ses travaux forcés.

Une fois entrée, je sursautai à la vue de toutes ces détenues au crâne rasé. Habituellement, dans la rue, les Ouïghoures se déplacent à petits pas prudents. Ici, elles se traînaient comme si elles avaient des boulets aux pieds. La plupart étaient à peine majeures.

Dans le bureau de la directrice adjointe, les surveillantes m'ôtèrent les menottes. Leur supérieure me toisa longuement. « C'est donc elle… » Une gardienne m'ordonna de ramasser la couverture, la gamelle et les autres objets qui se trouvaient devant moi. « Je ferai deux trajets, répondis-je. J'ai passé beaucoup de temps à l'isolement. Je n'ai presque plus de forces. » Mais la surveillante ne supportait pas qu'on la contredise :

« Fais ce que je te dis !

— Je n'y arriverai pas, répétai-je avant de m'affaler.

— Debout ! »

Comme je ne voulais pas m'attirer d'ennuis, j'obtempérai. Mais alors que j'avançais, chancelante, elle m'attrapa par l'épaule et me tira en arrière. Je perdis l'équilibre et manquai m'écrouler. Folle de colère, je repoussai la Chinoise contre le mur. Furieuse, elle saisit sa matraque électrique et me tordit le bras. La directrice adjointe s'interposa immédiatement. « Arrête ! On a reçu l'ordre de ne pas la maltraiter. » Puis elle se tourna vers moi :

« Tu viens d'ajouter trois ans à ta peine de prison initiale.

— Cette surveillante a frappé une détenue, et pour cela, elle aussi encourt trois années de réclusion. En tant que députée, j'ai signé les lois auxquelles vous devez vous soumettre. »

À ce moment-là, vingt hommes en uniforme entrèrent en parlant tous à la fois. « C'est donc elle, Rebiya Kadeer ? » Ils m'observaient comme une bête curieuse. Une Chinoise se fraya un chemin jusqu'à moi.

« Je m'appelle Mme Jiang et je suis responsable de toi. Tu dois faire preuve de docilité. Tu n'es qu'un rebut de la société, un déchet.

— Tu es donc éboueuse ? répondis-je.

— Qui t'a autorisée à prendre la parole ? Tu te tairas jusqu'à nouvel ordre.

— Je suis un être humain. J'ai le droit de m'adresser à vous.

— Emmenez-moi ça ! »

« Ça », c'était moi.

Chiao-Chiao

Le deuxième étage de la prison comptait vingt cellules dont la lourde porte en bois restait ouverte la plupart du temps. Au bout du couloir se trouvait une grande salle de réunion. Sur le côté, quatre pièces étaient réservées au personnel pénitencier.

La surveillante qui m'accompagnait héla une détenue de petite taille, une Chinoise prénommée Chiao-Chiao. « Déshabille-la. Ensuite, brûle ses affaires et donne-lui un uniforme. » Puis elle ajouta quelque chose que je ne compris pas immédiatement. « Débarrasse-moi de tous ses cheveux. »

Chiao-Chiao était une meurtrière : elle avait poignardé son compagnon dans un accès de jalousie. Elle se trouvait dans cette prison depuis quatorze ans. La direction lui avait donné pour mission de me surveiller. Elle allait devenir mon pire cauchemar.

Chiao-Chiao me tendit un uniforme gris foncé, criblé de trous et trois fois trop grand. Comme le pantalon me descendait presque jusqu'aux genoux, elle me donna une ficelle en guise de ceinture.

Accoutrée de la sorte, je pouvais à peine marcher. Chiao-Chiao me conduisit dans la pièce d'à côté et me fit asseoir sur un banc, puis elle ordonna à une détenue ouïghoure de me couper les cheveux. Je bondis, les mains sur mes tresses. « Hors de question ! »

Cinq femmes arrivèrent en renfort : deux d'entre elles m'empoignèrent le bras gauche, deux autres, le bras droit, tandis que la dernière me forçait à m'asseoir. Puis elles me coupèrent les cheveux juste en dessous des oreilles. Chiao-Chiao ressemblait à un démon. Elle s'agitait autour de moi, les ciseaux à la main. Puis les autres détenues me tendirent un miroir en ricanant. « Regarde-toi ! »

Je fis mine de m'admirer sous toutes les coutures. « Je suis vraiment très jolie. Cette coiffure et ces vêtements me vont à ravir. » En réalité, j'avais le cœur qui saignait. Puis on me ramena devant Mme Jiang.

« Tu as quinze jours pour apprendre par cœur les cinquante-huit règles, me dit-elle. Je sais que tu y as échappé jusqu'ici. À l'extérieur, beaucoup de gens ne rêvent que de ta libération. Mais je te garderai avec moi, jusqu'à ce que je sois devenue vieille. Même ton esprit ne sortira jamais d'ici. Tu as perdu ta langue ? Tu fanfaronnais encore, il y a quelques minutes.

— Contrairement à toi, je n'ai jamais appris à braire comme un âne ni à aboyer comme un chien. »

À ces mots, elle tapa du poing sur la table de toutes ses forces.

« Tu comprendras vite à qui tu as affaire. Je suis Jiang ! Ne l'oublie jamais !

— Regarde-toi. Tu ne supportes pas d'être confrontée à plus fort que toi.

— Parce que tu te crois forte ? ricana-t-elle.

— Tu n'es qu'une employée qui travaille ici pour un salaire de misère. Si tu continues à me chercher querelle, tu vas t'en rendre malade. »

Bu, une Ouïghoure, intervint. « Elle ne travaillera pas aujourd'hui. Je la reconduis à sa cellule. » Là, elle réprimanda Chiao-Chiao pour m'avoir donné une couverture trouée et des vêtements trop grands.

« Je suis désolée de m'être trompée », bredouilla la petite Chinoise, avant d'aller me chercher un uniforme à ma taille et une couverture propre. J'étais très reconnaissante à Bu, mais je ne pus jamais le lui montrer. Elle ne me regardait jamais en face. De plus, elle s'adressait toujours à moi à la troisième personne.

« Elle est sous mon commandement, dit-elle à Chiao-Chiao. Je compte sur vous pour qu'il ne lui arrive rien. » Mais à peine avait-elle tourné les talons que la Chinoise, d'un geste, jeta mes vêtements par terre. « Je ne porterai jamais les affaires d'une prisonnière comme toi. » Je les ramassai en silence.

Ma nouvelle cellule

Ici aussi, une caméra vidéo me surveillait constamment. Quatre lits superposés étaient disposés d'un côté de la cellule, trois de l'autre. Nous étions quatorze en tout. Contrairement à mon ancienne cellule, les murs de celle-ci étaient peints en blanc.

On m'avait intentionnellement placée avec une Kazakhe, quatre Ouïghoures et huit Chinoises qui obéissaient aux gardiennes au doigt et à l'œil. C'était la seule cellule occupée par autant de détenues chinoises. À Baijiahu, 80 % des prisonnières étaient ouïghoures.

Chaque étage comptait une salle de bains pour deux cents personnes. Nous allions aux toilettes escortées par deux surveillantes. L'intimité était inexistante. Si une détenue n'obtenait pas la permission d'aller aux toilettes, elle n'avait d'autre choix que de souiller ses vêtements, qu'elle devait garder jusqu'au soir.

Coudre en prison

De l'aube jusqu'à minuit, nous cousions des costumes, des chaussures et des vêtements pour enfants. Pour ce faire, trois cents machines à coudre étaient installées dans un atelier aux murs suintants et au plancher moisi. Pendant un mois, je dus rester assise sur un tabouret à regarder travailler les autres. Chiao-Chiao n'était jamais loin, un vrai chien de garde. Elle cousait aussi vite que les autres, ne s'arrêtant que pour m'aboyer des ordres. « Tiens-toi droite ! » Si je proposais mon aide, elle devenait folle. « Ne touche à rien ! »

Toutefois, je me croyais au paradis. Dans mon ancienne prison, je ne pouvais parler à personne. Ici non plus, mais au moins, je voyais d'autres détenues.

Le deuxième soir, de retour dans ma cellule, je remarquai que Chiao-Chiao avait renversé de l'eau sur ma couverture. Sans broncher, j'étendis ma veste par-dessus et m'assoupis.

Je supposais qu'on nous laisserait dormir jusqu'à 7 heures. Or, deux heures plus tard, les surveillantes nous réveillèrent à grand bruit. Les autres détenues se levèrent d'un bond et sortirent dans le couloir. Je les suivis jusqu'à la salle de bains.

Une centaine de femmes se pressaient autour des lavabos. Chacune jouait des coudes. Je ne pouvais plus bouger le petit doigt. Nous avions cinq minutes pour nous laver les dents et le visage et aller aux toilettes. C'était tout simplement impossible.

Au milieu se trouvait une grande cuve, dans laquelle nous devions nous laver et nettoyer nos vêtements ainsi que notre vaisselle, une fois par mois en hiver et tous les quinze jours en été.

Une fois propres, il fallait se remettre en hâte au travail. Les femmes prirent place derrière leur machine à coudre aussi rapidement qu'elles avaient bondi de leur lit. Plusieurs d'entre elles trébuchaient en chemin, se relevaient et reprenaient leur course.

Deux ou trois heures plus tard, on nous ordonna d'aller chercher notre repas. Chaque prisonnière tendait son écuelle en direction d'un grand chaudron en acier et retournait précipitamment à sa place. La nourriture était noire. Je pouvais à peine la porter à la bouche. Comme de la moisissure se détachait du plafond, je craignais qu'elle ne tombe dans ma gamelle, que je recouvris d'une feuille de papier. Chiao-Chiao me l'arracha sur-le-champ.

Je tentai d'approcher la cuillère de ma bouche, en vain. « Mange ! », hurlait mon cerbère. Je n'avais pas la moindre intention de lui obéir. « Arrête de me chercher des poux sans arrêt ! », rétorquais-je. D'un bond, Chiao-Chiao se dirigea vers le bureau des surveillantes en criant « *baodao !* ». Elle reparut accompagnée de Bu et Jiang. Cette dernière me demanda pourquoi je passais mon temps à persécuter la pauvre Chiao-Chiao, qui lui avait raconté que je ne cessais de lui crier dessus, même la nuit, et que je venais de lui jeter mon bol à la figure.

« Tout le monde debout ! », cria Jiang. Les trois cents femmes obtempérèrent. « Regardez dans cette direction ! » Tous les regards se braquèrent sur moi. Puis la salle bruissa de murmures :

« C'est Rebiya Kadeer, notre mère.

— Qui a prononcé ce nom ? »

Trois Ouïghoures s'avancèrent. « Vous passerez la journée devant le bureau. » Cela signifiait qu'elles devraient rester parfaitement immobiles pendant vingt-quatre heures. Elles seraient aussi battues.

« Quiconque adressera la parole à Rebiya Kadeer perdra des points », ajouta Jiang. Une détenue qui perdait trois points était privée de visites et de viande au prochain repas. Qui n'avait plus de points finissait au cachot.

« Personne n'a le droit de regarder Rebiya Kadeer. C'est une ennemie du peuple. Par le passé, elle était riche et célèbre. Mais depuis hier soir, elle martyrise cette jeune femme, n'hésitant pas à uriner dans son lit. »

Je suppliai du regard la jolie Bu, qui se tenait au côté de Jiang. En tant que Ouïghoure, elle aurait pu prendre ma défense. Mais visiblement, elle avait mieux à faire.

Je retournai à ma place en silence. Je craignais, en disant quelque chose, de mettre d'autres prisonnières sur la sellette. Les machines à coudre redémarrèrent. Le fait d'avoir attiré des ennuis à trois de mes concitoyennes, dès le lendemain de mon arrivée, me rendait malade.

Jiang informa sa collègue qu'elle devait s'absenter. Quand elle eut disparu, Bu appela les trois Ouïghoures.

« Pourquoi avez-vous prononcé le nom de Rebiya Kadeer ? Comptez-vous recommencer ?

— Non.

— Très bien, signez ici, répondit-elle en leur tendant une feuille de papier. Rebiya Kadeer, dans mon bureau. »

Au moment où j'allais franchir la porte, elle me retint. « Tu dois d'abord dire "*baodao*". » Comme elle était ouïghoure, je m'exécutai. Je la respectais tout de même un peu. De plus, ça ne devait pas être facile pour elle d'être à la botte des Chinois. Jc nc voulais pas lui attirer d'ennuis.

« Pourquoi s'en est-elle prise à cette femme ? me demanda-t-elle poliment. Elle doit m'expliquer. Est-elle malade ? » Je devais m'habituer à ce qu'on s'adresse à moi à la troisième personne.

« Je ne me disputerai plus jamais avec mes codétenues. Je ne suis pas d'une nature querelleuse. Et j'essaierai de bien m'entendre avec Chiao-Chiao.

— Entendu, je n'interviendrai plus. »

Mais pendant deux ans et demi, Chiao-Chiao m'en fit voir de toutes les couleurs. Un jour, elle dissimula toutes ses affaires sous ma couverture et m'accusa devant Jiang de les lui avoir volées. Elle me reprocha aussi d'avoir mis de la terre dans son écuelle. Je ne me défendais jamais contre ces accusations absurdes.

14

RÉÉDUCATION POLITIQUE

Les sept Chinois

Jiang me calomniait auprès de l'administration pénitentiaire, prétendant que je semais la zizanie dans la prison. Peu après, je reçus la visite de sept Chinois venus exprès de Pékin.

« Tu es arrivée voici à peine un an, et nous avons déjà reçu vingt plaintes à ton sujet. Tu refuses de t'adapter à ta nouvelle vie. Si tu persistes, nous nous verrons obligés de te transférer à Tarim, dans la prison de Peylo. »

Il s'agissait du plus grand camp de travail de tout le Turkestan oriental, qui en comptait vingt-neuf en tout. Sur mille prisonniers, seuls trente y survivaient.

Un deuxième Chinois fit signe à Bu de s'approcher :

« Avez-vous négligé votre devoir de surveillance envers cette détenue ?

— Non », s'empressa-t-elle de répondre, avant de demander un entretien en tête-à-tête avec ces messieurs.

J'attendis deux heures et demie devant la porte. Bu leur expliquait probablement que Jiang me provoquait et que je n'avais rien fait de mal.

Ensuite, l'un des hommes s'adressa à moi. « Tu n'es pas une détenue ordinaire, me dit-il. Le gouvernement central a décrété que tu ne devais communiquer avec personne pendant huit ans. Tu n'es autorisée à parler qu'à Jiang et Bu.

Tous les quinze jours, les prisonnières regardent la télévision ensemble. Pendant ce temps, tu resteras dans ta cellule. Tu ne pourras ni lire, ni écrire, ni te laisser pousser les cheveux, ni réclamer de la nourriture à tes enfants. Tu devras obéir à Jiang et Bu. »

Un autre Chinois prit la parole. « Dix personnes sont chargées de ta surveillance. » Bu, Jiang, la directrice adjointe de la prison et Chiao-Chiao en faisaient partie.

De retour dans ma cellule, Chiao-Chiao me regarda d'un air étrange et se mit à crier. Elle m'accusa de lui avoir fait une grimace pour l'effrayer. Jiang fit aussitôt irruption et déclara :

« Les représentants du gouvernement ne sont pas encore partis qu'il y a déjà un problème. La pauvre Chiao-Chiao souffre des tentatives d'intimidation de cette femme, que nous enverrons à Peylo.

— Mes camarades te confirmeront que je n'ai rien fait », dis-je à Bu.

Mes codétenues avaient beau savoir que Chiao-Chiao me tyrannisait, elles avaient trop peur de prendre ma défense. Cependant, une jeune Kazakhe raconta en détail aux surveillantes les souffrances que Chiao-Chiao me faisait endurer.

Déshumanisation

L'intervention de la jeune Kazakhe n'arrangeait pas l'administration pénitentiaire. Elle fut transférée dans une autre cellule et remplacée par une Chinoise complètement détraquée. La nuit, elle nous noyait sous un flot d'injures et s'amusait à nous voler nos couvertures. Le jour, elle éclatait de rire sans aucune raison, pour ensuite fondre en larmes et s'arracher les cheveux. Depuis son arrivée, des incidents éclataient quotidiennement. Mais, étonnamment, cette folle me laissait tranquille. Elle disait aux autres détenues que j'étais une sainte. Par la suite, elle fut dénoncée aux gardiennes pour s'être montrée trop gentille envers moi.

Pour éviter que des amitiés ne se nouent, toutes les deux semaines, on me donnait de nouvelles compagnes de cellule. Chaque jour, trois de mes codétenues devaient faire un rapport à mon sujet. Si l'une d'elles ne trouvait rien de négatif à dire, elle était remplacée au bout d'une semaine.

Deux fois par mois, les surveillantes me convoquaient dans leur bureau pour me faire des remontrances. « Tu n'évolues pas dans le bon sens. Tu ne dénonces jamais tes codétenues. Pourtant, de leur côté, elles ne cessent de se plaindre de toi. »

Je réfléchis longuement à la cause de ces dénonciations. Je finis par comprendre qu'à force de vivre dans cet univers carcéral, mes compagnes de cellule avaient perdu toute humanité et toute empathie.

Aux toilettes, j'avais toujours deux prisonnières sur les talons. Quand je m'asseyais sur mon tabouret, deux femmes prenaient place à côté de moi. Quand je m'installais à table, trois autres détenues m'imitaient. Cette promiscuité faisait de nous des ennemies.

Désormais, je ne sortais dans la cour que lorsque j'attendais de la visite ou que je me rendais à l'atelier de couture. Une bouffée de liberté m'envahissait alors.

Le reste est insignifiant

Quinze jours après la date initialement prévue, le directeur de la prison autorisa mes proches à me rendre visite. « Tes enfants seront là demain », m'annonça une gardienne. La nuit suivante, je comptai chaque seconde à voix basse. Puis, j'attendis toute la matinée avec impatience qu'on vienne me chercher. Bu ne m'appela que vers midi. « Ses enfants sont arrivés. » Comme je me précipitais dans le couloir, elle me retint par le bras. « Elle doit marcher lentement et ne pas me dépasser. »

On me conduisit dans un parloir sans vitre de séparation. La pièce était meublée de deux sofas et d'une petite table. L'un des surveillants m'informa que je devais rester assise durant toute la durée de la visite. Un autre homme se tenait prêt à filmer la scène. D'innombrables employés de la prison étaient présents, ainsi que des policiers.

« Nous avons dû mobiliser deux cents personnes afin que tu puisses voir tes enfants, me dit un gardien. Si tu leur racontes quoi que ce soit à propos de ton quotidien, tu ne les reverras plus jamais. Tu vas leur dire que tout va bien et que tu manges à ta faim. Il t'est défendu de parler d'autre chose. »

On s'adressait à moi de tous côtés, mais je n'écoutais pas. Je ne pensais qu'à une chose : revoir mes chers enfants.

Alim, Rushengül et Kahar entrèrent et s'écrièrent d'une seule voix : « Maman ! » Ils ne m'avaient encore jamais vue avec les cheveux courts, en uniforme, amaigrie et affaiblie. Ils éclatèrent en sanglots, provoquant la colère d'un policier. « Qu'est-ce que ça veut dire ? Quand ils ne voient pas leur mère, ils chialent. Et quand ils la voient, ils chialent aussi ! Asseyez-vous ! »

Mes enfants ne pouvaient sécher leurs larmes. Je tentai de les consoler. « Ils m'ont coupé les cheveux et pris mes vêtements, mais ça ne change rien. Je garde la tête haute. Inutile d'avoir pitié de moi. »

Ils se ressaisirent un peu. « Je me porte bien, poursuivis-je. Je vis comme les autres détenues. Cette période de détention fait partie de ma vie, tout comme le luxe a autrefois fait partie de ma vie.

— Tu parles toujours aussi bien, répondit Kahar.

— Comment vont Sidik et les enfants ?

— Ils sont en bonne santé.

— Et mon père ? »

D'emblée, j'avais formellement interdit à mes enfants d'apprendre à mon père que j'étais en prison. Ils lui faisaient croire que j'étais en voyage d'affaires aux États-Unis. Mais papa ne comprenait pas pourquoi je ne l'appelais jamais.

Évanouissements

À 4 ou 5 heures du matin, les détenues étaient conduites à l'atelier de couture pour y travailler une vingtaine d'heures. Au bout d'un mois passé dans un coin, je réclamai le droit de travailler comme les autres détenues. Rester assise sur un tabouret à ne rien faire vingt heures d'affilée était tout aussi épuisant. Je préférais encore coudre.

Quand nous nous présentions à l'aube devant la porte de l'atelier, les gardiennes me fouillaient des pieds à la tête et me faisaient entrer en premier. Si je me trouvais plus loin dans la file, les femmes formaient une haie d'honneur pour me laisser passer, ce qui ne me déplaisait pas. « Voici la dangereuse prisonnière… La reine est arrivée. Libérez le passage ! », plaisantaient les Ouïghoures.

Mon travail consistait à coudre des boutons. J'étais si rapide que je dépassais largement mon quota. Mais j'avais du mal à rester éveillée dix-huit à vingt-deux heures par jour. J'avais mal partout. De nombreuses détenues souffraient elles aussi. Tous les jours, une bonne vingtaine d'entre elles perdaient connaissance. Les surveillantes se contentaient de les pousser du pied hors du passage, comme de vulgaires ballots de linge sale. Au bout de quinze minutes, la malade revenait à elle, se rasseyait sur son tabouret, toute pâle, et recommençait à coudre.

Ces conditions de travail étaient insupportables. Je protestai auprès de la directrice adjointe. « Quand on ne dort pas assez, on s'effondre. J'exige que nous puissions nous reposer au moins huit heures. Vous dites que les lois de ce pays sont justes. Or, que l'on soit innocent ou coupable, on a le droit de continuer à vivre. Si les choses ne changent pas, nous mourrons les unes après les autres. »

Les traits de mon interlocutrice se durcirent.

« N'oublie pas qu'ici, c'est une prison.

— Non, c'est un bagne. Nous n'avons pas une seule heure de repos dans la semaine. »

La directrice adjointe, méfiante, me regarda attentivement. « Essaies-tu de provoquer une mutinerie ? » Sa question resta en suspens quelques instants. « C'est bien ça. Tu es une femme dangereuse qui veut pousser les autres à se révolter. Hors de ma vue ! »

Le lendemain, je fus plongée dans le noir.

Dans l'obscurité

On me conduisit au cachot. « Nous nous reverrons dans quinze jours », m'annoncèrent les surveillantes avant de me livrer à l'obscurité. Pour des infractions mineures, la punition s'élevait à dix jours. J'avais donc commis un délit très grave.

Une fois la porte verrouillée, la nuit m'enveloppa. Pas le moindre rayon de lumière ne filtrait du couloir. Je ne voyais même pas ma propre main. La pièce était complètement vide. Je m'assis sur le sol en béton. J'avais tout juste assez de place pour m'allonger. Lorsque j'écartais les bras, je touchais les murs de chaque côté. L'atmosphère était lourde et étouffante. La sueur me dégoulinait par tous les pores.

On me donnait à manger et à boire deux fois par jour. Je faisais mes besoins dans un gobelet. Au bout de quelques jours, je n'avais même plus la force de me lever. Recroquevillée comme une poupée de chiffon, je redoutais de mourir de déshydratation. Pour éviter de paniquer, je parlais toute seule. « Respire lentement, Rebiya. Garde ton calme. »

Comme je ne pouvais rien distinguer dans cette obscurité, je fermais les yeux très fort jusqu'à ce que je voie des taches de lumière danser devant moi. Malgré la faiblesse qui me gagnait, j'ouvrais et je refermais les poings. Je me massais également les oreilles et les jambes.

Au cachot, certains détenus sombraient dans la folie. Une fois libérés, ils étaient transportés à l'hôpital, d'où souvent ils ne ressortaient jamais. Pour éviter ce sort, je chantais dans le noir et discutais avec ma famille. J'interrogeais Dieu.

Soudain, une voix résonna dans ma tête. « Les quinze jours sont passés. » La lumière m'aveugla. Pendant cinq ou six jours, je dus garder mes mains en visière pour me protéger les yeux. Au début, on m'autorisa à rester dans ma cellule, sous la surveillance de Chiao-Chiao et d'une autre détenue. « Alors, c'était bien, à l'hôtel ? », se moquaient-elles.

Encore aujourd'hui, j'ai du mal à classer les événements dans l'ordre chronologique. Ma mémoire est sens dessus dessous. En tout, j'ai été enfermée six fois dans l'obscurité, mais je ne saurais dire quand exactement.

Réformes carcérales

Un mois plus tard, le directeur de la prison me fit la déclaration suivante : « Nous avons entendu dire que vous travailliez vingt-deux heures par jour. Aussi, nous avons instauré une réforme. À compter d'aujourd'hui, vous aurez droit à huit heures de sommeil. Nous vous servirons de la viande plus souvent. Enfin, nous vous accordons une demi-journée de repos par semaine. »

En réalité, nous nous couchions à minuit pour nous lever à 5 heures du matin, mais on nous laissait dormir deux à trois heures de plus et nous avions une demi-journée de pause par semaine. Tout le monde se félicita de ces avancées.

Pas une fois durant ma détention, je n'entendis un seul mot gentil sortir de la bouche des gardiennes. Au contraire, elles nous criaient dessus au point de s'en casser la voix.

« Tu devrais déjà être sortie d'ici, me dit un jour une surveillante, mais les pieds devant. La seule raison pour laquelle personne ne t'a passée à tabac, c'est que ton mari est l'ennemi public numéro un. J'ignore pourquoi le directeur de la prison te considère comme quelqu'un de spécial. Il te trouve mauvaise, mais il s'inquiète pour toi. »

À ces mots, je devinai que la communauté internationale me soutenait. « Je ne sais pas ce que fait mon mari, répondis-je. Il y a si longtemps que je ne l'ai pas vu. » La surveillante nota ma réponse. L'attention dont je faisais l'objet à l'étranger avait certainement provoqué ces changements récents au sein de la prison. Le gouvernement central craignait peut-être qu'il ne m'arrive quelque chose et que les maltraitances subies par les détenus dans les prisons chinoises soient révélées au grand jour.

Il m'arrivait parfois de perdre mon calme. Un jour, je reçus une photo qui me bouleversa. Akida, Honzohre, Mustafa et Kekenos étaient assis dans la rue, sur un tapis, et regardaient tous dans la même direction. Akida avait écrit un petit mot au dos de la photo. « Tous les jours, nous nous asseyons et t'attendons. Quand reviendras-tu ? » Je serrai cette photo contre moi, comme pour sentir battre le cœur de mes enfants.

« Ne vous inquiétez pas pour moi »

Les visites de mes enfants représentaient les points forts de cette vie monotone. Nos conversations se déroulaient toujours selon le même schéma. « Comment vont Sidik et les enfants ? Les affaires marchent-elles ? Ne vous inquiétez pas pour moi. Tout va bien. » Une fois, mon fils Kahar me fit un clin d'œil qui n'échappa pas à la caméra. Il fut interdit de visite pendant six mois.

Défense de sourire ou de se toucher les mains. Nous devions discuter aussi froidement que possible. Au moindre pleur, on nous interrompait. « Si vous continuez, vous ne pourrez plus venir voir votre mère. » Malgré tous mes efforts, je ne parvenais pas à avoir de nouvelles d'Ablikim. Ses frères et sœurs se contentaient de dire qu'il allait bien. Rien de plus.

« Votre mère mène ici une vie de princesse, leur dirent un jour les surveillants. Regardez comme elle est rayonnante. »

On nous accordait généralement trente minutes. Mes enfants me parlaient à tour de rôle, bien souvent pour répéter la même chose : « As-tu reconnu ta culpabilité ? Coopère avec la police. Admets tes erreurs. » Nous perdions ainsi un temps précieux.

« Maman, tu sais bien qu'ils nous obligent à dire ça », ajouta un jour ma fille. Les trois visites suivantes furent annulées et on me fit réciter les cinquante-huit règles.

À l'infirmerie

Par une fraîche journée de printemps, l'administration pénitentiaire décida de nous présenter une nouvelle loi, baptisée « Lutte des cent jours ». La réunion eut lieu dans une prairie marécageuse qui jouxtait la cour de la prison. Chaque détenue avait apporté sa chaise, sauf moi à qui on l'avait interdit. Je voulus m'asseoir sur le sol en béton, mais on m'ordonna de retourner sur l'herbe. Pour me protéger de l'humidité, je m'accroupis. « Assieds-toi les fesses par terre ! » Je restai dans cette position pendant une heure, le pantalon trempé. Le froid gagnait peu à peu tout mon corps. J'étais cernée par deux surveillantes chinoises campées sur leur chaise. Je tentai de les informer que quelque chose n'allait pas. « *Baodao !* » Sans un mot, elles me forcèrent à m'asseoir en m'appuyant sur les épaules.

À la fin de la réunion, je regagnai ma cellule tant bien que mal. J'avais l'impression que mes organes ne fonctionnaient plus. Le lendemain matin, impossible d'uriner. Pourtant, j'avais envie d'aller aux toilettes toutes les cinq minutes. Les gardiennes m'autorisèrent à y aller la première fois, mais pas la seconde. Incapable de me contrôler, j'urinai à mon poste de travail. Puis je tombai de mon tabouret et restai allongée par terre. Pour me réchauffer, je pris ma veste et m'en recouvris le ventre. Des mouches bourdonnaient autour de moi.

À minuit, deux femmes me relevèrent. Après m'avoir allongée, elles ôtèrent mon pantalon. Il était taché de sang. Chiao-Chiao en informa Jiang, qui vint me voir peu après. « C'est donc bien vrai, tu es malade. » Je ne voulais pas lui parler. « Je t'emmènerai à l'infirmerie demain. Pour l'instant, reste allongée. Tu ne vas pas en mourir. »

Je hurlai de douleur toute la nuit, suppliant mes compagnes de cellule de m'aider. « Je perds beaucoup de sang. C'est peut-être une hémorragie. » Mais Chiao-Chiao leur avait interdit de m'adresser la parole.

Le lendemain, Jiang m'ordonna de la suivre, mais je ne pus me lever. Je restai allongée, les bras croisés sur le ventre. Trois autres détenues durent me traîner jusqu'à l'infirmerie.

Une Chinoise et une Ouïghoure montaient la garde. « Qu'est-ce qui t'arrive ? me demanda la surveillante ouïghoure. Redresse-toi ! » J'en étais incapable. Quand elles eurent compris qu'il était inutile de me brusquer, elles m'allongèrent sur un lit. Une infirmière me fit une analyse d'urine et une transfusion. Puis, sur consigne de Jiang, on me fit ressortir dans le couloir.

Je sentis de nouveau une vive douleur à l'aine et me tins le ventre à deux mains. Quand je les ôtai, elles étaient pleines de sang. Je relevai la tête. Bu se tenait devant moi.

« Si tu es une vraie Ouïghoure, sauve-moi, la suppliai-je.

— Où l'emmenez-vous ? demanda Bu à Jiang.

— Je la raccompagne dans sa cellule.

— Non, ramenez-la à l'infirmerie », fit Bu en nous barrant le passage.

Une femme me prit sur son dos et me reposa sur le lit.

« Si elle meurt, la directrice adjointe et moi perdrons notre travail, expliqua Bu à ses collègues. Je suis responsable d'elle. C'est pourquoi je vous ordonne de la garder ici trois à quatre jours. Dès qu'elle sera guérie, je viendrai la chercher moi-même. »

L'infirmière tatare avait l'air soulagée. Dès le début, elle avait voulu me garder en observation, mais Jiang avait ignoré ses objections. On me fit une deuxième transfusion.

Le lendemain matin, Bu me rendit une brève visite. « Pourquoi ne pas nous avoir prévenues plus tôt ? », me demanda-t-elle. Comment aurais-je pu l'avertir de quoi que ce soit ? La veille, quand je m'étais écroulée par terre, personne ne s'était soucié de moi.

Je ne savais pas de quelle maladie je souffrais exactement, et l'infirmière ne me fit pas part de son diagnostic. Ses assistantes m'apportèrent une bouillotte que je plaçai sur mon ventre et me firent boire de l'eau bouillie. Je mourais de soif.

Deux jours plus tard, de retour dans ma cellule, mon corps se mit à gonfler comme un ballon de baudruche. Mes enfants étaient sur le point de me rendre visite. Pour éviter qu'ils me voient dans cet état, leur venue fut repoussée.

La prisonnière ouïghoure qui m'avait portée sur son dos fut libérée une semaine après. À sa sortie de prison, elle se rendit directement à mon centre commercial. Là, elle se posta devant l'entrée et informa les passants que j'étais tombée malade. Les vigiles lui présentèrent mes fils, à qui elle raconta tout.

« Nous sommes prêts à mourir ici »

Les nouvelles concernant mon état de santé s'ébruitèrent très rapidement. Dans une rue de Washington, Kekenos s'accrocha une photo de moi autour du cou et resta ainsi pendant cinq jours, refusant même de rentrer manger chez elle.

Une cinquantaine de mes proches manifesta devant la prison, mais seuls quatre d'entre eux furent autorisés à me voir. Le directeur de la prison donna l'ordre à Chiao-Chiao de me laver et de me frotter la peau avec de l'huile. Je marchai lentement jusqu'au parloir et attendis derrière la vitre. Kahar, Alim et Rushengül entrèrent, suivis par Ablikim. Dieu soit loué, il était libre ! Il était sorti de prison neuf mois auparavant.

Mon frère, ma belle-sœur, deux de mes petits-enfants et d'autres membres de ma famille attendaient dans le couloir. J'arrivais à les apercevoir en penchant la tête. Les policiers tentaient de les raisonner en leur expliquant qu'il était tout à fait ordinaire de tomber malade et qu'à présent j'étais guérie.

Rushengül m'apprit que sa fille était arrivée première de sa classe grâce à une rédaction intitulée « Ma grand-mère ». Elle n'eut pas le droit de m'en dire plus. Plus tard, j'eus l'occasion de lire ce texte :

> *Tous les gens qui me regardent ressentent de la compassion pour moi. Quand ils m'observent, ils espèrent retrouver ma grand-mère dans mes yeux. Mais ils ont peur de prononcer son nom. Ses yeux étaient toujours pleins d'espoir. « Tu ne dois jamais me croire coupable », m'a-t-elle dit un jour en prison. Chaque fois que je lui rends visite, je suis très fière d'elle. Plus tard, je souhaite lui ressembler. Bientôt, elle sera libre comme l'oiseau Bulbul, connu dans notre région pour ses superbes plumes.*

À son tour, Ablikim s'empara du combiné. « Nous sommes prêts à mourir ici. Nous n'avons pas peur qu'ils nous jettent en prison. » Les gardiens le firent sortir sur-le-champ et lui interdirent de revenir me voir.

Alim tint le même discours. « Ton sang coule dans nos veines. Ne t'inquiète pas pour nous. Nous ne fléchirons pas. » Il fut évacué à son tour et les policiers décrétèrent que la visite était terminée. Elle n'avait duré que dix minutes, au lieu de la demi-heure habituelle. Malgré tout, j'étais surprise que les policiers ne nous eussent pas interrompus plus tôt.

11 septembre 2001

Le 11 septembre 2001, la directrice adjointe me convoqua dans son bureau pour m'informer que des attentats avaient été commis sur le sol américain. « Tu as toujours admiré les États-Unis, au point d'y envoyer ton mari et tes enfants. Mais ce pays ne va pas tarder à s'effondrer. Maintenant que les Américains ont leurs propres soucis à régler, ils n'auront plus le temps de se préoccuper de ton sort. Des Ouïghours sont impliqués dans ces attentats. Nous te les présenterons, histoire que vous discutiez entre terroristes. »

Elle ne m'expliqua pas précisément ce qui s'était passé. Mais visiblement, elle était ravie. Pour ma part, j'étais à la fois en colère et terrifiée. Si même les États-Unis se faisaient attaquer, comment le reste du monde pourrait-il se défendre ? Quant à l'implication de Ouïghours dans ce crime d'une ampleur internationale, je n'y croyais pas. Néanmoins, je n'imaginais pas à quel point les événements du 11 septembre allaient changer le visage de mon pays natal. La Chine en profita pour exhorter les puissances étrangères à l'aider à combattre les Ouïghours, accusés à tort d'avoir été formés en Afghanistan. Des fanatiques, il y en avait sans doute, mais ils étaient très peu nombreux. La lutte internationale contre le terrorisme fournit à Pékin le prétexte idéal pour nous traiter encore plus brutalement.

L'Empire du Milieu dévoilait enfin ses vraies intentions au Turkestan oriental. Auparavant, les panneaux « Région autonome du Xinjiang » étaient rédigés en chinois et en ouïghour. Après le 11 septembre, la traduction en ouïghour fut effacée. Un homme fut condamné à vingt ans de réclusion pour avoir traduit en ouïghour la *Déclaration universelle des droits de l'homme*. Les juges justifiaient les condamnations à mort de mes compatriotes de la façon la plus absurde. Ils les considéraient comme des terroristes menant une attaque idéologique contre la Chine, tout en se faisant passer pour des pacifistes. Les lieux publics grouillaient d'espions. Au sein des familles, les enfants étaient censés surveiller leurs parents, et inversement, puis faire leur rapport auprès des autorités compétentes.

Rééducation politique

Dans notre couloir, on dénombrait soixante-quatre prisonnières politiques. Après le 11 septembre, trente autres détenues furent incarcérées en raison de leurs opinions. Une fois par semaine, on nous enfermait dans une pièce une par une. On nous y forçait à nous déshabiller et à nous mettre à quatre pattes, tandis que cinq surveillantes inspectaient nos orifices. Je me sentais terriblement humiliée. Dès que je franchissais le seuil, j'étais prise de nausées. Au début, je refusais d'enlever mes vêtements. Au fil du temps, je finis par m'y habituer. Je m'agenouillais sans dire un mot. J'avais compris que la plus grande honte était pour les gardiennes.

Une fois par mois, je devais assister au cours de rééducation politique. « Dieu n'existe pas » : c'était le premier principe qu'on nous inculquait. La religion n'était qu'un tissu de mensonges. Seule la grande morale du Parti communiste et du gouvernement chinois pouvait servir de référent au peuple. La deuxième règle stipulait que le Turkestan oriental était indissociable de la Chine. Il en avait toujours été ainsi et cela ne changerait jamais. Pendant le cours, nous devions nous lever et scander cinquante fois : « Nous ne voulons pas être séparées de la Chine ! »

On nous parlait ensuite du capitalisme, qui bafouait les droits de l'homme, aussi bien aux États-Unis qu'en Europe. On nous répétait sans cesse que le modèle américain finirait par disparaître, que le président chinois deviendrait le maître du monde et que la Chine était une nation forte, riche et juste.

Ces cours duraient parfois deux, parfois trois heures, parfois une demi-journée. Un jour, on nous ordonna de nous lever, de renier Dieu et de jurer fidélité au communisme. Quand ce fut mon tour, je prononçai les mots suivants : « Il n'y a qu'un seul Dieu. »

Une autre fois, je demandai à l'enseignante la permission de prendre la parole. Sans attendre sa réponse, j'expliquai que la religion avait fourni à l'homme les premières lois de son histoire et qu'elles soudaient les peuples entre eux, au lieu de les séparer. L'enseignante se jeta sur moi et me colla sa main sur la bouche.

Six gardiennes au moins veillaient toujours au bon déroulement des leçons. Elles renvoyèrent l'éducatrice, estimant qu'elle m'avait trop laissée parler. Bien que privées du droit de discuter entre détenues, nous finissions par apprendre de quoi les unes et les autres étaient accusées. L'autocritique faisait partie de la rééducation.

Dans notre groupe, une femme de soixante-huit ans venait de Sharjah. Son mari et ses enfants avaient été exécutés. « À présent, je doute de l'existence de Dieu, nous dit-elle. Je commence à croire que les communistes disent vrai. Notre crime est d'avoir donné des cours d'éducation religieuse à nos enfants. Nous pensions bien faire. Mais si mon mari et mes deux enfants sont morts, c'est à cause de la religion. » Cette femme, ainsi qu'une autre détenue âgée de quatre-vingt-onze ans, avaient été condamnées à la prison à vie.

Parmi nous se trouvait également une magnifique jeune fille que j'avais déjà aperçue à Liudaowan. J'espérais arranger un mariage entre elle et Ablikim dès sa sortie de prison. Il lui aurait sûrement plu ! Malheureusement, le destin en décida autrement. Lorsqu'elle fut libérée quelques années plus tard, ce fut au tour d'Ablikim d'être incarcéré.

Une autre prisonnière politique d'une trentaine d'années déclara lors de sa séance d'autocritique : « J'ai fondé un mouvement de libération. Nous avons lu de nombreux livres d'histoire. Nous avons imprimé des tracts pour les distribuer à la population. Beaucoup d'entre nous ont été exécutés. J'ai été reconnue complice et condamnée à quatre ans de réclusion. Mais comme je persistais à croire que ce que j'avais fait était juste, on a rallongé ma peine de quatre années supplémentaires. J'aurais dû sortir l'année dernière, mais mes codétenues ont remarqué que je priais la nuit en cachette, si bien que je resterai ici encore trois ans. »

« Maintenant, dis-nous si Dieu existe », lui demanda l'instructrice. La jeune femme ne répondit pas. « Le Xinjiang appartient-il oui ou non à la Chine ? » Elle garda le silence.

Une cellule à trois

Je fus transférée dans une cellule de trois lits avec Chiao-Chiao et une autre meurtrière dont l'exécution avait été repoussée de quatre ans. Dans le même temps, on m'assigna à une nouvelle tâche. Avec vingt autres détenues, j'étais chargée de broder des fleurs sur des pull-overs.

À l'atelier, nous étions réparties sur deux longues rangées. Les bobines de fil se trouvaient au milieu. Une femme était chargée de passer les fils dans le chas des aiguilles, et une autre les distribuait. À midi et à minuit, on nous faisait réciter les cinquante-huit règles. « Je suis une détenue. Je reconnais mes erreurs. Mon comportement est répugnant… »

Je déjeunais à l'écart des autres prisonnières. La plupart étaient en prison depuis une vingtaine d'années. Personne n'osait prendre le risque de croiser mon regard, encore moins de me parler. Quand je brodais, les autres prenaient des notes sur moi. Je ne voyais pas ce qu'elles pouvaient bien trouver à écrire. En tout cas, chaque ouvrière du groupe possédait un petit cahier.

Toutes les deux heures, les surveillantes nous ordonnaient de nous mettre en rang. J'étais souvent la dernière à m'exécuter. Ensuite, elles m'accablaient de reproches :

« Pourquoi as-tu souri à la détenue en face de toi ? Tu as donné un coup de coude à ta voisine. Tu as encore fait un geste obscène. Reconnais-le !

— Je n'ai rien fait, je n'ai rien vu, je me contente de broder mes cinq pulls par jour. Croyez-vous que j'y arriverais si je passais mon temps à déranger les autres ?

— Admets-le, s'obstinaient-elles. Nous avons des témoins. »

Une fois, je me contentai de baisser la tête. Elles me posèrent leurs questions habituelles, mais sans obtenir de réponses. Elles m'interrogeaient toujours à quatre et se surveillaient mutuellement. La plupart du temps, Bu était présente.

En guise de punition, je devais parfois rester avec elles au lieu d'aller déjeuner. Il leur arrivait de me convoquer bien après minuit pour m'interroger. « Nous nous donnons beaucoup de mal pour te rééduquer. Nous travaillerons aussi la nuit, s'il le faut. Sans le Parti communiste, nous ne pourrions pas te consacrer autant de temps. Peut-être même que tu n'existerais plus. Qu'en penses-tu ? »

Sans le Parti communiste, je ne serais pas assise là, au beau milieu de la nuit, à écouter ces sornettes : voilà ce que je pensais en mon for intérieur.

Les surveillantes chinoises avaient le don de me jeter des choses affreuses à la figure en souriant jusqu'aux oreilles. « Nous te traitons si bien. Pourquoi te tortures-tu ? Dès que tu auras répondu à nos questions, tu pourras partir. Nous nous ennuyons autant que toi. Réponds, que nous puissions aller dormir ! »

Mais si j'avais dit quoi que ce soit, elles m'auraient immédiatement accusée de leur chercher querelle et il aurait fallu tout recommencer. Elles aimaient aussi me faire des remontrances :

« En tant que séparatiste et nationaliste, tu as mis en danger la stabilité du pays. Dix personnes sont chargées de ta surveillance. C'est une grosse dépense pour le Parti.

— Je sais que je vous ai causé du tort. »

J'espérais ainsi mettre un terme à l'interrogatoire, mais je faisais erreur. On ne me laissait jamais une seconde de tranquillité. Si je voulais aller aux toilettes, je devais patienter une demi-heure avant que l'on m'y autorise. Je me balançais d'une jambe sur l'autre, en sueur, jusqu'à ce que je ne puisse plus me retenir. Quand elles finissaient par remarquer l'odeur, elles m'ordonnaient d'aller me laver. À peine m'étais-je changée qu'elles m'interrogeaient de nouveau pendant quatre heures. Elles aimaient particulièrement s'apitoyer sur Chiao-Chiao et l'autre détenue. « Nous continuerons à la supporter pour le bien de la nation, disaient celles-ci. Elle nous fait subir des sévices dont nous ne préférons même pas vous parler. »

Seules les visites de mes enfants me permettaient de garder les idées claires. Je ne pensais à rien d'autre. Nous ne pouvions parler de rien, mais nous avions au moins le droit de nous voir.

« Sidik essaie de t'aider », m'informa un jour Kahar. Il ne fut plus autorisé à me rendre visite jusqu'à ma libération.

Ces cinq dernières années, je n'avais jamais eu la certitude qu'on se mobilisait pour me faire libérer. Je déduisis de la remarque de Kahar qu'on me soutenait pour de bon. De plus, le personnel pénitencier se montrait de plus en plus conciliant. C'est ainsi que Jiang fut remplacée. Ça ne changeait quasiment rien, mais cette mutation m'indiquait qu'il se passait quelque chose.

La mort de mon père

Mon absence inexplicable angoissait mon père au plus haut point. Il réussit à se procurer le numéro de téléphone de Sidik à Washington et l'appela d'un bureau de poste. Quand il demanda à mon mari où je me trouvais, Sidik lui répondit que j'étais partie en voyage d'affaires. Mon père n'en crut pas un mot et raccrocha.

Ensuite, il interrogea toutes mes connaissances. Lors d'une cérémonie funèbre, il expliqua aux invités qu'il était sans nouvelles de moi depuis plusieurs années. L'imam l'invita à se plier à la volonté de Dieu. Papa l'interrompit. Il était persuadé que sa fille était encore en vie. L'imam ne répondit rien. Mon père s'effondra et fut ramené chez lui.

Pour l'apaiser, Zohre, ma sœur aînée, lui téléphona deux fois en imitant ma voix. Mon père se douta de la supercherie. Très malade, il ne désirait plus qu'une seule chose : me revoir.

Au cours d'une de leurs visites, mes enfants firent brièvement allusion à la détérioration de son état de santé. Je demandai un papier et un stylo et écrivis une lettre aux autorités. Comme le nouvel an chinois approchait à grands pas, j'espérais qu'elles feraient preuve d'indulgence.

« Lors des festivités du nouvel an, la population tout entière a le droit d'être heureuse. Je vous en prie, conduisez-moi auprès de mon père. Enlevez-moi mes menottes et laissez-moi une demi-heure seule avec lui. Je voudrais lui apporter un peu de réconfort. Il ne supporterait pas de venir me voir en prison. S'il faut que dix soldats m'escortent, très bien. Je paierai. »

La réponse fut très brève : « Nous aurions besoin de deux bataillons. »

En mai 2004, mon fils Alim tenta de m'aider. « Je vais intervenir auprès des autorités pour qu'on t'autorise à téléphoner à ton père. » Un mois plus tard, le directeur de la prison m'annonça qu'il était mort. Jusqu'à son dernier souffle, personne ne lui avait dit que j'étais incarcérée, afin d'éviter qu'il ne passe dans l'autre monde le cœur lourd de chagrin.

Des problèmes de cœur ?

Depuis mes douleurs abdominales, on me conduisait à l'hôpital à la moindre alerte. L'hôpital était bien plus propre que l'infirmerie où j'avais été soignée. À présent, j'avais la peau gonflée à cause de la malnutrition.

Un médecin chinois m'accueillit. « Asseyez-vous, je vous prie. Veuillez relever votre manche. » Cela faisait cinq ans qu'on ne m'avait ni priée ni vouvoyée. J'avais enfin le sentiment qu'on me traitait comme un être humain. Je lui en étais si reconnaissante que des larmes me montèrent aux yeux. Je tentai de me maîtriser mais n'en eus pas la force. Le médecin recula d'un pas. « J'ai fait quelque chose de mal ? »

Quand la surveillante lui ordonna de m'ausculter sans me regarder dans les yeux, le médecin préféra interrompre la consultation. Ils s'absentèrent tous deux quelques instants. À son retour, il se montra très réservé et se mit à me tutoyer. Ensuite, il prétendit que j'avais des problèmes cardiaques et me prescrivit des médicaments.

Dorénavant, les gardiennes étaient chargées de vérifier que je les prenais bien. Mais comme je ne savais absolument pas ce que c'était, je buvais le verre d'eau qu'on me tendait et prenais soin de garder le comprimé sous la langue. Je le retirais un peu plus tard, le plus discrètement possible. Puis je le réduisais en poudre entre mes doigts. Mais on m'observait constamment. Les gardiennes finirent par se demander pourquoi je me frottais les doigts.

Parfois, j'essayais d'écraser le comprimé entre mes orteils, tout en faisant semblant de me gratter. Malheureusement, Chiao-Chiao comprit mon manège. Dès lors, les gardiennes se mirent à surveiller le moindre de mes faits et gestes. Elles se méfiaient surtout quand je me grattais ou me touchais les cheveux et les oreilles.

Le départ de Chiao-Chiao

Au cours de l'hiver 2004, le directeur de la prison, la directrice adjointe et plusieurs hauts fonctionnaires me convoquèrent dans la grande salle de réunion. Toutes les détenues politiques étaient également présentes.

L'un des cadres prit la parole. « Rebiya Kadeer a été rééduquée avec succès. Elle a bien assimilé les enseignements de notre Parti. »

J'avais les jambes en coton. Qu'est-ce que ça signifiait ? Pendant toutes ces années, j'étais restée fidèle à moi-même et à mes principes. Je n'avais pas été rééduquée ! Certaines prisonnières me foudroyèrent du regard tandis qu'on me félicitait. Comme je m'étais bien adaptée, ma peine était réduite d'un an. J'avais l'impression d'être une traîtresse. Jusqu'alors, les autres détenues me saluaient d'un bref coup d'œil. Après cette réunion, je n'existai plus pour elles.

En janvier de l'année suivante, Chiao-Chiao plia bagages. « J'avais pour mission de t'espionner et de te maltraiter en échange d'une remise de peine, m'avoua-t-elle de but en blanc. Que tu vives ou que tu meures, ça m'est complètement égal. »

Sa peine de prison avait été raccourcie de trois ans. Elle fut remplacée par une autre Chinoise condamnée à perpétuité pour escroquerie. Elle notait tout dans son carnet, jusqu'au moindre de mes éternuements. Quand je me lavais les dents, elle s'approchait tout près de moi et m'observait.

Cette femme avait une haleine pestilentielle. Quand je mangeais, elle s'accroupissait à trois centimètres de mon bol. Je sentais chacune de ses expirations. Quand je lui demandais ce qu'elle me voulait, elle ne réagissait pas.

Décidément, les autorités me faisaient surveiller par d'étranges créatures. Mes codétenues se pliaient en quatre pour me maltraiter dans l'espoir d'une remise de peine, y compris pendant mon sommeil. Dès que le plafonnier était éteint, elles me hurlaient aux oreilles et jetaient toutes sortes d'objets contre les murs. Si je me retournais dans mon lit, elles surgissaient comme deux démons et me criaient : « Qu'est-ce que tu fais ? » L'instant d'après, elles rallumaient la lumière pour mieux m'observer. Impossible de fermer l'œil. Une fois, elles sautèrent sur mon lit : l'une me tirait par la chemise, l'autre par les pieds. Elles n'étaient satisfaites que lorsque je hurlais à mon tour. Avec le recul, je me demande comment elles ont pu tenir le coup.

Au bout de quelques semaines, je finis par ne plus réagir. À présent, elles se bagarraient entre elles jusqu'à ce que les surveillantes viennent les séparer. Puis elles m'accusaient de semer la zizanie.

Les gardiennes, quant à elles, me méprisaient de plus en plus. « Mais comment as-tu pu devenir l'une des femmes les plus connues du Xinjiang ? Tu es insignifiante. » J'avais droit à des tirades interminables.

Un jour, alors que je tendais mon écuelle lors de la distribution du repas, une prisonnière la renversa. Elle la remplit de nouveau et me la tendit. Une surveillante qui avait assisté à la scène me réprimanda. « Pourquoi as-tu demandé à une autre détenue de remplir ta gamelle ? » Une de ses collègues me pinça la joue. Je repoussai sa main.

Peu après, cinq autres gardiennes firent irruption dans ma cellule et m'accusèrent d'avoir levé la main sur l'une des leurs. Bien entendu, mes deux codétenues abondèrent dans leur sens. « Elle passe son temps à nous frapper », déclara celle qui avait été condamnée pour escroquerie. « Elle paiera pour les larmes que vous avez versées jour et nuit », jurèrent les surveillantes. Je ne pus me contenir plus longtemps :

« Vous faites tout votre possible pour me détruire, mais je survivrai à cet enfer. Je ne sombrerai pas dans la folie.

— Toute prisonnière qui frappe une surveillante voit sa peine rallongée de trois ans », répliqua une des gardiennes.

Un petit oiseau noir

En janvier 2005, j'informai Ablikim que mes deux codétenues me persécutaient jour et nuit. Visiblement, la situation évoluait à l'extérieur. En effet, après la visite de mon fils, les deux femmes cessèrent de me tourmenter.

Je sentais qu'Ablikim avait quelque chose d'important à me dire, mais les policiers, en particulier les Chinois, surveillaient ses moindres paroles. Un jour, il profita du fait que nous étions surveillés par des Ouïghours pour m'annoncer une grande nouvelle. « Maman, tu as reçu le prix Rafto. Nous sommes très fiers de toi. À l'instar des musulmans qui se rendent en pèlerinage à La Mecque, nos compatriotes défilent devant ton centre commercial. » Cette récompense pour mon combat en faveur des droits de l'homme m'avait été décernée en septembre de l'année précédente.

« Silence ! », pestèrent les gardiens. Ils étaient obligés de réagir ainsi pour ne pas être sanctionnés. Mais ils avaient laissé Ablikim s'exprimer. Ensuite, celui-ci n'eut plus le droit de me rendre visite jusqu'à la fin de ma détention.

En mars, à l'atelier, je récupérai quelques chutes de laine et demandai à une gardienne ouïghoure de me fournir des ciseaux et de la colle. Je fabriquai un petit oiseau noir, collai une gommette dans son bec et l'accrochai au-dessus de mon lit. Cet oiseau me symbolisait. Comme lui, je nourrissais mon peuple. Et comme lui, je prendrais mon envol. Ce fut le cas quelques jours plus tard.

« Veux-tu coopérer ? »

Le 8 mars 2005, je fus présentée à huit agents des services secrets, six Chinois et deux Ouïghours. L'un des Chinois m'exprima sa compassion : « Tu vas très mal. Tu souffres de problèmes cardiaques. Comme tu as besoin d'un traitement spécial, nous allons te libérer. Comment envisages-tu l'avenir ? Une fois dehors, comptes-tu récidiver ? »

Je n'avais pas eu de soucis de santé au cours des derniers mois. Cette « maladie » semblait servir de prétexte à ma libération.

« Je ne commettrai aucun délit, répondis-je d'une voix rauque.

— Si nous t'envoyons à l'étranger, continueras-tu à t'opposer au régime ?

— Je me battrai pour mon peuple ou pour personne.

— Soutiendras-tu les séparatistes ?

— Je n'ai jamais été séparatiste. À mes yeux, tous les hommes sont égaux.

— Nous allons maintenant réfléchir à ton nouveau traitement. »

Qu'est-ce que cela signifiait exactement ? Allais-je devoir suivre des soins une fois libérée ? Il me livra un indice : « Si nous te gardons ici, tu vas nous créer de gros problèmes. »

À la suite de cette visite, la qualité de mes repas s'améliora. La femme qui avait été condamnée pour escroquerie fut remplacée par une Doungane. Celle-ci me flattait et me cajolait, ce qui ne l'empêchait pas de noter le moindre de mes faits et gestes. Elle voulait également savoir quels étaient mes projets. « Je ferai comme n'importe quel être humain normalement constitué, répondis-je. Je serrerai mes enfants dans mes bras. »

« Rebiya ! » Une gardienne m'appelait depuis le couloir. « Kadeer ! », ajouta-t-elle après une courte pause. On m'escorta jusqu'à la cour. Pour la première fois depuis tant d'années, je revis enfin le ciel.

Trois jours plus tard, le directeur de la prison me convoqua dans son bureau, où l'on me prit en photo avec une pancarte autour du cou. Quelque chose était écrit en chinois, mais j'en ignorais le sens.

Enfin, je passai trois jours à l'hôpital. Je n'y manquai de rien. À part les quatre surveillantes, j'étais seule dans la chambre. Elles me tendirent de nouveau ces comprimés pour le cœur. Je les mis dans ma bouche et les recrachai en cachette un peu plus tard.

« Tu as été très malade, m'expliqua l'une des gardiennes. Tu dois te reposer. »

Le médecin fut très surpris de me voir.

« Où as-tu mal ? me dit-il.

— Nulle part.

— Alors, que fais-tu ici ? »

L'une des surveillantes le rappela à l'ordre : « Arrête avec tes questions. »

Une semaine après mon entretien avec les membres des services secrets, les surveillantes me demandèrent quelle était ma taille. On va me donner de nouveaux vêtements ! jubilai-je en mon for intérieur. Je vais être libérée pour de vrai !

Le 16 mars, mes enfants furent autorisés à venir me voir. Cinquante soldats montaient la garde devant la porte. Mais dans la pièce où je retrouvai Alim et Rushengül, seule une secrétaire du Bureau politique était présente. Je m'assis en face de mes enfants, sans pouvoir les toucher. J'appris plus tard que même le directeur de la prison n'avait pas été informé de cette visite.

15

« JE RENAIS »

La libération

Le 17 mars 2005, à 3 heures du matin, une surveillante cria mon nom. Je me levai et m'habillai en toute hâte. Alors que je m'apprêtais à quitter ma cellule, je me rendis compte que j'avais oublié quelque chose. Je pris le petit oiseau noir que j'avais fabriqué et accroché au-dessus de mon lit.

Des hommes en costume sombre me donnèrent un pantalon, un chemisier et un manteau. Après que je me fus changée, nous nous dirigeâmes vers la sortie. En chemin, je ne croisai que des soldats en uniforme olive, aucune surveillante. Personne ne m'ordonna de dire « *baodao !* ».

Une voiture se trouvait devant le portail de la prison, ainsi qu'un camion militaire et sept autres voitures pour les hommes en noir qui m'accompagnaient. Devant et derrière nous, les sirènes des voitures de police hurlaient. On me transféra directement à l'aéroport. Celui-ci avait été évacué. D'habitude, il grouillait de monde à toute heure du jour et de la nuit. On se serait cru dans un pays en guerre.

Vingt-cinq surveillants chinois, ainsi que Bu et une de ses collègues, m'attendaient dans l'avion. Nous n'échangeâmes pas un mot. Quatre heures plus tard, après l'atterrissage à Pékin, on me conduisit dans un hôtel situé près de l'aéroport. Là, je rencontrai six représentants du ministère des Affaires étrangères. Ils m'expliquèrent que je devais être envoyée à l'étranger pour raisons médicales.

« Même si tu quittes le pays, tu pourras toujours travailler pour nous, me dit l'un des Chinois. Si c'est ce que tu choisis, tu pourras revenir faire des affaires ici et redevenir multimillionnaire. Mais si tu préfères révéler à la communauté internationale ce que tu as subi et continuer à militer en faveur des droits de l'homme, tes enfants et toi vivrez un véritable enfer. Vous serez exterminés jusqu'au dernier. »

Les cadres ne m'avaient toujours pas révélé ma destination. Ils me traitaient encore en prisonnière. Ils me firent enfin part de leurs intentions. « Nous allons t'envoyer aux États-Unis. » Dieu ne m'avait pas oubliée ! « Mais souviens-toi d'une chose, ajoutèrent-ils : dans vingt ans, le peuple ouïghour n'existera plus. Tu es une femme intelligente. Tu dois coopérer. Tu ne pourras rester que dix-huit mois aux États-Unis pour y être soignée. Ensuite, si tu te sens mieux, nous te rapatrierons en Chine. Tu pourras reprendre le travail et montrer l'exemple à ton peuple. Tes cinq enfants seront bien traités. Nous savons combien tu les aimes. À toi de décider si tu veux vivre dans le luxe ou la précarité. Tu as le choix. »

Peu après, deux représentants officiels de l'ambassade américaine arrivèrent à l'hôtel. Ils me demandèrent si je souhaitais me rendre aux États-Unis. Je répondis oui.

Une heure plus tard, nous étions sur le tarmac. Mes accompagnateurs regardaient leur montre nerveusement. Chaque minute me semblait durer vingt-quatre heures. « Halte ! cria quelqu'un. Le programme risque de subir encore quelques modifications. » Cet incident se produisit deux autres fois avant le décollage.

Avant de me remettre aux diplomates américains, l'un des Chinois souligna une dernière fois que je ne bénéficierais d'aucun soutien politique aux États-Unis. L'un des diplomates lui répondit que je pouvais agir comme bon me semblait, du moment que je n'enfreignais pas la loi. J'avais déjà l'impression de fouler le sol américain.

Quelques heures auparavant, j'étais encore enfermée dans ma cellule ; et voici que je voyageais en première classe ! Je me pinçai le bras. Ce n'était pas un rêve ! Je serrai mon petit oiseau noir au fond de ma poche. Je ne redoutais qu'une chose : que l'avion fasse demi-tour.

« Sommes-nous sortis de l'espace aérien chinois ? », demandai-je au bout d'un moment, nerveuse. L'attaché de l'ambassade américaine à Pékin hocha la tête en souriant. Je n'avais aucune idée de ce qui m'attendait. Mon voisin m'interrogea sur mes conditions de détention, mais je ne lui donnai que des réponses confuses.

Soudain, il sortit une liasse de dollars de sa poche et me la tendit. « Si vous avez besoin de quoi que ce soit, n'hésitez pas à faire appel à moi. »

Nous fîmes une escale d'une heure à Chicago, où m'attendait un journaliste de Radio Free Asia. Il me demanda si, dorénavant, je comptais surveiller mes propos afin de protéger mes enfants qui se trouvaient toujours en Chine, ou si je parlerais librement. « À partir de maintenant, j'ai le droit de m'exprimer, répondis-je. J'ai le droit de crier, de rire, d'aller où j'en ai envie. Je renais. »

Aujourd'hui encore, on s'interroge sur les véritables raisons de ma libération. On sait que Condoleezza Rice, la secrétaire d'État en charge des Affaires étrangères, s'est rendue en Chine peu de temps après. On a également évoqué un échange de bons procédés, la Chine n'ayant pas été épinglée par la Commission des droits de l'homme des Nations unies, réunie à la même époque à Genève.

Mais aujourd'hui encore, le régime chinois regrette de m'avoir laissée partir.

L'arrivée à Washington

Trois cents Ouïghours ainsi que des journalistes s'étaient déplacés pour m'accueillir à l'aéroport de Washington. Au milieu de cette foule en liesse, j'entendis les cris de mes enfants.

L'instant d'après, Akida se jetait dans mes bras. Lorsque nous nous étions dit au revoir neuf ans auparavant, elle n'était encore qu'une adolescente. À présent, une jeune femme de vingt-quatre ans se tenait devant moi. Je ne reconnus pas non plus Mustafa, Kekenos et Honzohre immédiatement et les saluai comme s'ils étaient de simples connaissances.

Mon mari m'avait terriblement manqué. Je l'avais réclamé à chaque minute que Dieu faisait. Et maintenant, il se trouvait là, au milieu de la foule, au côté d'une représentante de la secrétaire d'État, qui le tenait fermement par la main. Il était allé la voir d'innombrables fois à son bureau pour défendre ma cause. Sidik était toujours aussi beau et fort, mais ses cheveux avaient blanchi.

Neuf ans, c'est beaucoup dans une vie. Sidik savait pertinemment ce qu'un être humain endure en prison. J'avais le visage blême et le corps gonflé à cause de la malnutrition. Mais mon mari ne s'attendait pas à me voir avec les cheveux courts, coupés à la chinoise.

Il se fraya un chemin vers moi, m'embrassa sur le front et me prit dans ses bras. D'une main, il tenait le drapeau du Turkestan oriental, de l'autre, le drapeau américain. « Nous avons gagné », chuchota-t-il.

Une fois arrivée à la maison, j'accrochai le petit oiseau noir au-dessus de notre lit. Aux yeux de Sidik, je demeurais la femme qu'il avait épousée. Mais de mon côté, j'avais changé. Mes enfants étaient comme des étrangers pour moi. Akida en eut presque le cœur brisé. Elle prit son père par la main et l'emmena dans la pièce voisine.

« Maman ne daigne même pas me regarder.

— Elle vit encore dans un autre monde, lui expliqua Sidik. Sois patiente. Tu ne peux pas imaginer ce que c'est que la détention dans une prison chinoise. D'ailleurs, tu sais quoi ? Elle se montre aussi très distante avec moi. »

Après ces longues années de séparation, nous nous observions mutuellement, angoissés. Je ne désirais qu'une seule chose, retrouver mon mari et mes enfants. Mais je me sentais complètement perdue. Le combat pour la libération des Ouïghours constituait mon seul et unique sujet de conversation. Je ne cessais de parler de la détresse de notre peuple, comme un disque rayé, sans même me soucier du bien-être de mes enfants.

Mon mari me prit à part. « Patience, patience. Tu dois d'abord te retrouver. Personne ne te demande de tout réussir d'un seul coup. » Je m'adressai alors à mes enfants :

« Excusez-moi. Ce n'est pas votre mère, mais la militante des droits de l'homme qui est de retour.

— Tout va bien, me consola Akida.

— *Baodao !* », lui dis-je, comme si j'étais toujours en prison.

J'avais pris l'habitude de répondre ainsi et de baisser le regard. Dès que j'adressais la parole à quelqu'un, je commençais par dire « *baodao !* », même à mon mari.

La rue m'effrayait. Paniquée, j'avais l'impression d'être une fourmi qui risquait de se faire écraser à tout moment. Quand on me demandait quelque chose, je répondais « oui », machinalement. Je ne savais plus dire « non ». C'est grâce à Sidik que j'ai fini par reprendre une vie normale. Il savait d'expérience que je serais totalement désorientée pendant au moins trois mois.

À table, je parlais toute seule, revivant des conversations passées. « Je ne suis pas Rebiya Kadeer. Je représente des millions d'êtres humains. »

Depuis ma libération, je n'avais pas une seule journée à moi, entre les rendez-vous avec les hommes politiques et le discours devant le Congrès. Vu de l'extérieur, mon comportement semblait normal. En réalité, je ne suis redevenue moi-même que des années plus tard.

« Une fois que les Ouïghours seront libres, nous vivrons une vie meilleure, répétais-je souvent à mes enfants.

— Je suis heureuse que Sidik et toi soyez mes parents, me répondit un jour Akida. Non contents de vous occuper de nous, vous prenez en main la destinée de tout un peuple. Mais quand devrons-nous cesser de fuir ? »

Bureau 307

Le 10 mai 2005, je fus invitée au Congrès américain. Le même jour, devant la Maison-Blanche, j'accordai une interview à la télévision norvégienne, devant plus de sept cents journalistes.

Quelques jours plus tard, trois cents policiers chinois encerclèrent mes deux centres commerciaux d'Ürümqi, à présent gérés par mes fils. Ils perquisitionnèrent mes bureaux et mon appartement. Ma directrice adjointe fut tirée par les cheveux de son bureau jusqu'à une voiture de police. Mon secrétaire fut également arrêté. D'autres employés furent frappés, traînés par les pieds et menacés. La police confisqua quinze sacs remplis de documents. Alors que j'avais contracté un prêt de neuf millions de yuans pour lancer la société Akida, la police fit courir le bruit que le montant de mes dettes s'élevait à plus de 15 millions de yuans. Mes enfants furent placés deux jours en garde à vue.

Par la suite, les cadres continuèrent à les convoquer deux fois par mois pour les interroger. La police créa même une unité spéciale, le bureau 307, qui avait pour mission de surveiller ma famille. Mes enfants étaient constamment suivis et leur téléphone placé sur écoute. Chaque nouvelle heure apportait son lot d'angoisses.

Un attentat sur le sol américain

Aujourd'hui, de nombreuses personnes craignent pour ma sécurité. Mais j'ai traversé tant d'épreuves que je n'ai plus peur de rien. La Chine a le bras long. Même en Amérique, mon téléphone est sur écoute. Même en Amérique, je fais l'objet d'une étroite surveillance.

Le 15 novembre 2005, alors que Sureyya, mon assistante, me ramenait en voiture chez moi, une grosse Ford blanche arrivant en sens inverse nous fonça dessus. Avant que je ne comprenne ce qui se passait, il était trop tard. La Ford s'encastra dans notre voiture. La violence du choc me projeta en avant.

Sureyya voulut sortir du véhicule. Puis je l'entendis hurler : « Il recule ! Il va encore nous rentrer dedans ! Sors, Rebiya ! » Le temps que je détache ma ceinture, la voiture blanche nous percuta une deuxième fois.

« Ce n'est pas un accident ! s'écria mon assistante. Il faut sortir d'ici ! Il revient ! » Je ne sais comment je réussis à ouvrir la portière, qui avait été déformée par l'impact. Tout ce dont je me souviens, c'est d'avoir couru. Malgré la circulation, je parvins à traverser la rue sans encombre. Ensuite, je perdis connaissance.

Je me réveillai à l'hôpital, entourée de mon mari et de mes enfants, tous en pleurs. J'avais l'épaule droite fracturée et une grande plaie à la tête. Comme une des vertèbres avait été touchée, je dus porter une minerve pendant plusieurs mois. Sidik m'informa que j'étais restée une semaine dans le coma. D'après les médecins, j'avais eu beaucoup de chance. J'avais échappé de peu à la tétraplégie. Le chauffard avait pris la fuite. À ce jour, le FBI ne l'a toujours pas retrouvé. Apparemment, il conduisait une voiture volée.

Visiblement, le régime me considérait comme une menace sérieuse. Le 19 mai 2006, ma fille Reyila, qui venait d'arriver aux États-Unis avec son mari, vint rendre visite à ses frères et sœurs. Elle se dirigeait vers la porte d'entrée lorsqu'elle remarqua une camionnette garée non loin de là. Des Chinois filmaient et photographiaient notre domicile. Quand elle leur demanda ce qu'ils faisaient là, ils démarrèrent en trombe. Elle eut le temps de noter leur numéro d'immatriculation, qu'elle transmit au FBI. Lequel nous apprit que le véhicule appartenait à l'ambassade chinoise.

Au Xinjiang, le gouvernement ne reculait devant rien pour ternir ma réputation. Il finança même un feuilleton télévisé en vingt-huit épisodes inspiré de ma vie. J'y étais décrite comme une femme qui s'enrichissait grâce au soutien des dirigeants chinois, avant de devenir une terroriste. Le nom de Rebiya Kadeer n'était pas prononcé une seule fois, mais le parcours de l'héroïne était en tous points identique au mien. C'était une ancienne amie d'Ürümqi qui jouait mon rôle. Elle n'avait pas hésité à copier mon style vestimentaire. Dans le dernier épisode, l'héroïne se tirait une balle dans la tête.

D'après le régime chinois, j'incarne à moi seule trois fléaux : le terrorisme, l'islamisme radical et le séparatisme.

Dans les médias chinois, une phrase revient sans cesse à mon propos : « Nous devons combattre ces trois fléaux. »

Pour un Ouïghour, il est toujours très difficile, voire impossible, d'obtenir un passeport. Pour qu'une famille soit autorisée à voyager, elle doit d'abord être déclarée « saine ». Aucun membre de la famille ne doit donc être impliqué dans la vie politique de la région. Dans certains cas, on remonte même à la quatrième génération. Les hommes d'affaires ou les étudiants qui ont le droit de se rendre à l'étranger sont soit « sains », soit proches des services secrets.

Aux États-Unis, de nombreux intellectuels ouïghours me soutiennent, mais aucun d'entre eux ne prendra jamais officiellement parti pour moi, par crainte des représailles.

La balle est dans leur camp

Le 28 mai 2006, je fus élue présidente de la Uyghur American Association, l'Association américaine des Ouïghours. Le lendemain, mes fils et ma fille étaient arrêtés à Ürümqi. Depuis Washington, Sidik et moi en informâmes une délégation américaine chargée de la défense des droits de l'homme. Celle-ci se trouvait justement au Xinjiang. Elle interrompit sa visite et protesta auprès du gouvernement chinois. Mes enfants furent libérés sur-le-champ et autorisés à rentrer chez eux. Mais chacun d'eux fut placé sous la surveillance de quatre policiers.

La Journée internationale de l'Enfant, le 1er juin, est célébrée dans toute la Chine. Les écoles ferment pour l'occasion. Cette année-là, les autorités encouragèrent Kahar, Rushengül, Ablikim et Alim à se rendre dans la montagne afin de profiter de ce jour férié, comme tout le monde. Mais la veille, le chef de la police tint à Rushengül des propos complètement différents : « Vous êtes nos prisonniers. Vous êtes tous coupables, y compris ta fille de deux mois. »

Avant de partir pour la montagne, Rushengül m'appela pour me faire part de ses doutes quant à cette excursion. Alim était d'un autre avis. « Les policiers sont des êtres humains. Ils ont une famille, tout comme nous. À force de voir pleurer nos enfants de sept et neuf ans, ils ont fini par avoir pitié d'eux. »

Une heure et demie plus tard, le téléphone sonna de nouveau. C'était Rushengül, complètement paniquée. Ses mots se bousculaient. « Maman, cinquante policiers nous ont suivis. Ils sont en train de frapper Ablikim à terre. Ils nous ont tendu un piège ! » Je pouvais entendre les cris d'Ablikim. La scène se déroulait dans une banlieue d'Ürümqi peuplée uniquement de Chinois. J'entendis également mes petits-enfants pleurer. Puis la communication fut interrompue.

Les policiers voulaient que je sois au courant. Autrement, ils n'auraient jamais autorisé ma fille à me téléphoner dans une situation pareille. La vie de mes enfants était entre leurs mains. Depuis ce jour, mes trois fils sont en prison et ma fille est assignée à résidence.

Le lendemain, 2 juin 2006, ma petite-fille, ayant réussi à échapper à la surveillance de la police, m'appela d'une cabine téléphonique :

« Personne ne m'a vue, chuchota-t-elle. Pour l'instant, je vis chez une amie. Les policiers ont battu Ablikim. Alim a tenté de lui venir en aide. Ils l'ont passé à tabac, lui aussi. J'ai peur. Si je rentre à la maison, les Chinois m'arrêteront et je ne pourrai plus t'appeler.

— Rentre chez toi, la suppliai-je. Te cacher ne fait qu'aggraver la situation. »

Elle ne m'obéit pas et me rappela le lendemain. Cette fois, je me montrai plus sévère : « Va chez tes grands-parents paternels. Tout de suite ! »

Finalement, elle retourna chez Rushengül, sa mère, et obtint même la permission de retourner à l'école. Mais le jour de son retour, le principal l'accusa devant tout le monde d'être une fille de séparatiste. Ses camarades reçurent l'ordre de ne plus l'approcher. Avant, elle était la deuxième meilleure élève de la région. Depuis, elle refuse d'aller en cours.

Le 14 juin, les cadres interpellèrent Kahar et Alim pour fraude fiscale. Quant à Ablikim, il fut accusé d'« incitation et participation à des activités à caractère sécessionniste ».

Depuis, nous sommes sans nouvelles de lui. Nous savons seulement qu'il a dû être hospitalisé. Soixante-douze membres du Congrès américain ont écrit à Hu Jintao pour réclamer sa libération.

Les autres membres de ma famille sont eux aussi soumis à de graves pressions. Mon frère a été interrogé plusieurs fois à Altaï. Même ma belle-mère a été convoquée au commissariat.

En novembre 2006, mon frère Mehmet m'a téléphoné peu avant mon départ pour l'Allemagne. Il avait un message à me transmettre de la part des services secrets. Mes fils seraient graciés si je renonçais à me rendre au Congrès mondial des Ouïghours. Le lendemain de mon élection à la tête de ce mouvement, Alim fut condamné à sept ans de prison. Kahar dut payer une lourde amende. Une peine de neuf années de réclusion fut prononcée à l'encontre d'Ablikim.

« Il n'y a pas d'obstacles insurmontables »

Je suis convaincue qu'un jour je retournerai dans mon pays. Au cours de ma vie, je me suis toujours laissé guider par mes sentiments. Quand j'ai commencé à gagner de l'argent, je savais que je deviendrais millionnaire. Et j'y suis arrivée. En épousant Sidik, je savais qu'un jour je prendrais la tête de mon peuple. Vingt-huit ans plus tard, j'ai été élue présidente du Congrès mondial des Ouïghours. Je suis convaincue qu'un jour le Turkestan oriental sera un pays libre et indépendant. Ce sentiment grandit sans cesse.

Lorsque les droits fondamentaux de mes concitoyens seront enfin respectés, le reste viendra tout seul. Je mène un combat éprouvant contre un adversaire de taille. Je veux que le gouvernement chinois réponde de ses exactions envers la population ouïghoure devant un tribunal international.

Ne suis-je jamais fatiguée ? Être lasse de défendre les miens serait la pire chose qui puisse m'arriver. La prison m'a endurcie. Je suis de plus en plus forte.

Dès que je me sens perdue, je repense à la fable de la fourmi que me racontait mon père : « Il n'y a pas d'obstacles insurmontables ni d'ambitions trop grandes. »

REMERCIEMENTS

Nombreuses sont les personnes et les organisations qui ont milité en faveur de ma libération. Depuis, elles continuent de me soutenir dans mon combat pour le respect des droits de l'homme au Turkestan oriental. Pour tous leurs efforts, merci du fond du cœur.

Je remercie tout particulièrement T. Kumar, d'Amnesty International, M. Spiegel, de Human Rights Watch, la fondation norvégienne Rafto, la fondation Dui Hua, qui défend les droits de l'homme en Chine, ainsi que le Conseil des droits de l'homme des Nations unies, qui nous soutient depuis des années ; et bien entendu le Congrès mondial des Ouïghours.

Merci également au Congrès américain, en particulier à Tom Lantos et Hans Hogrefe, ainsi qu'à Susan O'Sullivan, du Département d'État des États-Unis. Le Parlement norvégien, le Parlement canadien et le ministère canadien des Affaires étrangères nous ont écoutés avec la plus grande attention, tout comme le ministère des Affaires étrangères de la République fédérale d'Allemagne et le Parlement européen. Je voudrais également citer Margarete Bause, d'Alliance 90-Les Verts, et Annelie Enochson, représentante chrétienne-démocrate au Parlement suédois.

Enfin, les médias du monde entier ont contribué à faire connaître nos revendications : merci donc à la BBC, au *Washington Post*, aux médias norvégiens (en particulier le *Bergens Tidende*), à *Der Spiegel*, à Voice of America et à Radio Free Asia.

TABLE

CHEZ LE MÊME ÉDITEUR

Shirin Ebadi

La cage dorée

Shirin et Pari sont amies, mais la Révolution islamique va bouleverser leurs vies. Shirin, la narratrice de ce récit, s'attache au parcours des trois frères de Pari, et à celui de Pari elle-même, trait d'union entre ces trois hommes devenus ennemis pour avoir choisi des engagements opposés.

Abbas, général de l'armée du Shah, est contraint de fuir aux États-Unis après la chute du régime. Devenu boulanger en Californie, il se suicidera en apprenant l'homosexualité de son fils. Javad, activiste communiste, sera exécuté par la République islamique. Quant à Ali, fervent admirateur de l'ayatollah Khomeiny, héros de la guerre contre l'Irak, il sera assassiné à Paris, non loin du Père-Lachaise, par les services secrets d'Ahmadinejad…

Pari, elle, attendra le décès de leur mère pour fuir l'Iran, cette *cage dorée* gangrenée par la violence, la corruption, l'intolérance et l'oppression.

Ce récit, écrit dans une langue riche et élégante, où Shirin Ebadi se met elle-même en scène à certains moments, reflète le sort de nombreuses familles iraniennes victimes des bouleversements historiques et politiques de leur pays depuis trente ans.

Une parabole sur la société iranienne contemporaine, par le prix Nobel de la Paix 2003

ISBN 978-2-8098-0306-8 / H 50-6899-4 / 19,95 €

Cet ouvrage a été composé
par Atlant'Communication
au Bernard (Vendée)

Achevé d'imprimer sur Roto-Page
par l'Imprimerie Floch à Mayenne
en mai 2010
pour le compte des Éditions de l'Archipel
département éditorial
de la S.A.S. Écriture-Communication

Imprimé en France
N° d'impression : 76709
Dépôt légal : juin 2010